图书在版编目（CIP）数据

高校思想政治理论课教学研究 / 辛宝海，卢忠帅主编. -- 北京：光明日报出版社，2023.3

ISBN 978-7-5194-7103-3

Ⅰ.①高… Ⅱ.①辛… ②卢… Ⅲ.①高等学校—思想政治教育—教学研究—中国 Ⅳ.①G641

中国国家版本馆 CIP 数据核字（2023）第 058012 号

高校思想政治理论课教学研究

GAOXIAO SIXIANG ZHENGZHI LILUNKE JIAOXUE YANJIU

主　　编：辛宝海　卢忠帅

责任编辑：许　怡　　　　责任校对：乔宇佳

封面设计：中联华文　　　责任印制：曹　净

出版发行：光明日报出版社

地　　址：北京市西城区永安路 106 号，100050

电　　话：010-63169890（咨询），010-63131930（邮购）

传　　真：010-63131930

网　　址：http://book.gmw.cn

E - mail：gmrbcbs@gmw.cn

法律顾问：北京市兰台律师事务所龚柳方律师

印　　刷：三河市华东印刷有限公司

装　　订：三河市华东印刷有限公司

本书如有破损、缺页、装订错误，请与本社联系调换，电话：010-63131930

开　　本：170mm×240mm

字　　数：332 千字　　　　印　　张：18.5

版　　次：2023 年 3 月第 1 版　　印　　次：2023 年 3 月第 1 次印刷

书　　号：ISBN 978-7-5194-7103-3

定　　价：98.00 元

编委会

总　序

2019年3月18日，习近平总书记在学校思想政治理论课教师座谈会上的讲话，提出了思政课建设的“四个提供”——我们对思想政治工作高度重视，始终坚持马克思主义指导地位，大力推进中国特色社会主义学科专业体系建设，为思政课建设提供了根本保证；我们对共产党执政规律、社会主义建设规律、人类社会发展规律的认识和把握不断深入，开辟了中国特色社会主义理论和实践发展新境界，中国特色社会主义取得举世瞩目的成就，中国特色社会主义道路自信、理论自信、制度自信、文化自信不断增强，为思政课建设提供了有力支撑；中华民族几千年来形成了博大精深的优秀传统文化，我们党带领人民在革命、建设、改革过程中锻造的革命文化和社会主义先进文化，为思政课建设提供了深厚力量；思政课建设长期以来形成的一系列规律性认识和成功经验，为思政课建设守正创新提供了重要基础。

正是在这样一个令人鼓舞的思政课建设的大好形势下，我们酝酿出版“高校思想政治理论课建设与改革研究丛书”。该丛书既是我院2016年获批全省首批重点马克思主义学院以来取得的阶段性成果，也是我们马克思主义学院成立十六年来致力于教学改革与探索的经验性总结，更是我们全院同人接续奋斗，在“铸魂育人关键课程”的教学中不断求索、深刻思悟、潜心研究的理论性积淀，是集体智慧的结晶，是思政课教师“乐为、敢为、有为”精神的体现。

2004年10月，中共中央国务院颁发的《关于进一步加强和改进大学生思想政治教育的意见》（中发〔2004〕16号文）首次将高校马克思主义理论课、思想品德课（简称“两课”）整合更名为思想政治理论课（简称“思政课”），并明确强调：高校思政课是大学生思想政治教育的主渠道，是大学生的必修课，是帮助大学生树立正确的世界观、人生观、价值观的重要途径，体现了社会主义大学的本质要求；要全面加强思想政治理论课的学科建设、课程建设、教材建设和教师队伍建设；要切实改革教学内容，改进教学方法，改善教学手段；要加强对思想政治理论课的宏观指导，采取有力措施，力争在几年内使思想政治理论课教育教学情况有明显改善。

为贯彻落实中共中央国务院“16号文”精神，切实重视和加强我校思政课建设，提高思政课教学水平和质量，2005年学校成立了全省高校首家马克思主义学院，为推进思政课建设和教学改革提供了坚实的组织保障。2006年3月，马克思主义学院组织全体思政课教师开展了一场高校思政课“为什么教？教什么？怎么教?”的教学大讨论，大讨论在教师中形成了大共识，最终将“高扬旗帜、传播真理、铸魂育人、不辱使命”确立为马克思主义学院的“院训”，成为全体思政课教师的行为遵循和价值追求。

马克思主义学院成立后，在全体思政课教师共同努力下，思政课教学与改革不断取得重大进展和历史性突破。2015年，教育部颁布全国高校马克思主义学院建设标准、思政课建设标准后，为加强“标准化”建设，努力建成全省首批重点马克思主义学院，学校对马克思主义理论学科进行了整合，充实、壮大了马克思主义学院的规模和力量，马克思主义学院建设、思政课建设进入了历史的快车道：2016年，我院获批山东省首批重点马克思主义学院；2017年，李安增教授获聘全省高校马克思主义理论学科首个泰山学者岗位；2018年，学校获批马克思主义理论一级学科博士授权点；2020年，李安增教授获教育部高校科研成果奖（人文社科）二等奖1项。目前，我校无论是马克思主义学院建设、思政课建设，还是马克思主义理论学科建设，都居于山东高校第一方阵。

习近平总书记指出：“有了我们这支可信、可敬、可靠，乐为、敢为、有为的思政课教师队伍，我们完全有信心有能力把思政课办得越来越好。”① 蓦然回首，马克思主义学院全体思政课教师几多艰辛，几多感慨，几多欣慰，几多期盼。学院各项工作的开展与成就的取得，既渗透着教师们勤勤恳恳教学、兢兢业业育人的辛劳汗水，也验证了学院建设中“抓牢中心、彰显特色、追求卓越”宏观设计与整体推进的得力与实效。

抓牢教学中心地位不放松。长期以来，学院抓牢教学中心地位不放松，向课堂教学要质量要效益，全面实施思政课教学改革和质量提升工程，推进思政课教学改革和教学研究，思政课教学成果丰硕：我院张瑞甫教授作为我省省属高校唯一代表受邀参加习近平总书记主持召开的学校思想政治理论课教师座谈会，荣获“2019 齐鲁最美教师”称号，入选为教育部“全国高校思政课示范课百人巡讲团”成员。院长李安增教授当选为山东省高校思想政治理论课教学指导委员会副主任委员，兼任“中国近现代史纲要”分教指委主任委员，副院长孙迪亮教授当选为“研究生思想政治理论课”分教指委委员，提高了学院思政课教学在全省的影响力。五年来，学院获省级教学成果二等奖 2 项，入选教育部优秀思政课建设案例教改成果 1 项；获教育部思政课教学方法改革项目择优推广计划 1 项；获第二届、第三届山东高校思想政治理论课教学比赛一等奖 2 项、二等奖 5 项、三等奖 5 项，获奖层次和数量在全省高校领先；获山东省高校青年教师教学比赛二等奖 2 项；在教育部举办的全国高校思政课教学现场展示中，肖芳副教授、李芳云教授分别获得“全国高校思政课教学标兵”“全国高校思政课教学骨干”称号；李芳云教授、孙迪亮教授的名师工作室先后获批全省高校思政课教学名师工作室；孙迪亮教授获评全省思政课教师 2020 年年度人物。五年来，引进专职思政课教师 30 人，专职思政课教师总人数达 71 人，拥有博士学位的教师 49 人，学历结构进一步优化。

彰显儒家优秀文化融入特色。我校设学儒家文化发祥地——孔子故里，具有得天独厚的地域文化优势，学校儒学研究人才济济，校园里儒家

---

① 习近平. 思政课是落实立德树人根本任务的关键课程［J］. 新长征（党建版），2021（3）：4-13.

01

师生心目中的思政课

理论自信，文化立校，培养合格建设者和可靠接班人

戚万学

在全国高校思想政治工作会议上，习近平总书记从加强党对高校的领导，立足于办什么样的大学、怎样办大学的战略高度，就进一步加强和改进高校思想政治工作进行全面部署。作为高校负责人，我们认为，总书记的重要讲话指明了高校办学的方向；作为党的教育工作者，我们要始终坚持党的领导，牢牢掌握党对高校工作的领导权，使高校成为坚持党的领导的坚强阵地。

习近平总书记强调："理论上不彻底，就难以服人。"① 高校思想政治理论课的建设应当传承不朽的马克思主义，与时俱进地挖掘理论深度，永不停息地向前发展。有理论的清醒，才有制度的自信。因此，我们心目中的思想政治理论课应有强烈的理论自信。

高校思想政治理论课是影响和感染青年学子的重要思想平台，是正确理解马克思主义理论的重要渠道，是认识中国特色社会主义理论和实践的思想阵地。习近平总书记在全国高校思想政治工作会议上的重要讲话，站在实现中华民族伟大复兴的全局和战略高度，科学回答了高校培养什么样的人、如何培养人以及为谁培养人这一根本问题。因此，我们心目中的思想政治理论课应始终指向培养中国特色社会主义事业的合格建设者和可靠接班人。

曲阜师范大学地处孔子故里、文化首善之区，国家在此建校设学的初衷，就是传承文化和教育的薪火，办出具有中国风格、中国气派的大学。近年来，我们聚焦立德树人根本任务，实施"文化立校"战略，坚持将中华优秀传统文化融入教育教学的全过程，着力打造以文化人培养体系。因此，我们心目中思想政治理论课应有浓厚的特色——文化气质。

在"理论自信"与"文化立校"的关系构建上，我们认为，关键在于将中

---

① 习近平在庆祝中国共产党成立 95 周年大会上的讲话［EB/OL］. 人民网，2016-07-02.

道、悟道、信道”，更要“弘道”，即做忠实践行的“卫道士”，成为大学生健康成长和成才的“导师”。近十年来，在党和国家空前加强高校思想政治工作的一系列重大方针政策的引领下，全国高校大力加强马克思主义学院、思想政治理论课标准化建设，采取各种各样的措施，大力引进与马克思主义理论学科相近的人才，一批又一批哲学、历史学、教育学、伦理学、法学、政治学等学科的博士、博士后，纷纷入职马克思主义学院，从事思想政治理论课的教学。从宏观上看，近十年来各高校引进的青年博士、博士后，为马克思主义学院、思想政治理论课标准化建设注入了强大的生机和活力，壮大了教师队伍。他们学历层次高、学问研究深、文化底蕴厚，加之思想解放、思维活跃、视野开阔、年轻有为，绝大多数人很快适应了思想政治理论课这一“特殊教学岗位”对教师提出的独特的要求，逐步强化了政治意识、大局意识和责任担当意识。经过系列的培训和历练，大多数人的授课知识面广而不乏深厚，风趣幽默而不乏深刻，深受大学生的喜爱，也受到学校督导和学院领导的高度肯定。试想，这样的教师又怎能不实现思想政治理论课的教学目标？正是从这个意义上讲，思想政治理论课教师的学历学问固然重要，但教师的信仰信念比学历学问更重要。

二、思政课教师的身体力行比“诲人不倦”更重要

子曰：“默而识之，学而不厌，诲人不倦，何有于我哉？”（论语·述而）孔夫子以“好学乐学”闻名，并因之感到自信，但在此处，他却对“默而识之，学而不厌，诲人不倦”发出“何有于我哉？”的慨叹，从另一个侧面反映出千古圣人孔夫子更高的追求和境界。高校思想政治理论课教师肩负着向青年大学生传播马克思主义理论、中国特色社会主义理论，用习近平新时代中国特色社会主义思想武装当代大学生的神圣责任，我们当然要有“默而识之，学而不厌，诲人不倦”的向往和追求，自觉做到在教学中认真备好每一节课，精心设计好每一个教案，切实做一个“诲人不倦”教师。然而，作为思想政治理论课教师，仅仅“诲人不倦”是远远不够的，我们应当既是社会主义核心价值观的传播者、信奉者，更是践行者、体现者。一名优秀的思想政治理论课教师，在学生的面前理应就是一部鲜活的教科书——以“热爱教学、热爱学生、热爱学习、热爱生活、热爱学校”的姿态和形象，成为大学生可仿可学的楷模，让他们从内心深处产生一种“做人要做这样的人”的冲动与追求。从这个意义上讲，思想政治理论课教师“诲人不倦”的言教固然非常必要，也非常重要，但教师的身体力行、率先垂范、以身作则比“诲人不倦”更重要。试想，一个自己心中毫无爱国情感的教师怎能讲好爱国主义，怎能通过授课激发大学生的爱国热情，培养出爱国的学子？一个自己没有道德底线的教师怎能教育培养出道德高尚的学生？一个自己心理很阴暗的教师怎能给大学生带来正能量？一言以蔽之，一个“小人儒”怎能把学生教育培养成“君子儒”？

三、思政课教师的仁爱情怀比教学方式方法更重要

1934 年 1 月，为了动员广大群众参加革命战争，以革命战争打倒帝国主义和国民党，把革命发展到全国去，把帝国主义赶出中国去，毛泽东发表了著名的《关心群众生活，注意工作方法》一文。毛泽东在文中十分形象地指出：“我们的任务是过河，但是没有桥或没有船就不能过。不解决桥和船的问题，过河就是一句空话。不解决方法问题，任务也只是瞎说一顿。”① 毛泽东将工作方法视为过河的“桥”和“船”，并认为最根本最重要的工作方法就是关心群众生活——对于广大群众的切身利益问题，群众的生活问题，就一点也不能疏忽，一点也不能看轻。从而揭示了工作“方法”的极其重要性。近十年来，教育部反复强调要改革高校思想政治理论课教学方法，2018 年教育部又向全国推介了 25 项高校思想政治理论课教学方法改革择优推广项目，旨在通过教学方法改革，提升思想政治理论课教学质量。作为一线的思想政治理论课教师，我们也都千方百计地在探索改进教学方法——为学生“过河”（学习）搭桥。因此，作为思想政治理论课教师在进行教学方式方法改革的同时，更要放下架子，与“00 后”的学生多进行一些思想上的沟通、情感上的交流和心灵上的碰撞。事实上，无论是“00 后”还是“90 后”大学生，他们对思想政治理论课都没有先天或本能的排斥和抵触。一项调查结果显示：大学生喜欢思想政治理论课，往往与喜欢授课的老师有关，应验了一句“亲其师，信其道”的古训。进一步的调研显示：大学生喜欢的教师不仅仅教学方式多样，方法灵活，更重要的是对学生充满着仁爱之情，形成了巨大的人格魅力。从这个意义上讲，思想政治理论课教学方法这个“桥”或“船”固然要搭建，但比它更为重要的是教师的“通体是仁”。思想政治理论课教师与大学生相处时应“亦师，然而引导多于教导；亦友，然而真诚多于做作；亦父，然而慈爱多于威严；亦兄，然而守护多于强制”②。然而，时下我们不少的思想政治理论课教师除了授课之外，几乎与学生没有任何其他的联系和交流，少数思想政治理论课教师一提到自己的学生就摇头不已，无奈地感叹“一届不如一届”。试想，教师一旦有了这样的认知，学问

---

① 毛泽东选集：第 1 卷［M］. 北京：人民出版社，1991：139.

② 曾誉铭. 一个人的纪念［N］. 社会科学报，2015-04-02（08）.

再大、方法再多，教学效果又会如何？

子曰："不知命，无以为君子也。"① 习近平总书记在2019年3月18日召开的学校思想政治理论课教师座谈会上的讲话指出："有了我们这支可信、可敬、可靠，乐为、敢为、有为的思政课教师队伍，我们完全有信心有能力把思政课办得越来越好。"② 作为思政课教师，我们应当肩负起党和时代赋予我们的神圣使命。我们所从事的教学，不仅仅是知识的传授，更是主流价值观的引领，是一项宏伟巨大的系统工程，任重而道远，需要我们不懈地努力与追求。

（张立兴：曲阜师范大学马克思主义学院教授、硕士生导师）

① 杨伯峻. 论语译注［M］. 北京：中华书局，2006：211.

② 习近平. 思政课是落实立德树人根本任务的关键课程［J］. 新长征（党建版），2021（3）：4-13.

思政课教师视野中的思政课

周 智

参加工作一晃24年了。24年来，我一直从事高校思政课的教学，其中有十几年作为副院长负责思政课教学管理工作。仔细想来，如果从对思政课的认识转换的角度来说，这24年的工作经历大体可以分为三个阶段。

1995—1998年算是第一个阶段。大学刚毕业，我就留校在当时的马列主义教研部承担马列课的教学任务。那时，虽然对马列课不甚了解，也谈不上喜欢，但并不妨碍我努力地备课上课，其内在的动力，一则是刚参加工作时的满腔热情，希望把工作做好、把课讲好，对得起老师们的栽培和信赖；更重要的动力是因为学生。1999年高校扩招前，招生规模小，按专业小班授课，一个班四五十个人，师生相互都很熟悉，感情融洽，几乎没有逃课的，课上课下，师生互动很多、很热烈。我很享受这个过程，每次给学生上课都感到很快乐，用一句歌词来表达我当时的体会就是“那时候天总是很蓝”。记得1998年世界杯足球比赛期间，九四级行将毕业的七八个学生，每天深夜都带上个西瓜来到我的宿舍看世界杯。仅有15平方米的小房间，只能摆开一张双人床，我们八九个人坐在床上看得兴高采烈，那情景终生难忘。

1999—2013年算是第二个阶段。随着高校十几年连续扩招，在校生与日俱增，而教师的数量并没有相应增加，思政课教学先是由小班改为中班，后又改为大班制，每个班的人数都在200人以上。由于学校考核机制的变化，教师的注意力更多偏向于科研，教学投入相对不足，大班制授课师生互动少了，感情也疏远了，思政课在学生心目中的地位下降了，甚至有边缘化的趋势。然而，这一时期我却越发地热爱思政课教学：一则我认为思政课的各门课程内容都是科学，都在当今的社会发展中不可或缺；二则通过大量的阅读研究，我始终认为，在我们社会主义国家的大学，思政课教学应居于重要地位。因此，我对思政课教学的热爱没有丝毫减退，反而是与日俱增，给学生上课是我最快乐的时光，私下里甚至有些期盼上课。当能容下200多人的教室里座无虚席，甚至还有其他班级的学生前来“蹭课”时，我倍感欣慰和自豪。这期间发生的两件事，温暖了我的心，让我感动，也给了我坚守的信念。一件事发生在2004年的冬天，我到济南出差，晚上和一个朋友在一间咖啡馆叙谈。其间，过来一个人和我打招呼，我很茫然，因为我并不认识他，他非常热情地做自我介绍，说他在大学期间听过我的课，记忆犹新，等等。等到我和朋友去吧台结账时，服务员说刚才的那个学生已把账结了。当时一股暖流涌上心头，可直到现在我也不知道那个同学的名字。另一件事听起来像个笑话，发生在2008年夏天，我去北京参加一个学术会议，当时我行走在北师大校园里，忽然有一个同学跑上来，紧紧握住我的手说：“周老师，您还记得我吗?”我很茫然地看着他，他满脸激动地说：“您教过我，我是您的老师!”这不是我的笔误，而是他的原话，他会这么说，是因为他见到我非常激动，有些语无伦次了。当时我想：一个思政课老师，时隔多年居然能让一个学生这么激动，这是多么大的荣耀啊！当然，以上类似的事情还发生过多次，只是这两件事情让我记忆深刻。这让我更加坚信一句话：只要你付出真心对学生，学生也会用真情来回报你。教师有专业课教师和公共课教师之分，但绝无贵贱之别。只要付出真心，让学生在你的课堂上有获得感，公共课教师就是一等教师；假如不真心对待学生，课堂上学生一无所获，专业课教师也是二等教师。

2013年至今算是第三个阶段。随着政府一系列加强高校思政课建设文件的出台，从政府、学校、学院到教师，逐渐开始重视思政课教学，并取得了许多成就，高校思政课教师也看到了希望，大家都说“思政课的春天到来了”。在这样一片大好形势之下，我们更应保持头脑清醒，应该冷静地看到思政课教学中依然存在诸多问题。增强思政课教学的实效性，并不会因为党和政府重视了就会自动实现，要真正实现这一目标，政府、学校、学院和教师，还有很多工作要做，有很远的路要走，可谓任重而道远。作为从事思政课教学24年、负责思政课教学管理工作十几年的思政人，我有以下几点思考。

其一，政府出台有关思政课建设的文件，应该更加翔实和具有可操作性。学科建设、专业规划、队伍建设、师资培训、教学改革、思政课建设的考核、思政课教师职称晋升与考核、学生获得感的评价等，都应该在出台的一系列文件中做出切实可行的措施规定，加以规范和督查，确保各项措施落地。

其二，学校、学院也应该拿出更加具体的措施。对思政课师资的配备、培养和提高，资金的拨付、使用，思政课教师的职称评定、考核，思政课教师工作考核等都应拿出具体可操作的文件。思政课教师可以搞研究，但思政课教师要是一心围绕论文和课题转，教学投入不足，要提高思政课教学实效性、增加学生获得感，就只能是水中月镜中花。

其三，根据我 20 多年的教学经历，学生讨厌的是教师照本宣科、死气沉沉、不用心不用情、既不能解释现实问题也无法解决深层次的思想问题、毫无获得感的思政课。把学生拉回课堂，增加教学的实效性，思政课教师还有很多的工作要做，最基本的有两条：一是加强理论学习，通读、精读、研读马克思主义经典，打通四门本科思想政治理论主干课程。教马克思主义原理的不知道中国近现代历史，不懂得中国特色社会主义理论，怎么可能解决现实问题？教中国近现代史、中国特色社会主义理论，不懂得马克思主义原理，怎么能找到理论依据，怎么看出历史发展的规律？二是思政课教师对自己所传授的“道”必须真学真懂真信，晓之以理，动之以情，既有理论的深度，又有现实的关照，还要有真情的投入。

其四，高校思政课的建设、考核，一切都应该围绕教学的实效性来进行。忽视教学的实效性，去搞学科建设、专业建设，搞不切实际的教学改革，都不会有好的结果。思政课的春天来了，但我辈仍需努力，才能不辜负莘莘学子，不辜负这个时代，不辜负民族的伟大梦想。

任重而道远，吾将上下而求索！

（周智：曲阜师范大学马克思主义学院讲师，学校青年教师讲课大赛一等奖获得者）

思政课引领我走上学术之路

马爱菊

作为曲园学子，回忆我大一大二那会儿听的思政课，心中滋生的是一种幸福感。十年前听课的印象明朗而立体，场景历历在目。

2009年的秋天，我有幸成为曲园一学子。作为外国语学院英语专业的一名新生，我对曲园的一切事物都感到新奇，对精读课、泛读课、语音课等专业课程都感到其有几分神秘，当然也包括思政课。记得大学第一学期第一周第一天的第一次合堂课就是思政课，我们外国语学院5个英语班、1个法语班和1个俄语班，一起在综合楼606的大教室上课。讲授“思想道德修养与法律基础”的老师是马克思主义学院的张咸杰老师。他虽然带着比较浓重的山西口音，但却把枯燥的思政课讲得生动有趣，老师课堂上的视频教学让我们耳目一新，中学时期老师们总喜欢照着书本让我们学习，其实很枯燥无味，学习起来总提不起兴趣。而大学不同，通过视频，我们可以更生动更形象地了解社会，解读人文。老师精选列举的一些生活实例，让我们觉得其实思政教育就在我们身边。现在细细想来，大学的思政课潜移默化地使我树立了正确的世界观、价值观和人生观，也正是对思政课的喜欢，让我比较早萌生了考研的愿望，并在选择学科和方向时毅然决然地跨专业报考了马克思主义理论学科的硕士研究生。

研究生学习期间，在导师们的指导下，我潜心研读马克思主义经典和儒家经典，不断提高自己的马克思主义理论水平和学术素养，坚定了走学术之路的决心和信心。研究生毕业后，我又努力考取了山东大学儒学高等研究院的博士。蓦然回首，一路走来，是思政课和思政课老师引领我一步一步地走向了学术之路。

学习思政课，关键是让我知道了自己应该做什么，不应该做什么；应该如何做，不应该如何做；尤其强化了自己的道德修养，认识到没有好的思想品德，就不可能把学到的知识真正奉献给祖国和人民，也就难有大作为。青年时期注重思想修养，陶冶情操，努力树立正确的世界观、人生观、价值观，对自己一生的奋斗和成就将会产生长远而巨大的作用。加强道德修养的关键是做到知行统一，“知”是“行”的前提，“行”是“知”的目的。不“知”而“行”，会使“行”失去方向，走上违法乱纪、不道德的人生道路；但只“知”不“行”，“知”也就会失去意义。

学习思政课，我收获了许多人生的经验，也学会了如何面对生活，如何自主学习，并领悟到了成功与失败的真谛。总结了以前因无知犯下的错误，我的心灵时刻都在渴望充电。无论是学哪个专业，基本课程都有思想政治教育，思想政治教育也使我们终生受益。它教会我们在学校怎样做一个合格的大学生，在社会怎样做一个合格的人、大写的人。

作为曲阜师范大学的毕业生，我们自知肩上的任务很重，我们以后也会踏上三尺讲台，践行曲园“学而不厌，诲人不倦”的校风校训，也会给我们的学生上思政课，讲讲我们大学时期的思政课，教育他们成为一个有价值、有理想、有责任、有担当的人。

留不住的是青春，念念不忘的是曲园，多么希望再做一次大一新生，多么希望马院的老师再给我们上一堂思政课。

（马爱菊：曲师大外国语学院英语专业2009级学生，马克思主义学院2013级硕士研究生，山东大学儒学高等研究院2017级博士研究生）

我心中理想的思政课教师

张潇天

大学四年，有两年的思政课学习，四门本科思想政治理论主干课程的学习让我感觉收获很大，也成长了很多。从大一伊始，有关思政课共上过四门，学习到了很多知识，其中印象最深刻、感悟最多、学到最多和收获最多的就是由周智老师授课的“毛泽东思想和中国特色社会主义理论体系概论”，我的感悟和心得主要有三点。

首先，他教会我们做一个有智慧的人。“立身以立学为先，立学以读书为本。”就像老师所说的：“人生的意义在于不断地提升，适应转变、健康成长。”进入大学，刚与高中的学习生活脱轨，学习压力、生活压力都很大，但这门课第一节开课，周老师给我们讲的并不是课本第一章第一节的内容，也不是强调课堂秩序和考试要求，而是结合儒家文化的精髓，让我明白了作为青年大学生应有的担当，明白了怎样在大学中找到真正的自己，怎样做自己真正应该做的事情，走自己该走的路。这也是周老师让我明白的上课学习的初衷，不是为了考试成绩，不是为了出人头地，而是真正拥有一颗富足的内心。“读书何所求，将以通事理。”

其次，他教我们要做一个善良的人。就像周老师所说的：“人生的品质在于不断地净化，树立理想、把握人生。”大学之大在于学，如果大学生在大学期间脱离了本质的学习过程，脱离了思想政治品德的积累与沉淀，时间就愈发减少，青春渐渐荒废。老师在课堂上博古通今地演绎课本知识，只是想让我们不要被课本上的文字禁锢住内心，只有开拓自己的视野，敢于看，敢于想，才能“会当凌绝顶，一览众山小”。我知道了什么时候“为”，什么时候“不为”。知道我在做什么事，知道热爱做什么样的事，知道能把什么事做成什么样，用学习积累经验，用勇气丢弃包袱，慢慢学会知深浅、明尊卑、懂高低、识轻重，做一个讲规矩、守道义、有教养的人。“千里之行，始于足下。”

最后，他教我们做一个勇敢的人。就像周老师所说的：“大学生在于不断地修养人格、完善人格。”老师开朗乐观的性格也是这个课堂如此吸引我的原因，在这个课堂中，在这个学习的过程中，我领悟了很多，更开始慢慢享受这个过程，享受被知识填充的感觉。除了教给我乐观积极的态度，这门课程还锻炼了我强大的心理素质，强大的心理素质从另一方面来说就是强大的内心，是一颗能够自己保护自己，淡然面对人生所有如意或不如意的事情的心。正确引领自己，是一种情怀，更是一种担当。

以前总觉得思政课没有专业课重要，但学习之后才明白，思政课是一个人立足于社会的基础，它与我们的学习、生活联系是十分密切的。它来源于生活，最终也走入了生活，它开阔了我们的眼界，关注了时代的脉搏，同时也帮助我们在大学当中寻找到了真正的自己。

我会更加重视高校思想政治理论课的学习，走更远的路，感受更辽阔的心。

（张潇天：政治与公共管理学院行政管理专业2015级学生，云南大学2019级硕士研究生）

思政课伴我快速成长

曹春燕

时光总是在不经意间流逝。不知不觉之间我已是一名大四学生了，回想起两年思政课的学习，我感到受益匪浅。

起初，我还单纯地以为大学思政课就是中学时期的政治课，讲课方式也像中学那样——教师照本宣科，学生死记硬背。当我真正接触到大学思政课时，才发现大学的思政课要有趣得多，老师的讲课方式更为灵活，并且不仅仅局限于课本知识，如讲授“毛泽东思想和中国特色社会主义理论体系概论”课的周智老师，他还会讲一下春秋战国时期的历史知识，拓展我们的知识面。同时，老师在讲课时充分利用互联网，时不时讲一些国内外时政新闻或播放一些相关的视频，并引导我们针对事件加以分析，使我们不仅能够及时了解国内外发生的大事，并且对相关事件有正确的认知与判断。思政课使我重新燃起了对思想政治理论学习的兴趣与激情。

思政课的学习增强了我独立思考的能力。从小到大，总会有这样那样的事情，遇到这样那样的人，过着这样那样的生活，听着这样那样的话，总有人告诉你，这样是对的，那样不对。过一段日子，碰到了另外一些人，他们又告诉你，这样是错的，那样才对。于是，我们迷迷糊糊地在被指引的道路上前行，也不知道走得对不对，也不知道哪里才是终点，哪里又是起点中度过了我们的童年与少年。思政课使我真正感受到了我的青春我做主。思政课上，老师会提出一些与社会切实相关的问题，引导我们独立思考，让我们学会换位思考，这提高了我分析问题、解决问题的能力以及独立思考的能力，也增强了我判断是非曲直的能力，使我在人生的道路上，能够做出选择。

思政课增强了我的社会责任感，提高了我的思想政治素质，让我的为人处世更得当，思想更成熟，使我充分认识到大学是培养社会主义建设者和接班人的摇篮。老师在讲课时总会穿插一些社会生活中存在的问题与现象，引导我们积极思考，寻求解决措施，为社会的和谐发展发挥力所能及的力量，同时，讲解相应的国家政策使我对国家政策有了一定的了解，增加了我对时政的兴趣，使我真正做到了“家事国事天下事，事事关心”，增强了我的社会责任感和爱国情怀。

通过思政课的学习，我们树立了社会主义理想信念，个人素质得以全面提高。在思政课的学习中，学校开展了思政理论实践教学，课程中会有相应的社会调查，为完成调查报告，我们积极走进生活，充分接触社会，了解社会，参与社会活动，将理论运用于实践，真正做到了知行合一。在此过程中，我们掌握了一些现代社会基本的生存和工作能力，不断适应社会需求，为以后的学习工作打下了坚实的基础。

（曹春燕：政治与公共管理学院行政管理专业 2015 级学生）

02

思政课教学问题与对策

思政课实践教学的三大认识误区及其归正

李安增

摘　要：实践教学是高校思政课课程建设与改革的重要内容，是提升高校思政课质量的有效环节。然而，尽管国家高度重视思政课实践教学建设，并作出一系列重大决策部署，高校也予以积极反应，但高校思政课实践教学仍然存在主体参与积极性不高、覆盖面不大的现实困境。从理论上审视这一困境，其可能的原因在于我们对高校思政课实践教学认识上存在三大误区，即主体选择上以点代面、实施模式上一元逻辑、推进方式上单打独斗。而要化解思想政治理论的实践困局，关键在于对上述认识纠偏，确立全员覆盖、多元模式、协同参与，从而走出高校思政课实践教学的实践困局。

关键词：高校思政课；实践教学；误区

实践教学作为高校思想政治理论课课程建设的重要组成部分，其研究肇始于“05 方案”（即《关于进一步加强和改进高等学校思想政治理论课的意见》）课程建设改革方案。伴随着这一方案的实施，中宣部、教育部连续下发文件明确要求高校思想政治理论课“所有课程都要加强实践环节”，要确保每一个大学生都能参加社会实践，“要建立和完善实践教学保障机制，探索实践育人的长效机制”①，要将“实践教学纳入教学计划，落实学分、教学内容、指导教师和专项经费”等。② 对此，理论界从多个场域和视角对高校思想政治理论课实践教

① 中共中央宣传部，教育部．教育部关于进一步加强和改进高等学校思想政治理论课的意见［EB/OL］．中华人民共和国教育部网站，2005-02-07.

② 中华人民共和国教育部．教育部关于印发《高等学校思想政治理论课建设标准》的通知［EB/OL］．中华人民共和国教育部网站，2015-09-16.

学展开了较为广泛的研究，涵盖了高校思想政治理论课实践教学的内涵界定①、问题梳理②、实施方式③、评价考核④诸多方面。这些已经发表的研究成果中不乏真知灼见，对于我们从理论上把握高校思想政治理论课实践教学的本质特征、从操作上开展高校思想政治理论课实践教学有所裨益。与此同时，全国各大高校也普遍于“05 方案”后实行思想政治理论课实践教学改革方案，掀起实践教学的改革浪潮。然而，尽管理论界和高校教师在思想政治理论课实践教学方面取得了一定成效，但高校思想政治理论课实践教学目前普遍存在着主体参与积极性不高、覆盖面不大的现象，高校思想政治理论课实践教学的行动与原则二者之间存在差距，极大弱化了高校思想政治理论课实践教学的实效性。这种现象值得我们反思：对于高校思想政治理论课实践教学的内涵外延、实施模式和推进方式等的了解是否囿于一种固化的思维，存在认识上的误区？正是基于这种判断，笔者尝试从高校思想政治理论课实践教学困境出发，通过主体、方式、途径、保障等多种要素梳理当前理论界和高校教师在这一问题上可能存在的误区，并对其加以归正，从而走出高校思想政治理论课实践教学的困境。

一、高校思政课实践教学的主体选择：全员覆盖而非以点代面

观照高校思政课实践教学的主体选择，我们可以发现其中有一个很大的误

---

① 王荣发．思想政治理论教学的实践本性及实现路径［J］．思想教育研究，2009（1）：88-91；李英，柴艳萍．高校思想政治理论课实践教学的内涵与特征［J］．高等农业教育，2013（9）：60-63；欧阳彬，陈娟娟．实践观与教学论双重视野中的思想政治理论课实践教学内涵辨析［J］．湖北经济学院学报（人文社会科学版），2014（11）：191-192；罗庆林，黄海莲．高校思想政治理论课实践教学概念探析［J］．高教学刊，2016（1）：169，172.

② 张春梅．影响高校思想政治理论课教学效果的问题因素及对策思考［J］．社会科学家，2011（11）：122-124，128；张丽，申建英．当前高校思想政治理论课实践教学存在的问题与对策［J］．教育探索，2011（1）：49-50；曾晓强．思想政治理论课实践教学的问题与建议［J］．重庆邮电大学学报（社会科学版），2013（1）：138-141；周嘉楠．美国高校服务性学习对“思政课”实践教学的启示［J］．湖北社会科学，2014（3）：185-188；李凌敏．高校思想政治理论课实践教学存在的问题及对策［J］．学校党建与思想教育，2015（8）：31-32.

③ 赵增彦．高校思政课实践教学资源多元化整合与一体化运用［J］．东北师大学报（哲学社会科学版），2013（2）：177-180；陈刚，刘刚，孙淑萍．“大思政”视域下高职思政课实践教学模式的改革与创新［J］．学校党建与思想教育，2014（22）：30-31.

④ 任军，王埃亮，张久清．思想政治理论课实践教学目标与机制研究［J］．内蒙古师范大学学报（教育科学版），2012（11）：98-101；赖金茂．高校思政课实践教学考核评价机制探析［J］．长春理工大学学报，2012（9）：172-173；戴志国．高校思想政治理论课实践教学评价体系建构［J］．教育与职业，2015（25）：107-109.

区就是以点代面，将实践教学理解为思政课教师参与指导的、部分学生代表参加的教育过程，似乎只要思政课教师将实践教学点缀于理论教学之中并且有学生零星地参与其中，就意味着开展了实践教学。

这种“以点代面”的理解实质是对高校思政课实践教学的价值原则的背离。一方面，从教育主体来看，无论是教育者还是受教育者，他们作为教育过程的参与者，都是高校思政课的教育主体。具体到高校思政课实践教学，它不仅仅需要激发教育者的教育热情，还需要激发受教育者积极配合并进行自我教育，充分发挥教育过程中教育者的主导作用和受教育者的主体作用。这也就是说，高校思政课实践教学需要全体教育者和受教育者的参与。另一方面，从教育使命来看，虽然属于实践教学的一般范畴，但高校思政课实践教学本身有自己的特殊性所在。与一般的专业课程相比，高校思政课传授的是做人的道理，而非“专业”的知识；追求的是善良品德和正确观念的确立，而非某种技术和能力的提升。因此，高校思政课实践教学其实是一种以人的思想观念改造和培育为目的的教学。在意识形态灌输使命指引下，面对着活生生的人及其思想，高校思政课需要用社会的主流意识形态来影响和教育学生，使其主动参与教学过程并将所学理论应用于自身的实践，进而引发其内在思想道德结构的新旧矛盾冲突，实现对旧的道德元素到新的道德元素的认知、认同、内化直至践行，从而形成正确的世界观、人生观和价值观，成为有理想、有道德、有文化、有纪律的“四有新人”。由此可见，高校思政课实践教学与理论教学同样在教育主体上突出的是全员参与。

不可否认，主体参与过程中以点代面的认识误区，与高校思政课实践教学的“高成本”密切相关。从全国高校思政课开展情况来看，由于高校思政课是各个专业学生必修的一门公共课程，学生数量庞大，因此思政课教学普遍受到师资、课时、经费、安全、场所等多种因素制约，实践教学成本极其高昂，由此带来了实践教学开展不足的难题。但是，这并不能成为思政课实践教学成为仅仅是少数高校思政课老师和少数精英学生参与的课程。高校思政课实践教学面临的实践困境，更多是由理论认识上的偏差和现实中实践教学方式缺乏规范性与可行性的限制造成的。它可以通过多元实施模式的构建、协同力量的推进等方式加以解决。而这就涉及了实施模式和推进方式两个误区的归正问题。

二、高校思政课实践教学的实施模式：多元模式而非一元逻辑

高校思政课实践教学以点代面认识误区的出现其实与我们对“实践”的理解密切相关。很多人虽然对于实践的“社会”属性表示认可，但以教学场所是

否“在社会”作为实践教学的判定标准。具体而言，就是将高校思政课实践教学定位成一种与课堂理论教学相对应的教学环节，把教学场所严格限制在课堂之外，认为只有走出课堂的实践才属于实践教学。相应地，诸如参观考察、社会调研、志愿服务等属于实践教学，而上台讲课、课堂讨论等则不属于实践教学。①

以教学场所“在社会”作为判断实践教学的标准，归根结底是一元逻辑在作祟。这种一元逻辑将高校思政课实践教学内涵缩小为社会实践等空间组织的教学活动，并不符合该概念本身的真实意蕴。因为高校思政课所要实践的内容并非一般专业课要求的专业操作或实践技能，需要到特定的环境、专业的场所进行实践。相反，高校思政课是典型的理论性课程，作为必要教学环节的实践教学属于思想的实践范畴，更为强调理论思维的培养和价值性的体验、认同与践行，需要受教育者接受环境的熏陶、情感的感染和行为的反复实践，从而促使受教育者将社会提倡的道德观念“内化于心、外化于行”，最后将其固化为个人内在的道德品质。受到原有思想基础以及环境的盲目性与自发性等因素对教育内容促进或者抵制的双重作用的影响，受教育者的思想往往呈现出反复性的特征。故而，思想实践的一个显著特点就是强调其时间和空间的完整性和连续性，即需要做到无处不在、无时不有的全时空性。这也就是说，无论何时何地，任何一个坐在思政课堂或走出思政课堂的学生，只要他把思政课的理论运用到其现实的学习与生活中，他实际上就进入思想实践的场域，这种场域不一定是特定的、专业的。

因此，对实践更为合理的理解应该是以教学内容为判断依据，只要教学内容“在社会”就可以将其划归为实践教学的范畴。从这个意义上说，高校思政课实践教学可以突破课堂的时空限制，其实施模式应该是多样化的。学生可以广泛参与的、理论联系实际的教学形式都应当被纳入高校思政课的实践教学中。它既可以是课堂上偏重于学生理论思维和研究能力培养的思维性实践，包括以重新解读书本知识的模拟法庭、情境表演、辩论赛、主题式分组讨论、观看影视资料等为主的课堂实践教学；也可以是课堂外偏重于技能和价值层面的操作性实践，包括以有奖征文评选、调研报告撰写、社团活动、校园义工等为主的校园实践教学，以及以有组织的实践教学基地考察和国情调研、利用节假日对社会问题的调查研究、人物访谈、“支教”等为主的社会实践教学。当然，在移动互联网技术高速发展的今天，它也包括了以微信公众号、微信群、班级 QQ 群

---

① 张森年．提高高校思想政治理论课实效性的思考与探索［J］．清华大学学报（哲学社会科学版），2006（S2）：133-138.

等方式对相关思政课问题进行交流探讨、虚拟实践、多媒介实践的网络实践教学。需要指出的是，高校思政课无论采取哪一种实践教学模式，都需要坚持教师主导安排和学生主体参与的有机统一，即教育者在进行设计、指导和评价工作，保证实践教学实效性的前提下，要注意充分调动受教育者参与上述实践教学模式的积极性、主动性、创造性，而不是让受教育者迫于压力被动参与其中。

三、高校思政课实践教学的推进方式：协同力量而非单打独斗

高校思政课实践教学以点代面认识误区的出现，还与很多人对其推进方式的认识有关。很多人认为高校思政课既然是一门课程，就应该由具体负责这门课程的教学机构马克思主义学院组织推进。具体到马克思主义学院内部，分别承担四门本科思想政治理论主干课程的老师则认为各门课程各具特色，即使组织实践教学，也应采取独自组织实施的方式。

高校马克思主义学院和高校各门思政课老师“单打独斗”的实践教学推进方式，与高校思政课实践教学秉承的价值原则相差甚远。第一，高校思政课“大思政”的工作思维要求在实践教学上综合校内外相关资源开展思想政治教育。这种资源的整合一方面意味着人员、部门的广泛参与。从高校马克思主义学院与校内外相关部门的关系来看，它们具有一致性——在实践教学目标上，校内外相关部门同马克思主义学院都具有立德树人的共同追求，都致力于实践主体和服务对象的共同获益；在实践教学资源占有上，校内外相关部门同马克思主义学院可谓旗鼓相当，甚至更具优势。另一方面意味着各种课程的广泛参与。就一般的思政课与专业课的关系而言，由于教学目标存在“知识”“能力与技能”和“情感、态度、价值观”的“三位一体”的独特结构，思政课与各门专业课在“情感、态度、价值观”这一层次的教学目标上具有一致性与互通性。例如，语言类课程所体现的对母语进而对民族的认同感，体育类课程所蕴含的对生命的尊重，美学类课程所内含的对美的追求，理工类课程所渗透的科学家的严谨精神和追求真理的坚强意志等，都能够成为思想道德引导的多样化形式。正如习近平总书记指出的：“其他各门课都要守好一段渠、种好责任田，使各类课程与思想政治理论课同向同行，形成协同效应。”① 换言之，高校思政课实践教学不是应该由高校马克思主义学院一个部门来组织，而是应该校内外多部门协同；不是应该由高校思政课独自承担，而是多种课程共同参与。第二，高校

---

① 习近平在全国高校思想政治工作会议上强调：把思想政治工作贯穿教育教学全过程 开创我国高等教育事业新局面［N］. 光明日报，2016-12-09（1）.

思政课理论上的整体性要求实践中的融合性。就思政课内部课程结构而言，四门本科思想政治理论主干课程是环环相扣、有机连接的。虽然它们相互独立、各有侧重——“马克思主义基本原理概论”课强调理论性、“毛泽东思想和中国特色社会主义理论体系概论”课强调现实感、“中国近现代史纲要”课强调历史感、“思想道德修养与法律基础”课注重实践性，在完成“立德树人”使命方面具有自身的特殊性功能，但是它们在内部分工基础上整体建构着每一位学生正确的政治认同和科学的世界观、人生观和价值观，需要在实践教学中打破彼此之间的壁垒，相互支撑，最终形成教育合力。

所以，高校思政课实践教学要突出协同性，要集合优势力量、整合优势资源实现“一石三鸟”——一次实践活动安排，完成多项任务，收到多重效果。这种协同性体现在两个方面：一方面是高校马克思主义学院与校内外部门、人员的协同。它要求高校马克思主义学院立足于思政课实践教学的需要，从不同的角度寻找和设计与校内、校外部门联合的共同关注点。在此基础上，进行协调整合工作，包括在人力资源配备上，可以由哲学社会科学课教师、专业课教师、党政干部、辅导员、班主任和心理咨询人员以及学校团委、学工处、教务处、宣传部和财务处等部门成员兼职当指导教师，从而形成高校思政课实践教学的大队伍；在资源开发和整合上，充分发挥在高校思政课教学科研机构、教务处、财务处、学生处、团委“五个部门”基础上的多个部门联动作用，以丰富高校思想政治理论课实践教学的场所，并提供相应保障。需要注意的是，马克思主义学院要在协同过程中保持教学特色，突出课程的规范性、教学的严肃性、理论的指导性、体系的完整性等，避免陷入“喧宾夺主”“本末倒置”“各自为政”的窘境，围绕主旋律教育，合理整合分散于各处的实践教学资源。另一方面是四门本科思想政治理论主干课程的协同。它要求高校马克思主义学院从整体性出发，注重顶层设计，依据“基础”“纲要”“原理”“概论”课的理论体系和实践学时的差异，组织各教研室集体备课、集思广益，将各门课程的实践教学厘定出具有课程特色的实践教学模块，针对不同模块采取灵活多样的实践教学模式，进而做到真正的协同推进，实现资源的共享，避免实践教学的重复、交叉、缺项等问题。

总之，在新时代高校思政课实践教学挑战与机遇并存的今天，我们一定要走出传统的认知误区，确立全员性、多元化、协同性思维，从而实现高校思政课的全覆盖、常态化、可持续，开创高校思政课实践教学的新局面。

（李安增：曲阜师范大学马克思主义学院院长、教授、博士生导师）

思政课存在的问题及其破解

刘　煜　孙　慧

摘　要： 高校思政课是对大学生进行马克思主义理论、中国特色社会主义思想教育的主渠道、主阵地，承担着造就中国特色社会主义事业合格建设者和接班人的重任。然而，在具体的实践过程中，思政课在教材、教学、教师、学生等诸多方面遭遇了困境。因此，高校思政课建设要切实发挥马克思主义的引领作用，响应中央号召，把思想政治工作贯穿教育教学全过程，确保思政课发挥塑造人、引导人的重要作用。

关键词： 高校思政课；困境

2016年5月17日，习近平同志在哲学社会科学工作座谈会上作重要讲话，深刻阐述了哲学社会科学的历史地位和时代价值，突出强调了坚持马克思主义在我国哲学社会科学领域的指导地位，这对高校思政课的教学与科研及学科建设提出了更高的要求。高校思政课是对大学生开展思想政治教育的主要环节，是培养大学生马克思主义素养的有效途径，对大学生社会人格的养成、价值观念的确立有着潜移默化的影响，对建设中国特色社会主义起着凝神聚气的重要作用。然而，实际的影响力并不尽如人意，思政课的建设还任重道远。

一、高校思政课的总体态势趋好

2005年后，中央高度重视高校思政课的建设与改革，中共中央、国务院、中宣部、教育部出台了一系列文件，其内容涵盖了组织管理、教学管理、队伍管理和学科建设等方面，具体包括出版马工程统编教材、把高校党委书记作为第一责任人、成立马克思主义学院并且评选全国及各省重点马克思主义学院、把思政课作为学校重点课程建设、建立备课听课以及教学内容和教学质量监控制度、增加实践教学环节、改革考试评价方式、落实师德建设长效机制等。2016年12月，习近平同志在全国高校思想政治工作会议上再次明确提出："围绕培养什么样的人、如何培养人以及为谁培养人这个根本问题把思想政治工作贯穿教育教学全过程，要把立德树人作为中心环节，实现全程、全方位育人。"① 在全国教育大会上，习近平同志进一步指出："培养什么人，是教育的首要问题。要教育引导学生树立共产主义远大理想和中国特色社会主义共同理想，增强学生的中国特色社会主义道路自信、理论自信、制度自信、文化自信，立志肩负起民族复兴的时代重任。"这明确了加强和改进高校思政课的重要性，增强了教师上好思政课的信心和决心。

经过十多年的建设，高校思政课初步营造了良好的育人环境和氛围，思政课建设在党中央的重视下稳步推进：一是马克思主义理论学科建设成绩巨大，目前共建立一级学科博士点 73 个，二级学科博士点 74 个，一级学科硕士点 234 个；二是出台了马克思主义学院建设标准，有 450 多所高校先后成立了马克思主义学院；三是经费投入加大，尤其是各级重点马克思主义学院经费比较充足，能够有效地开展各项培养马克思主义人才的活动；四是思政课教师也逐步得到学校领导、各职能部处和学生的重视和支持，作用和地位不断增强提升；五是教育部一批又一批教学改革项目设立，思政课优秀的教学方法在全国得到推广；六是思政课教材体系建设更加立体化；七是不断探索慕课和翻转课堂的授课形式。总体来说，高校思政课处在一种良好的氛围中。

二、高校思政课存在的主要问题

高校马克思主义理论教学、科研水平和效果并不是依靠简单的领导重视、经费充足、氛围良好就能达到中央的要求、达到学生的期望值，就能使思想政治理论课成为学生真心喜爱、终身受益的课程。从实际上课的情况来看，教师的付出与学生的重视程度不成正比，学生出勤率低、抬头率低、发言率低的"三低"情况还普遍存在。究其原因，有以下几个方面问题。

（一）课程设置不尽科学合理

目前本科生的思想政治理论主干课程有四门，即"原理""概论""纲要""基础"课；硕士和博士研究生阶段分别开设一门必修课程，即"中国特色社会主义理论与实践研究""中国马克思主义与当代"②。对此，不少思想政治理论课教师和大学生有不同看法。在相关的问卷调查中，有的学生认为："没有必要

① 习近平. 把思想政治工作贯穿教育教学全过程［EB/OL］. 新华网，2016-12-08.

② 中共中央宣传部宣传教育局. 加强和改进大学生思想政治教育文件选编［M］. 北京：中国人民大学出版社，2005：1.

学习这样一门除了考试之外毫无用处的课。”只有少数致力于考研、考公务员或者参加党员积极分子培训班的学生才会认真听课，其余绝大多数到课学生只是把思政课作为“有声”的自习课，只有教师讲到自己感兴趣的事物时才关注一下。所以，这四门课的设置是否科学合理、是否需要调整、是否能够有利于达成高校设置思想政治理论课的目标、是否与学生的实际需要相吻合，这些问题都需要经过实践摸索之后加以解决。

（二）教材内容有待进一步优化和完善

教材是教师教学的依据，学生学习的蓝本。现有的四门本科思想政治理论主干课程统编教材是众多顶尖专家反复打磨出来的，是众多教材中的精品。但是目前思想政治理论课遭遇到的尴尬，与教材有一定关系，教材内容还有待于进一步完善。

1. 教材内容衔接方面存在问题

一是高校思政课和中学思政课之间的衔接存在问题，最突出的就是教材内容简单重复、倒挂现象严重以及课程结构缺乏整体性和层次性等。如“中国近现代史纲要”课与中学历史课的重复率就较高，后果可想而知，中学思政课能够契合应试教育而顺利开展并有一定的实效性，而高校思政课则难以开展。正如学生有所质疑：“我们上了大学还要学习已经在中学阶段学过的知识吗?”

二是本、硕、博三个层次的部分思想政治理论课、专业课内容重复。如本科生和硕士生的思想政治理论课都有关于中国特色社会主义理论的探讨；博士生公共课程“中国马克思主义与当代”中的一些内容，学生在本科或硕士阶段也已经多次涉及。

2. 思政课与部分专业课之间内容重复的问题也很突出

以经济学、哲学和科学社会主义三个本科专业的学生为例，政治经济学、哲学、科学社会主义是他们的专业必修课，而“原理”作为思想政治理论课的必修课程之一，大部分内容都是他们的专业课内容。对思想政治教育专业的学生来说，四门本科思想政治理论主干课程都属于他们的专业课，重复交叉的内容更多。

（三）教师素质和能力需要进一步提升

1. 师资紧缺

目前，全国高校共有 7 万名思政教师，但部分高校仍然难以达到教育部规定的 1∶350 至 1∶400 的师生比配备标准，加之近年来高校招生扩大与思政教师人数的增幅不成比例，这就造成课堂规模较大、教学组织和管理难以有效开展的问题。有的学校的思政课教师一学期就要开设 3 到 4 门课，疲于应付，很难深入研究教学内容、钻研教学方法，思想政治理论课内容浮于表面。

2. 极少数思政课教师综合素质不高

首先是学术功底不足。不少思政课教师安于现状，不愿意从事科研工作，高层次课题、高水平著作、高档次论文少之又少。其次是讲课功力欠缺。不少教师仅满足于把教材内容复述给学生，没有足够的讲课艺术和技巧，更没有深刻的学术见地。最后是专业基本功不扎实。“原理”课的教师没有深入研究马克思主义的经典著作，“概论”“纲要”课的教师没有通读《毛泽东选集》《邓小平文选》《习近平谈治国理政》等，讲课自然会没有底气，讲课内容难以让学生认同与信服。

3. 极少数思政课教师精力投入不足

极少数思政课教师迫于职称压力，在科研方面加大投入，但教学处于应付状态。他们照本宣科、哗众取宠、随意解读、只重形式，把思政课教学当作工作任务消极地完成，脱离生活实际。如果仅仅是应付就会使教与学恶性循环。

（四）外部环境消解了思想政治理论课的实效性

1. 部分高校的重视程度不够

虽然教育部、中宣部多次强调高校思想政治理论课的重要地位，但是有些高校仍然奉行口头形式主义，实际上并没有利用各种资源实现全员育人，对马克思主义学院缺乏足够的重视和资金投入，对思政课及其教师没有相应的激励机制，消解了思政课的教学效果。

2. 市场经济的负面影响

市场经济条件下人们具有趋利性，部分青年学生以财富多少和地位高低为标准论成败，过分追求物质生活的满足与享受，忽视精神层面的需求，认为思政课的理论内容与其未来发展的直接关联性不大，他们认为思政课枯燥无味，流于形式，没有实际意义，只要自己的思想道德水平正常、不触犯法律就可以了。

3. 思想政治教育缺乏合力推动

当今社会，网络着充斥各种娱乐新闻、社会怪事、外来影视剧等，这占据了青年学生大量的精力。主要原因在于学校、家庭、社会等各方面没有形成有效机制、发挥协同作用，没有让传播速度快、范围广、影响大的网络空间清朗起来，没有实现思政教育与网络有效连接，没有将网络作为传播思政教育的重要阵地。

三、提升思想政治理论课效能的对策

（一）改革课程体系

推进构建系统完善的高校思政课课程体系，对思政课进行顶层设计与规划。关于改革课程设置，可以将本科阶段的思政课设置成这四门课："马克思主义基本原理""中共党史""毛泽东思想和中国特色社会主义理论体系概论"以及"法律基础"课。① 基本原理和中共党史的设置主要帮助学生建立完善的知识体系，系统掌握马克思主义的基本概念、基本规律，全面了解中国共产党成立发展的基本事实和经验教训，有利于思政教师加强对大学生马克思主义信仰的引导和教育。"毛泽东思想和中国特色社会主义理论体系概论"课在教授学生历史发展脉络的同时，着重培养学生的爱国主义情感，增强他们对中国特色社会主义的认同和对社会主义现代化建设的信心。"法律基础"课则适应了依法治国的大趋势和了解了学生法律认知层面的缺陷，对学生进行系统的法治观教育，帮助学生增强道德素质和法律素养，巩固共同思想道德基础，增强青年学生参与中国特色社会主义建设的主体意识。

（二）完善、优化教材内容

1. 组建国家层面的教材编写领导机构

2017 年已经成立了国家教材委员会，应该充分发挥其统筹领导各类教材编写的职能，以解决内容衔接和重复问题。一是使大学与中学教材有科学合理的衔接；二是避免四门本科思想政治理论主干课程内容重复的问题，使四门本科思想政治理论主干课程的教学内容能够使学生全面掌握思政理论知识；三是解决与专业课的内容重复问题，相关专业的学生以系统学习专业课知识为主；四是解决本硕博思政理论课的衔接问题，形成本硕博思政基础课基本内容相衔接、层次要求有区别的课程设置和教学体系。

2. 教材语言优美可读

教材内容在坚持马克思主义话语权的同时，要有更便于现代学生接受的表达方式，建构适合学生的话语体系，使其具有可读性。对此，思政课教材编写应该适当吸收年轻学者，在保证准确表达基本原理和理论的前提下，增强教材的生活性和可读性，并根据当今社会发展状况对教材内容做到及时更新，便于

---

① 沈大光．论思想政治理论课课程体系的层级结构［J］//沈大光，高中建，边凤花，等．2013 年第 1、2 期高校思想政治理论课骨干教师研修班部分学员在结业式上的发言．思想理论教育导刊，2013（7）：4-9.

学生联系生活实际加强对课程的认识，增强思政理论课的实效性，发挥广大青年学生为实现共同理想奋斗的积极性。①

（三）进一步提高教师的综合素质

一位深受学生爱戴的教师，必然具有高度的政治觉悟、高尚的职业道德、良好的理论素养、先进的教书育人理念、高超的教学水平，必然准确把握了学生的心理特征和迫切需求并采取了相应的教学方法。可以说，一位教师的个人魅力，对于教学活动的顺利开展具有到头重要甚至是决定性的作用。

1. 强化思政课教师的马克思主义信仰，提高教师的政治素质

一要“真懂”马克思主义，也就是要努力提升自己的理论素养，实现“经师”向“人师”和“导师”的转变。思想政治理论课重在对学生思想政治素质的潜移默化和有效引导，而不是简单的知识传授，绝不能以形式的花样掩盖内容和思想的缺失。因此，思想政治理论课教师要站在时代的高度、理论的高度、历史的高度，通过“研究型教学”，增强教材的理论性和学术性，提高讲授的逻辑性和批判性，给学生呈现一个观察问题、分析问题的多维视角，从而把“教材”变成“学材”。

二要“真信”马克思主义，也就是说教师只有有坚定的理想信仰，坚持正确的政治方向，正确处理政治性与学术性的关系，才能成为大学生世界观、人生观、价值观的灵魂工程师。如果讲台上的教师并不是马克思主义的信仰者和传播者，而是一个打着马克思主义旗帜混饭碗、混地位、混名利的功利分子，他讲授的内容必然缺乏感染力。

三是要“真用”马克思主义，也就是运用马克思主义的世界观和方法论，帮助学生解决关注和困惑的理论和现实问题，提高大学生用马克思主义立场、观点、方法来分析问题和解决问题的能力，从而启发他们的创新意识，增强他们的理论自觉和理论自信。思想政治理论课教师必须有问题意识，坚持以问题为导向，在“创设问题—引导大家分析问题—师生合作解决问题”的教学过程中，彰显马克思主义的真理力量、魅力和光芒。

2. 加强教师技能培训

通过对教学效果的评测和专业素质的认定，评选出思政课的教学名师，让他们成为领军人物，并承担起培养青年教师的重责，给予年轻思政课教师足够的发展空间，对青年教师的教育教学工作多加指导，使他们成为高素质、强能力的思政团队的一员。同时，定期对思政课教师进行培训，使教师做到不仅自

---

① 普通高校思想政治理论课建设体系创新计划［EB/OL］. 人民网，2015-07-30.

己信仰马克思主义，还要有能力引导学生去信仰，这就给教师提出更高的要求：不仅是理论者还得是演讲家，能让学生愿意走进教师的课堂，并且追随教师的思路去思考。

（四）加强管理考核，鼓励教师重视教学

从源头上净化教师队伍，建立健全思政课教师的评价考核制度和职称评定体系，鼓励思政课教师坚定马克思主义信仰，促使其创造出优秀的科研成果和教学研究成果，同时重视课堂教学质量，对在职思政课教师进行终身考察考核，使思政课教师加紧自我的学习，主动提高自己的知识水平与教学能力。

（刘煜：曲阜师范大学马克思主义学院教授、硕士生导师；孙慧：烟台职业技术学院思政教学部助教）

学生视角下思政课教学存在的问题及对策

——以 Q 大学为例

卢忠帅　杜希英

摘　要： 学生认知不够、教学内容枯燥、教学方式单一、课堂管理松弛、考核方式有待改进、部分教师专业素养欠缺及学校各部门配合欠佳等，导致学生对高校思政课兴趣不高，直接影响教学实效性。提升高校思政课教学实效性，需要向学生阐明高校思政课的重要价值，改革教学方式，加强教学管理，提高教师专业素养，强化学校各部门间的协同配合等。

关键词： 思政课教学；问题；对策

中国特色社会主义进入新时代，在培养能够担当民族复兴大任的时代新人的伟大工程中，高校思政课发挥着主渠道作用。我国一直重视高校思政课教学，特别是党的十八大以来，在党中央的高度重视和大力推进下，高校思政课教学实效性得到有效提升。虽然如此，我们也必须看到，当前高校思政课教学所存在的问题仍然突出。按照习近平总书记在全国高校思想政治工作会议上提出的思想政治工作“必须围绕学生、关照学生、服务学生”的要求，本文基于学生视角，通过对 Q 大学部分学生的问卷调查和访谈，结合部分思政课一线教师的从教体会，总结当前高校思政课教学存在的问题，分析原因并提出应对之策，以益于高校思政课教学实效性的提升。

一、大学生对思政课教学问题的认知

为了找到当前高校思政课教学问题的症结所在，进一步提升高校思政教育的实效性，我们对 Q 大学部分学生进行了随机问卷调查。此次调查我们共发放问卷 2000 份，回收有效问卷 1751 份，有效率为 87.55%。在被调查学生中，男生 601 人，占 34.3%，女生 1150 人，占 65.7%；大一学生 738 人，占 42.1%，

大二学生 723 人，占 41.3%，大三学生 246 人，占 14.1%，大四学生 44 人，占 2.5%；理工科类学生 776 人，占 44.3%，文科类学生 975 人，占 55.7%。为了进行比较，我们还对 Q 大学马克思主义学院思想政治教育专业的本科生进行了问卷调查，共发放问卷 200 份，回收有效问卷 180 份，有效率为 90%。所有问卷以客观选择题为主，包含部分主观题，选择题包括单项选择和不定项选择两类。此外，我们还对各学院的学生代表及部分思政课一线教师进行了深入访谈。通过以上调查和访谈，我们基本掌握了当前大学生对思政课教学问题的认知。

（一）学生对思政课缺乏兴趣，课堂自控力差

调查发现，选择对思政课很感兴趣的同学仅占 10.74%。这与思政专业学生的态度形成鲜明对比。另外，随着互联网的普及，微博、微信、QQ 等网上交流平台发展迅速，这在方便了大学生购物、交友、获取信息的同时，也影响了其听课效率。由于对手机的过分依赖，学生在上课时会不自觉地看手机，从而影响听课。调查发现，学生不认真听思政课的原因中，选择手机吸引力大的人数比例高达 46.25%。况且，生活在“互联网+”时代的大学生，极易获取丰富的信息量，当思政课所讲的理论与现实产生反差时，势必影响他们对思政课的认知和看法，进而影响学习兴趣。

（二）教师上课热情不高，专业素养有待提高

调查显示，虽有 67.19% 的学生认为思政课老师上课积极热情，但也有 31.53%的学生反映老师讲课不温不火，有 1.08% 的学生认为老师上课兴致不高，更有 0.2%的学生认为老师上课态度消极。另据部分学生反映，部分思政课教师专业知识陈旧，思想古板，讲课老生常谈，缺乏自身的观点和见解，不能给学生耳目一新的看法，甚至与学生的新思想相冲突。更有个别老师专业知识欠缺，如当学生问某句话的隐含意义时，老师的回答往往是“照着这句话背过就行了，多背背就理解了”。

（三）学校各部门对思政课相关政策、重视度落实不到位

党的十八大以来，随着国家对高校思想政治工作的重视，思政课在各高校的受重视程度明显提高。但我们也必须看到，学校层面虽高度重视思政课教学，但各部门的落实力度还须进一步提高。例如，全国高校思想政治工作会议召开后，Q 大学所在的 S 省在认真学习和充分准备的基础上，召开了全省高校思想政治工作会议。会后，Q 大学认真落实会议精神，尤其是 M 学院，专门组织召开了关于 S 省高校思想政治工作会议精神的学习会议，与会人员包括学院领导、

教师以及部分学生代表。但据学生反映，参会学生代表在会后并未传达会议精神，也就是说S省高校思想政治工作会议精神没有传达给Q大学M学院的每一位学生。

二、高校思政课教学问题产生的原因

影响高校思政课教学实效性的因素是多方面的，既有学生的原因，也有教师的原因；既有学校的原因，也有社会的原因。本文在汇总调查数据的基础上，结合对学生、教师的访谈，对当前影响高校思政课教学实效性的原因分析如下。

（一）学生缺乏对思政课价值的认知

依据调查，有4.05%的同学认为思政课不是自己的专业课，学了作用也不大，随之也就降低了对思政课学习的兴趣。笔者曾就“你为什么对思政课不感兴趣”这一问题做过数次问卷调查，有相当一部分同学的回答是认为思政课不是自己的专业课，作用不大，故在上课过程中容易走神。另外，有13.3%的同学对思政课的意义没感觉，认为上与不上都一样。甚至有1.76%的同学认为思政课没意义，应该去除。

（二）教学内容枯燥，方式单一

思政课的教学内容理论性强，且有些内容与现实脱节，因而部分同学感到枯燥无味，对思政课逐渐失去兴趣。据调查，66.85%的同学不认真听思政课的原因是觉得内容枯燥，这成为大学生对思政课不感兴趣的第一原因。另外，调查中有11.28%的学生反映，有些思政课老师上课仍采取传统的“满堂灌”的教学方式，照本宣科，干讲课件，缺乏灵活多样、能够充分调动学生积极性的教学方式，所讲内容又不能联系实际，这成为学生不认真听思政课的又一重要原因。

（三）课堂管理松弛

据学生反映，部分思政课教师对课堂管理不够严格，导致学生放松对自己的要求，课堂纪律散漫，从而降低了思政课教学的实效性。调查数据显示，有63.74%的学生在思政课堂上各忙各的，有15.4%的学生大部分时间不认真听课，甚至有1.35%的学生迟到早退、随便出入课堂，仅有19.51%的学生上思政课时和上专业课一样遵守纪律。当然，动辄一两百人的课堂规模、几乎包含各专业的学生构成等，不利于课堂管理。但不可否认的是，教师对课堂管理的放松，也是思政课教学实效性较低的原因之一。

(四) 课程考核重期末轻平时

目前高校思政课的考核仍存在重期末轻平时的现象，即期末闭卷考试占的比重较大（70%以上），而平时成绩占的比重较小（不到30%）。这使许多同学将学习的精力集中于期末备考，而放松平时课堂的学习，即重结果轻过程。据调查，选择每节课都认真听讲的，只占18.37%，有60.3%的同学选择考前突击，划划重点。甚至有些同学产生了平时学不学都一样、只要期末认真复习备考就行的错误心理，致使思政课教学的实效性无法真正落实。

(五) 部分思政课教师属于跨专业，且重科研轻教学

思政课教师的相对缺乏，一直是影响思政课教学实效性的因素之一。特别是党的十八大以来，基于标准马克思主义学院建设的需要，全国各高校展开了激烈的思政课教师争夺战，致使思政课教师缺乏的问题更为突出。部分思政课教师只能跨专业任课，导致专业素养不高。例如，Q大学R校区“原理”这门课，一共有6位老师讲授，其中真正学此专业的老师只有1位，其他5位均为跨专业。另外，受当下重科研轻教学大环境的影响，多数思政课教师将主要精力放在了科研而非教学上。据对部分思政课教师的访谈，他们花费在科研上的时间超过了70%，而教学不到30%。重科研轻教学势必导致思政课教学实效性的降低。

三、应对高校思政课教学问题的对策

提高高校思政课教学实效性，关键在教师，当然也需要各部门的积极配合。

(一) 阐明高校思政课的重要价值

据调查数据和访谈，部分学生对高校思政课不感兴趣的原因之一便是认为思政课价值不大，因而对其重视程度不够。对此，教师在第一堂课就应向学生阐明高校思政课的重要价值。不仅包括理论价值，也应包括现实价值。以“原理”为例，除了向学生阐明“原理”课在四门本科思想政治理论主干课程中的基础作用外，更要阐明它的现实价值。首先阐明：新时代青年大学生担负着民族复兴的大任，需要有宽广的视野、开阔的胸襟和高远的理想，需要关心国家的发展、民族的前途和人类的命运，需要对宇宙、社会和人生有深刻的思考，为此就需要学习和运用马克思主义。其次阐明：马克思主义的基本立场、观点和方法在分析、解决具体问题中的价值，如处理与他人，特别是好友之间的关系时，要把握“适度”的原则；评价一个人、一件事时，要采用“矛盾分析

法”；等等。让学生对马克思主义的价值有切身体会，感到马克思主义并不遥远，就在每一个人的身边。于此，方能提高学生的学习兴趣，进而提升思政课教学的实效性。

（二）改革思政课教学方式

调查数据显示，学生对高校思政课不感兴趣的最主要原因在于教学内容枯燥，方式单一。解决这个问题的关键在于改革教学方式，因为只有教学方式灵活多样了，才能变教学内容的枯燥无味为生动活泼。以“纲要”课为例，单纯的理论讲述，学生会感到枯燥乏味。若采用灵活多样的教学方式，效果则完全不同。例如讲述“中华民族的抗日战争”这一章中的“日本侵华所犯罪行”这一问题时，除了讲述课本中的内容外，教师可结合当地的一些史实讲述，也可让学生根据自己所闻来讲述；再如讲述“为新中国而奋斗”这一章时，可让学生回自己村里调查经历过那段历史的老人，国民党军队和共产党军队进村后的表现到底有何不同，以此更加深入了解共产党以少胜多取得解放战争胜利的原因。如此将书本知识与现实相结合，既丰富了学生的知识，也增加了他们的学习兴趣，提升了思政课教学的实效性。

（三）加强思政课教学管理

这里的教学管理包括平时的课堂管理和期末考核两部分。保证平时课堂教学的顺利进行，关键在于教师的严格管理。首先，制定详细的课堂管理规则。开学前教师可结合学校教务处有关规定，制定课堂规则，尽量做到细致，包括上交手机的方式、请假方式，旷课、迟到、早退的界定，上课说话、听音乐、做其他作业、不带教材、随便出入教室的处罚，等等。制定好量化扣分，每次违反一项规定扣多少分，直接和期末总成绩挂钩。其次，提前申明，严格执行。开学第一课就要申明课堂规则，一旦申明，之后上课过程中严格执行，绝不改变。最后，要一视同仁，公平对待。无论是学生干部还是普通学生，只要违反规定，坚决严肃处理。

加强期末考核管理，也是提升思政课教学实效性的重要途径之一。首先，增加平时成绩所占比例，减少期末考试成绩所占比例。有些学生仰仗平时成绩重要程度不高，关键在期末，因而平时上课不积极，全靠期末考前突击备考。因而适当增加平时成绩所占比例，可以端正学生平时上课的态度。其次，期末考试出题内容要紧扣教师平时所讲知识点。有些学生平时上课不认真听讲，基本不做笔记，全靠期末考前死记硬背一些复习资料。若出题范围就是教师平时所讲知识点，学生势必会注重平时的上课过程，认真听讲、做笔记，如此可以提升教学实效性。最后，阅卷时公平打分，实事求是。学生该得多少分就是多少分，该得59分就是59分，绝不能因为单纯追求及格率或降低复查率就随便给学生加分。因为据调查，有33.42%的学生认为期末考试通过率很高，因而放松日常学习。

（四）提升思政课教师的专业素养

教师专业素养的高低决定教学的成败。由于各方面原因，目前高校思政课教学存在部分教师专业素养不高的状况。克服这一缺陷，集体备课是有效途径。集体备课能够集思广益，拓宽视野，对一些跨专业教师，特别是青年教师专业素养的提升是十分行之有效的。当然，集体备课要有宏观把握，但更重要的是从微观入手，要细致入微，不能走马观花。以Q大学M学院“原理”课为例，该门课教研室组织的集体备课，首先让一位教学经验丰富的老教师先讲，具体到每一个小问题，他先讲他上课时是如何讲某一问题的，然后其他老师再补充，集思广益，最后形成关于某一问题的最佳讲述方式。通过这种方式一点一点地推进，效果非常好，特别是对青年教师而言，获益匪浅，有效提升了专业素养。

（五）学校各部门积极配合，协同推进

提升高校思政课教学实效性，不应光靠马克思主义学院，学校各部门应积极配合，协同推进。就学校层面而言，一是要增加投入，优化教学硬件。特别是要增加教室，缩减课堂人数，实行小班教学，如此方能有效提升教学实效性。否则，大班教学若想有效提升教学实效性，实属不易。例如，Q大学R校区思政课即为大班教学，每个班200人，且专业各不相同，除了不便管理外，也很难做到因材施教。二是要适当降低思政课教师的引进条件和职称评审条件，优化教学软件。目前思政课教师的争夺非常激烈，若学校在引进教师时还是一刀切，那么势必会影响思政课教师力量。其实，前面讲的大班教学问题，除了硬件条件跟不上外，师资力量的缺乏也是其重要原因之一。另外，学校应适当降低思政课教师职称评审的条件，使他们能专心致力于教学。思政课教师承担的课时量比专业课教师多很多，用在科研上的时间显然不如专业课教师多，若在职称评审时再搞一刀切，显然对思政课教师是不公平的。再者，思政课教师若将大部分时间用在科研上，势必影响教学实效性。其实，全国高校思想政治工作会议的最终目的之一，就是提升思政课教学的实效性；教育部颁布的关于高校标准马克思主义学院建设的条件中，也将教学放在首位。

基于学生认知不够、教学内容枯燥、教学方式单一、课堂管理松弛、考核方式有待改进、教师专业素养欠缺及学校各部门配合不够等原因，目前我国高校思政课教学实效性有待提高。这需要学生、教师及学校各部门积极配合，协同推进，特别是思政教师的作用尤为重要。我国高校思政课教学实效性提升工作任重而道远，但只要大家认真对待，积极热情，群策群力，这项工作就一定能做好，高校思政教学一定能助力中华民族伟大复兴中国梦的实现。

（卢忠帅：曲阜师范大学马克思主义学院副教授、硕士生导师；杜希英：曲阜师范大学马克思主义学院讲师）

03

思政课教学理论探讨

自媒体时代大学生理想信念教育的范式危机及转向

陈　敏

摘　要：自媒体时代，信息、传播媒介与受众三位一体，开启了群言、群聚、群听、群论的时代。这也深刻影响着当代大学生的生活方式、人际交往、思维方式、行为方式及价值取向，传统的大学生理想信念教育面临严重的范式危机。新时代背景下，当代大学生理想信念教育需要适应新环境，利用新媒介，提升教育理念，丰富教育内容，创新教育形式，拓展教育路径。

关键词：自媒体；理想信念教育；范式危机

自媒体时代，"人人都是信息传播者，个个都有麦克风"，信息生成、媒介传播及信息接收都发生了翻天覆地的变化。自媒体的勃兴使得信息、传播媒介与受众三位一体，开启了群言、群聚、群听、群论的崭新时代，极大影响着大学生的思想方式、思维方式、生活方式及行为方式，大学生的理想信念教育面临着较为严重的范式危机。理想信念是每一位大学生必须面对的人生命题。

一、自媒体时代：大学生理想信念教育范式转型的时代表征

自媒体这一概念由谢因·波曼（Shayne Bowman）和克里斯·威理斯（Chris Willis）最先提出："'We Media'（自媒体）是普通大众经由数字科技强化同全球知识体系相连，提供与分享他们自身事实及新闻的途径。"① 简而言之，即自媒体的中心是人，人人都是信息的传播者，人人也都是信息的接收者。

梅尔文·德弗勒（Melvin Defleur）和桑德拉·鲍尔-洛基奇（Sandra Ball-Rokeach）在二十年前就预言从进化论范例的角度看，最有助于适应我们社会需

① 邓新民．自媒体：新媒体发展的最新阶段及其特点［J］．探索，2006（2）：134-138.

要的技术将发展成为新媒介系统。随着微博、微信、论坛、博客等网络平台的流行与普及，各种互动信息类 App 软件被大量开发，我们已悄然进入“自媒体”时代。根据中国互联网络信息中心（CNNIC）发布的第 39 次《中国互联网络发展状况统计报告》，截至 2016 年 12 月，中国网民规模达 7.31 亿，互联网普及率达到 53.2%，手机网民 6.95 亿，其中 20—29 岁年龄段的网民占比最高，达 30.3%；在职业结构上，网民中大学生群体规模最大，占比为 25.0%；当代大学生通过高效便捷的信息传播技术积极地在互联网场域内就各种社会现象及问题表达自身情绪、态度和意见，自媒体越来越成为舆论所呈现的公众平台。

（一）低门槛：创建“我”的媒体

在这个互联网信息技术高度发展的时代，坐在家中就可以领略世界各地的美丽风景、可以欣赏唯美的音乐、可以品味各大名家的激扬文字……互联网似乎变得让“一切皆有可能”。平民大众可以轻松拥有一个属于“我”的媒体，只需要提交简单的注册申请，根据网站服务商提供的网络空间和选择模板，即可在网络上发布文字、音乐、图片、视频等信息，创建属于自我的“媒体”。美国著名作家丹·吉尔默（Dan Gillmor）指出：“个人信息技术不仅仅只是可以在线而已。它关于媒体在创造新的媒体，至关重要的是其成本较低的方式。”① 既拥有充足的上网时间也具有便利的上网条件，好奇心重、接受力强、学习速度快的高校学生一跃成为“自媒体”上最为活跃的第一大群体，他们发微博、刷朋友圈、逛人人、进论坛、写博客，在“自媒体”平台中找寻自我最大的价值体现。

（二）平民化：草根话语权的解放

从传统媒体到自媒体“去中心化”的巨大改变中，网络点对点的传播方式及“分享”“链接”的两大属性，打破了传统媒体话语权的垄断地位，突破了单向传播的传统局限，每位用户都变成了关注者与被关注者。当代大学生所承担的媒体角色也从台下的受众一跃转变为台上的传播者，完成了“草根阶层”话语权的彻底解放。对其自身而言，大学生并无强烈的功利之心，网络参与也极少带有任何的立场与偏见，对待新闻事件的判断往往趋于客观。他们在自媒体中深刻表现自己，在博客、QQ 空间、微信、微博等网络社区发布自己的所见所闻、所思所想，制作视频、分享段子、转发图片，获得自我价值存在感的极大满足，但也因“把关人”的缺失增加了发布不当言论的舆论风险。

---

① GILLMOR D. We the Media: Grassroots Journalism by the People, for the People [M]. Sevastopol: O'Reilly Media, Inc, 2008: 9.

（三）传播快：良莠不齐的信息释放

自媒体是一种可以满足“四零条件”（零编辑、零技术、零成本、零形式）的“零壁垒进入”表达方式，在这个平台上可充分实现作者、内容和读者三个层次“源代码的开放”，促使自媒体世界完成“从大教堂模式到集市模式的缤纷转身”。① 在自媒体这一环境中，一个人的自媒体与其他人的自媒体互为交叉套叠，一类人群与另外一类人群互为交叉套叠，一条信息在很短的时间里就可以让全世界所有的人都知晓。自媒体以这种核裂变般的速度传播信息，如同刹那间打开了潘多拉的盒子，良莠不齐的信息得到大量释放，如病毒一般肆意弥漫，充斥于网络世界。大学生是能够迅速掌握信息技术的一类群体，但另一方面又缺乏鉴别真伪信息的能力，很容易被这些信息所诱惑、蒙蔽，这就带给成长期的大学生更多的困惑与迷茫。

（四）晒文化：实现自我认同的新场域

在全新的自媒介环境中，当代大学生挖掘出最适宜于展现自我、塑造自我的利器，而这一利器实质上已经构成一种全新的文化理念与文化行为——“晒文化”。“晒文化”属于自媒体时代的特定产物，“晒”的实质是一种自我表露。“晒”的过程即一种个体自我编码的过程，是个体关于内心的愿景、期望和目标的隐喻化表达。大学生通过自媒体“晒”出极具个性化、唯我化的信息，其根本目的在于展示具有独特个性的自我。他们通过有意识的展示和宣扬来塑造自我，与他人共同分享生活体验和情绪感受，获取愉悦的个人体验。正是基于“晒文化”这一平台，当代大学生的自我认同不管是在认知理念层面还是在行为实践层面，都展现出与众不同的独特性。“晒文化”已经构成当下一种非常流行的青年亚文化形态。

二、自媒体时代大学生理想信念教育所面临的范式困境

高校肩负着培养中国特色社会主义事业建设者和接班人的重大责任，在校大学生的理想信念直接决定了未来国家发展的价值取向。大学生正处于世界观、人生观和价值观形成的关键时期，其理想信念的形成极易受到内在群体的感染与外部环境的侵蚀，受到消极的影响。在自媒体时代，大学生理想信念教育面临种种挑战。

---

① 方兴东，王俊秀．博客：E时代的盗火者［M］．北京：中国方正出版社，2003：26.

（一）社会思潮的激荡碰撞：教育引导难度加大

随着自媒体时代的到来，各种社会思潮的奔涌激荡，各种思想与文化的交锋更加频繁，文明陷入彷徨，人类根本价值取向出现混乱。德里达（Derrida）在《马克思的幽灵》中借用了莎士比亚《哈姆雷特》中的一句台词“这是一个脱节的时代”，指称时代的断裂——这是一个日益“颠倒混乱”的世界。① 国际上裹挟着各种不同价值观的政治、经济、文化、思想等方面的社会思潮涌入中国，在中国生根发芽，并与本土的各种思想理论进行着激烈的交锋或融合，从社会生活的各个层面影响着正处于求新纳异、思想活跃阶段的大学生的价值观选择。法国思想家卢梭（Rousseau）曾说：“邪恶进攻正直的心灵，从来不是那么大张旗鼓地，它总是想法子来偷袭，总戴着某种诡辩的面具，还时常披着某种道德的外衣。”② 西方文化渗透、价值输入和意识形态颠覆已成为日益严峻的现实问题。而自媒体的虚拟性在很大程度上保护大学生的自我表现，使其隐身于幕后的同时，也会让大学生产生对虚拟社会与现实社会的混淆，从而出现孤僻、冷漠、自我、逃避等心理问题。这在无形中增加了对大学生进行正确理想信念教育引导的难度。

（二）传统教育范式的落寞：教育实效性下降

当前大学生的理想信念教育还普遍采用传统的教学范式。在这种传统教育模式中，教育者起绝对主导的作用，以自上而下的“灌输”为主要教学手段，重理论，轻实践。教育形式以课堂讲授、榜样示范及感染教育为主，教育内容相对单薄，缺失具体生活内容，呈现分散化、碎片化的特质，没有针对性，而过于理想化的空洞说教，并不能形成相对独立的课程体系。歌德曾说，理论总是灰色的，而实践之树常青。囿于内容和形式，理论灌输难免枯燥。这种教育模式脱离实践，也使学生的主体性和创造性被忽视，让大学生无法从个体感观出发，以自我的思维去观察社会、体味人生，从而达到思想的主动认同，形成信念的共鸣。传统的教学范式使理想信念教育的实效性不断下降。对于思想舆论阵地，真理不去占领，它就会变得杂草丛生；思想舆论阵地，主流思想不去壮大，领导权、话语权就无从谈起。随着自媒体时代的到来，大学生无时无刻不在面临大量信息的轰炸，信息的传播方式也由过去单向式变为立体多向互动的新形式。这些新变化要求教育者随时掌握大学生理想信念动态，创新理想信念的教育方式，筑牢高校学生理想信念教育的主阵地。

---

① 雅克·德里达：马克思的幽灵［M］. 何一，译. 北京：中国人民大学出版社，1999. 7.

② 卢梭. 卢梭忏悔录［M］. 盛华东，译. 北京：华文出版社，2003：245.

（三）工具理性的凸显：价值认知的颠覆

在经济全球化、价值多元化、教育大众化、生存网络化的时代大背景下，经济全球化的时空大幕与当前中国改革深化的矛盾互为交织，全球化所裹挟的西方先进科学技术助长了唯科学主义的滥觞。马尔库塞（Marcuse）曾用深邃的目光去考察"技术操控"下人类的生存现状，他强调一体化、功能化的语言是一种坚决地反批判、反辩证法的语言。在这种语言中，操作的、行为的合理性吞没了理性的超越性、否定性和对立的要素。① 自媒体的迅速发展，使大学生的价值取向受到深刻的影响。人文主义式微，工具理性凸显，也势必对大学生的正确价值观的树立带来巨大的冲击导致部分大学生片面追求工具理性、忽视内在的价值理性，片面追求短期目标、轻视长远目标与发展。拜金主义、享乐主义、自由主义的诱惑导致部分大学生的价值取向功利化、目标追求模糊、理想信念迷失，甚至在公与私、善与恶、对与错等基本价值判断中出现偏差，走入价值认知与价值判断的误区。

（四）话语权的平等化：教育者"权威"的消亡

基于自媒体时代的到来，教育工作者的主导地位由以往作为牢牢掌握话语权的权威与专家的角色逐渐淡出，转变为一群拿着麦克风发言的其中一位个体，与学生处于平等地位。个体的"独白"变成了"对白""群论"。美国学者安德鲁·基恩（Andrew keen）指出，互联网在授予业余者权力的同时，削弱了贡献传统智慧的权威专家的权力。② 如果教育者所宣扬的价值观受到挑战，但又不能以其他任何方式来维护其权威角色与真理掌握者的形象，那么受教育者的独立性与自主性就会逐渐挑战并削弱教育者的主导地位。"生长在这个各种事物均错综复杂的世界中，年轻一代不再片面地接受书本上传输的知识。"③ 在教育者"权威"逐渐消亡的同时，面对话语权的平等，如何做好"把关人"，科学发声，正确引导大学生坚守一种理想、选择一种信仰、传承一种信念，并在教育过程中潜移默化地让大学生实现从对马克思主义理论的掌握和信服到对马克思主义信仰的跨越，这是当前教育工作者所必须解决的时代命题。

---

① 赫伯特·马尔库塞. 单向度的人：发达工业社会意识形态研究［M］. 刘继，译. 上海：上海译文出版社，2014：78.

② 安德鲁·基恩. 网民的狂欢：关于互联网弊端的反思［M］. 丁德良，译. 海口：南海出版公司，2010：13.

③ 玛格丽特·米德. 文化与承诺：一项有关代沟问题的研究［M］. 周晓虹，周怡，译. 石家庄：河北人民出版社，1987：85.

三、自媒体时代大学生理想信念教育范式的转向与重建

习近平总书记指出，经过几千年的沧桑岁月，把我国56个民族、13亿多人紧紧凝聚在一起的是我们共同经历的非凡奋斗，是我们共同创造的美好家园，是我们共同培育的民族精神，而贯穿其中更重要的是我们共同坚守的理想信念。① 理想信念教育作为高校思想政治教育工作的重中之重，是为当代大学生人生导航的动力引擎。自媒体时代，高校急需改变理想信念传统教育范式，充分利用自媒体的特质，抓住机遇，面对挑战，创新教育理念与形式方法，重建大学生理想信念教育新路径。

（一）提升教育理念，筑牢理想信念教育主阵地

高校是意识形态争夺的桥头堡。开展理想信念教育，捍卫马克思主义主流意识形态的主导地位，就要引导学生认清当前意识形态领域的复杂形势，提高警惕，坚定立场，保持清醒头脑，坚定马克思主义理想信念。② 高校思想政治理论课作为理想信念教育的主阵地，在当前大学生思想政治教育过程中发挥着重要的作用。因此，要提升教育理念，需要充分发挥思想政治理论课的主阵地作用，有效发挥价值导向作用，坚持不懈推动中国特色社会主义理论体系进教材、进课堂、进头脑，让大学生在思想政治理论课堂上务必做到“真学、真懂、真信、真用”。

第一，要加强马克思主义基本理论的系统学习教育。这是大学生理想信念的根基，能够使大学生全面掌握马克思主义的立场、观点和方法，马克思主义所揭示的自然界、人类社会发展的一般规律。第二，要加强马克思主义中国化最新理论成果的学习教育。这是大学生理想信念的动力之源，深入学习习近平新时代中国特色社会主义思想，能够培养和坚定大学生的理论自信、道路自信、制度自信和文化自信。第三，要加强优秀传统文化的学习教育。这是大学生理想信念的血脉之根，能够使大学生从思想上认同并在行动中践行：以民族团结为核心的国家观，以爱国主义为核心的民族观，以勤劳勇敢为核心的奋斗观，以尊道守德为核心的行为观。

引导大学生将学习作为思想之基、修身之需、境界之备、品质之然。第一，

---

① 习近平．实现中国梦必须走中国道路［J］．党建，2013（4）：4-5.

② 李东波．理想信念教育：后危机时代思想政治教育的主题［J］．思想教育研究，2014（4）：37-40.

要让学生“真学”，学习贵在坚持，体现在态度上就要持久用力，久久为功；体现在行动中则能融会贯通，实践落实，学以致用。第二，要让学生“真懂”，从马克思主义基本理论中读懂科学世界观与方法论，了解人类社会的发展规律、社会主义的建设规律；从中国特色社会主义理论体系中理解道路自信、理论自信、制度自信和文化自信的来源；从中华优秀传统文化中体味血脉传承，深刻认识优秀传统文化是涵养理想信念的源泉。第三，要让学生“真信”，坚信马克思主义揭示的人类社会发展的客观规律，坚信中国特色社会主义的生命力，坚信优秀传统文化的感召力。第四，要让学生“真用”，加强实践锻炼，促进知行合一，使学以致用成为大学生工作学习道路上的基本遵循。

（二）丰富教育内容，构建理想信念教育长效机制

理想信念属于精神范畴，内化于人的本质当中，为人类所独有。从一定意义上讲，理想信念教育是教育主体与教育客体心灵契合与价值互通的过程。理想信念教育是高校思想政治工作的核心和“灵魂”。自媒体时代，拓展理想信念的教育内容，需要丰富思想政治课程体系，注重发挥实践教学环节的育人功能，建设与课堂教育互促互进的第二课堂教学体系；巩固理想信念的网络教育阵地，充分融合线上线下资源，打造多维互动的理想信念教育平台。

当前高校思想政治理论课的实践教学形式主要包含爱国主义教育、社会调研、案例教学、校园文化、研究实践、阅读实践、情感体验七大基本类型。每种实践教学类型所发挥的教育功能各不相同，但最终可以形成合力，建设理想信念教育有序格局。自媒体时代，高校应该充分利用“自媒体”这一重要媒介，挖掘思想政治理论课的教学资源，建设“一门思政课+多门通识课”的课程教学体系，采用音像学堂、阅读经典、考察体验、情境教学、学术沙龙、专家讲座等多种实践教学方式，实现课堂教学与课外实践相互融合与统一。实施思想政治理论课“大教学”模式，让思想政治理论课与入学教育、日常管理、生涯规划、社团活动、专业实习等有机结合。思想政治理论课专任教师、辅导员、学生干部联合定期开展小班研讨，积极培育引导学生树立正确的世界观、人生观、价值观，形成育人合力。

“互联网+”时代，新媒体的发展给信息传播带来了巨大的变化，这也从客观上要求高校不断创新网络理想信念教育。当前大学校园全面进入“00后”时代，作为互联网的原住民，“00后”也被称为“拇指一代”，互联网在他们的成长过程中由一种技术手段转变为一种生存方式，被全面嵌入他们生活的全过程。

因此在当前大学生理想信念教育中可借助自媒体，搭建网络思想政治教育新阵地。线上线下交流互动，实施“互联网+理想信念教育”。建设工作室专题网站，设置关于理解信仰、对话人生、感悟思想、关注热点等学生喜闻乐见的栏目，开辟网上第二课堂。充分利用QQ空间、微信、微博、博客等网络媒介，定期开设“微讲堂”，展示“微电影”，组织“微评论”，评比“微感想”，让学生乐学乐思；设立关于大学生理想信念教育的微信公众号，定期推送榜样故事，传播正能量，充分调动学生参与的积极性，使大家广开言路、畅所欲言，随时进行心灵上的沟通与思想上的交流，让学生在自己与周围人的故事中体味人生、坚定信念、升华思想；创建与理想信念相关的网络社区，开展与理想信念相关的网络主题活动，减少说教式、灌输式等传统教育方式，让大学生用自己喜闻乐见的形式发声，实现理想信念教育的线上线下同步。

（三）创新教育形式，增强理想信念教育的实效性

理想信念是人类精神生活的一种内隐需求和外在动力，是世界观、人生观、价值观在人生目标追求上的集中反映。科学合理的教育方式方法，是理想信念教育取得良好效果的重要因素。自媒体时代，要加大理想信念教育方式方法的创新力度，重点解决当前大学生理想信念教育的吸引力、感染力问题。

利用大数据来创新理想信念教育形式。强化思想政治理论课教师的大数据素养，增强教学工作的技术性。在传统课堂基础上结合“慕课”“微课”“翻转课堂”等课程优势，开发“大数据理想信念教育课堂”，从而优化和激活课堂网络教学活动。随着高校信息化设施建设的加快，各种网络设备、监控设备、传感设备遍及校园每个角落。大学生自入校之后就会产生各类的“学生数据”，即时收集、分析调研“学生大数据”，就可以更为全面、客观、精准了解每一位学生的思想动态、学习现状，从而达到线下因材施教、精准施教。大数据最大的价值体现即预测未来，大学生即时的思想动态与学习变化在课堂表现中并不能完全体现，但通过大数据就可以发现规律和特征，方便教育者预测预判，找到问题并可以提前干预，针对个别学生课上课下的情况及时更新教学方法，满足学生的个性化教育需要。

利用理想信念教育的自媒体平台。最大限度整合传统教育载体与新媒体教育途径的双向优势，将二者有机结合，互补互促，扬长避短，以实现新旧载体相辅相成，发挥最大作用力。通过开通网络学习平台、QQ空间、BBS论坛、博客、微博、微信、虚拟社区、门户网站等多种方式方法，不断研究把握新时期

大学生成长成才的特点和规律，随时开展线上互动交流，不断增强自媒体平台内容建设的亲和力和针对性，即时掌握大学生的思想动态，做到潜移默化、润物无声，每时每刻、随时随处都能为理想信念教育铺设坚强的马克思主义阵地，实现大学生理想信念教育的内容载体从单一化、独白化和静态化向多样化、对白化和动态化转变，变“困难引导”为“积极引导”，真正贴近大学生的生活世界，随时掌握大学生的心理所问、疑惑所在、情感所需、利益所求，深入学生的内心，获得学生的认同，引发学生思想观念以及行为的共鸣，以朋辈教育、群体教育与自我教育有效结合的方式来提高理想信念教育的实效性，真正让网络理想信念教育成为当代大学生喜欢吃、能吸收的营养。

（四）拓展教育路径，夯实理想信念教育话语权

自媒体时代，新环境要求新的变革，媒介化语境下的高校理想信念教育需要旗帜鲜明地以马克思主义理论为指导，把握理想信念教育导向，积极拓展理想信念教育路径，教育“全视角”，路径“短距离”，夯实理念信念教育的话语权。马克思主义之所以拥有话语权，不在于它的本本有多厚、理论有多深奥，而在于它敏锐把握了社会脉搏，紧紧抓住了时代主题。① 当代大学生正处在价值观形成和确立的关键期，系好理想信念这枚“人生的扣子”，夯实理想信念教育的话语权刻不容缓。

理想信念教育范围要力求“全视角”。大学生理想信念教育要全过程、全方位、全领域、全要素育人。理想信念教育并非孤立的环节，而是高校人才培养中的一项重要内容。因此，理想信念教育要从人才培养的根本要求出发，抓住培养什么样的人、如何培养人、为谁培养人这一根本问题，用习近平总书记系列讲话精神武装大学生头脑，筑牢思想理论根基，把理想信念教育工作融入思想政治教育教学全过程，要做到理想信念、道德品质、知识能力、身心健康等全方位的融入，通过思想引领，以鲜活生动、易于接受的形式，覆盖第一课堂、第二课堂全领域，充分调动整合教学、科研、管理、服务等多要素，共同发挥育人功能。

理想信念教育路径要凸显“短距离”。理想信念教育的内容要融入学生，教育的方式要吸引学生，教育的手段要贴近学生。2016 年 12 月，习近平总书记在全国高校思想政治工作会议上强调：“做好高校思想政治工作，要因事而化，因

① 侯惠勤. 马克思的意识形态批判与当代中国［M］. 北京：中国社会科学出版社，2010：68.

时而进，因势而新。要运用新媒体新技术使工作‘活’起来。”① 理想信念教育要促进教育内容、教育形式和教育方法的相互融合，改变思想政治教育者的“话语失态”，促成教育者的“话语回归”。要让有意义的东西变得有意思，有意思的载体体现出有意义。要创新理想信念教育话语系统，改进表达形式，用大学生听得懂、能接受的话语来传递思想力量。创新理想信念教育内容生产模式，应时而作，应需而作，把握社会动向，反映时代特征，解决现实问题，还要学会应用图解、视频、音频等文化传播形式，积极创作微电影、微课堂、微动漫、微公益广告等网络文化产品。充分利用新媒体、新技术手段，发挥网上舆论宣传阵地的作用，夯实理想信念教育的话语权。

（陈敏：曲阜师范大学马克思主义学院副教授、硕士生导师）

① 习近平. 把思想政治工作贯穿教育教学全过程 开创我国高等教育事业发展新局面［EB/OL］. 人民网，2016-12-09.

论思政课的优化与整合

张 华

摘 要：思政课的优化即“内强素质”，思政课的整合即“外树形象”。优化是整合的前提和基础。只有不断通过自身的优化，提升自身的素质，才能增强思想政治理论课的凝聚力和战斗力；而整合是达到优化的必然要求和重要条件。通过整合，可以为思想政治理论课注入更多的活力，寻求更大的发展空间，从而扩大思想政治理论课的影响，增强发展的后劲。

关键词：思政课；内部优化；资源整合

2016 年 12 月习近平总书记在全国高校思想政治工作会议上的讲话指出：“思想政治理论课要坚持在改进中加强，提升思想政治教育亲和力和针对性，满足学生成长发展需求和期待。”① 中国特色社会主义进入新时代，对高校思想政治理论课提出了新的更高要求，需要高校思想政治理论课应对新形势、解答新问题。优化与整合即是高校思想政治理论课改进和加强的有效路径。

一、高校思想政治理论课的内部优化

思想政治理论课的优化过程，实际上就是内强素质、不断完善高校思想政治理论课的内部系统的过程。思想政治理论课要从课程体系、教考模式、师资队伍、教学硬件等方面着手优化。

（一）课程体系的优化

进入 21 世纪，思想政治理论课课程设置一直在不断优化。“科学的课程设

① 把思想政治工作贯穿教育教学全过程 开创我国高等教育事业发展新局面［N］. 人民日报，2016-12-09（1）.

置是加强和改进思想政治理论课教育教学的基本环节。"① 2005 年 2 月，中宣部、教育部联合印发《中共中央宣传部教育部关于进一步加强和改进高等学校思想政治理论课的意见》，即"05 方案"。根据意见和标准，以马克思主义中国化的理论成果——"毛泽东思想、邓小平理论和'三个代表'重要思想"为中心内容，四年制本科课程设置四门必修课，同时开设"形势与政策""当代世界经济与政治"等选修课。2015 年 9 月，教育部发布修订后的《高等学校思想政治理论课建设标准》，对 5 个一级指标，22 个二级指标及若干 3 级指标的课程建设进行了细化、量化。2018 年 4 月，教育部印发《新时代高校思想政治理论课教学工作基本要求》，对高校思想政治理论课教学工作学分制、教务管理、教研室（组）设置、集体备课乃至课堂教学纪律等方面作出了具体要求。

这些课程体系的优化，高举中国特色社会主义伟大旗帜，以马克思列宁主义、毛泽东思想、邓小平理论、"三个代表"重要思想、科学发展观、习近平新时代中国特色社会主义思想为指导，全面推动习近平新时代中国特色社会主义思想进教材、进课堂、进学生头脑，牢固树立"四个意识"，坚定"四个自信"，培养德智体美全面发展的中国特色社会主义合格建设者和可靠接班人，培养担当民族复兴大任的时代新人，不断提高大学生对思想政治理论课的获得感。

（二）教考模式的优化

优化思想政治理论课教考模式是提高思想政治理论课教学实效的根本所在。要充分发挥教师的主导作用、学生的主体作用，结合教学实际、针对学生思想和认知特点，积极探索行之有效的教学方法，自觉强化党的理论创新成果的学理阐释，努力实现思想政治理论课教学"配方"先进、"工艺"精湛、"包装"时尚。课堂教学方法创新要努力贴近学生实际，符合教育教学规律和学生学习特点，提倡启发式、参与式、研究式教学。研究分析社会热点。要多用通俗易懂的语言、生动鲜活的事例、新颖活泼的形式，活跃教学气氛，启发学生思考，增强教学效果。要精心设计和组织教学活动，认真探索专题讲授、案例教学等多种教学方法，实现教学方式方法多样化、实践教学规范化和教学手段现代化。加强实践教学，重在帮助学生巩固课堂学习效果，深化对教学重点难点问题的理解和掌握，突出对学生的能力培养。要深入研究网络教学的内容设计和功能发挥，不断创新网络教学形式，推动传统教学方式与现代信息技术有机融合。按照精品课程建设基本要求，建立教学资料数据库，实现资源优化和共享。

---

① 教育部社会科学司. 普通高校思想政治理论课文献选编（1949—2008）[M]. 北京：中国人民大学出版社，2008：215.

改革考试评价方式，建立健全科学全面准确的考试考核评价体系，坚持闭卷统一考试为主与开放式个性化考核相结合，注重过程考核，力求全面、客观反映大学生的马克思主义理论素养和道德品质。课堂出勤、课堂表现、小论文、遵纪守法等开放式个性化考核应具有严格的组织流程和明确可操作的考核评价标准。要合理区分学生考核档次，避免考核走形式，引导学生将精力真正投放到平时学习过程中。

（三）师资队伍的优化

邓小平曾经指出："一个学校能不能为社会主义建设培养合格的人才，培养德智体全面发展、有社会主义觉悟的有文化的劳动者，关键在老师。"① 思想政治理论课教师作为高校思想政治教育的主力军，在思想政治理论课教学中起着主导作用，思想政治理论课教师应当具备多种职业素质。首先，思想政治理论课教师要"讲政治"。在课堂教学中要始终坚持马克思主义立场观点方法，在政治立场、政治方向、政治原则、政治道路上同以习近平同志为核心的党中央保持高度一致，坚定不移维护党中央权威和集中统一领导。其次，思想政治理论课教师要"讲学习"。思想政治理论课教师不但需要熟悉教学科目，还应科学把握思想政治理论课课程的体系；不断地拓宽知识视野，以及所在领域的深度与其他学科的广度，只有形成与当代大学生知识需求相适应的知识结构，才能够以知识的魅力，赢得学生信服。再次，思想政治理论课教师还应熟练掌握现代化的教学手段不断提升科研能力，这种科研能力主要表现为善于从自己的教育实践和周围发生的教育现象反思中发现新问题、发现新现象，不断改进自己的工作并形成理性的认识。从这个意义上讲，思想政治理论课教师应当是学者化的，教育研究应当成为思想政治理论课教师作为专业技术人员的一种生活方式。最后，思想政治理论课教师更要"讲正气"。要爱岗敬业、热爱学生、严于律己，具备良好的思想品德、职业道德、责任意识和敬业精神，无学术不端、教学违纪现象，发挥教书育人的强大人格力量。

（四）教学硬件的优化

思想政治理论课要真正落到实处，还需要加强自身硬件设施的建设，这是提高思想政治理论课教学实效的外在保障。一是要有正规固定的办公场所，机构设置完备，党政领导班子设置齐全，且从事马克思主义理论学科研究和思想政治理论课教学。二是教研室的设置和分配要合理。教育部在 2018 年 4 月印发

---

① 邓小平．邓小平文选：第 2 卷［M］．北京：人民出版社，1994：108.

的《新时代高校思想政治理论课教学工作基本要求》中明确提出，本专科思想政治理论课教学应按课程分别设置教研室（组）。思想政治理论课教学科研二级机构的所有教师都要明确所属教研室（组），承担相应的思想政治理论课教学任务。教研室既是开展教研活动的场所，又是学生的接待室、咨询室，要给老师特别是青年老师提供集体备课和与学生交流的场所，使其成为教师与学生之间进行学习交流和心灵沟通的桥梁。三是要配备教学设施设备、基本图书资料、国内外主要社科期刊、声像资料、教学课件等，满足办公及教学研究需要。

二、高校思想政治理论课资源的整合

思想政治理论课的整合，要对思想政治理论课产生影响的国际环境、社会环境、高校以及家庭环境等要素加以整合利用，增强思想政治理论课的整体实力。

（一）与国际资源的整合

当今世界和平与发展仍然是时代主题。同时世界经济增长动能不足，局部冲突和动荡频发，恐怖主义、网络安全、重大传染性疾病、气候变化等非传统安全威胁持续蔓延，中国梦、“一带一路”倡议、人类命运共同体、全球治理观、中美贸易摩擦等新概念、新情况、新问题不断出现，需要思想政治理论课及时应对和回答。引导学生正确认识中国特色和国际形势，全面客观认识当代中国、看待外部世界，不能因为思想政治理论课具有很强的意识形态性而割断与资本主义以及其他国家和地区的联系。正如习近平总书记在党的十九大报告中所指出的：“没有哪个国家能够独自应对人类面临的各种挑战，也没有哪个国家能够退回到自我封闭的孤岛。”①

在面对这些问题的同时还要注意到，尽管西方的个性精神、科学精神、民主法制精神中的合理成分融入了我国民族精神中，为本民族文化发展注入新的内涵，但更要突出思想政治理论课的中国特色，发掘其中优秀的传统文化，尤其是要利用好思想政治理论课中蕴藏着的丰富的爱国主义、民族精神的资源，以便更好地抵御西方落后的、腐朽的、反动的思想的渗透和破坏。

（二）与社会资源的整合

随着社会主义现代化事业的不断发展，原先封闭的道德教育已跳出学校的

① 习近平. 决胜全面建成小康社会 夺取新时代中国特色社会主义伟大胜利［N］. 人民日报，2017-10-28（1）.

框框，和社会教育紧密联系在一起，构成了社会的“大德育”格局。“大德育”思想有两层基本含义：一是将德育从学校教育的范畴扩展到社会各个方面；二是打破原先学校德育的封闭体系，动员社会力量参与学校的德育工作。思想政治理论课要“走出去”，引导大学生走出校门，到基层去，到工农群众中去。认真组织大学生利用好寒暑假，开展形式多样的社会实践活动。积极组织大学生参加社会调查、生产劳动、志愿服务、公益活动、科技发明和勤工助学等社会实践活动。培养大学生的劳动观念和职业道德，使大学生在社会实践活动中受教育、长才干、做贡献，增强社会责任感。思想政治理论课也要“请进来”“引进来”。可以考虑请进一些在改革开放和现代化建设第一线取得了显著成绩的治国栋梁、兴业英才、学术巨匠、劳动模范等，同思想政治理论课某一课程的某个专题内容紧密联系，务求实效。同时要动员社会各方面力量，积极营造良好的文化环境、舆论环境和校园周边环境，坚决阻止社会上消极的、落后的甚至是反动的文化的渗透和入侵，筑起高校思想政治教育的“防火墙”。

（三）与校内资源的整合

高校本身是大学生学习、生活的主要场所，因而，思想政治理论课与外部环境整合的关键环节是实现与高校资源的整合，构建管理育人、教书育人、服务育人的德育格局。首先，必须坚持党的领导，牢牢掌握党对高校工作的领导权，使高校成为坚持党的领导的坚强阵地。各级党委要把高校思想政治工作摆在重要位置，把思想政治理论课建设列入学校事业发展规划，加强领导和指导，形成党委统一领导、学校宣传、人事、教务、研究生院（处）、财务、科研、学生处、团委等党政部门和思政课教学科研机构各负其责，相互配合，落实思想政治理论课教育教学、学科建设、人才培养、科研立项、社会实践、经费保障等各方面政策和措施。其次，教书育人。除了思想政治理论课外，“高等学校各门课程都具有育人功能，所有教师都负有育人职责”①。广大教师要把思想政治教育融入大学生专业学习的各个环节，渗透到教学、科研和社会服务的各个方面。“其他各门课都要守好一段渠、种好责任田，使各类课程与思想政治理论课同向同行，形成协同效应。”② 要深入发掘各类课程的思想政治教育资源，在传授专业知识过程中加强思想政治教育，使学生在学习科学文化知识过程中，自

① 中共中央国务院发出《关于进一步加强和改进大学生思想政治教育的意见》[EB/OL]. 光明网，2004-10-15.

② 习近平在全国高校思想政治工作会议上强调：把思想政治工作贯穿教育教学全过程 开创我国高等教育事业新局面 [N]. 光明日报，2016-12-09 (1).

觉加强思想道德修养，提高政治觉悟。彻底改变专业教学只管知识传授和技术教育的现状，引导学生关注与专业有关的社会伦理问题，把人文教育落在实处，从而减轻思想政治理论课教师的压力，避免“单打一”的尴尬境地。再次，服务育人。服务育人的主体是教学辅助部门和后勤服务部门的工作人员，要提高服务人员的服务质量及思想道德素质，正确处理经济效益与社会效益的关系。从关心爱护学生出发，以良好的服务态度、服务质量和敬业精神感染、教育学生。

同时，我国的每所高校都有自己独特的精神内涵，形成了体现社会主义特点、时代特征和学校特色的校园文化。要重视校园人文环境和自然环境建设，完善校园文化活动设施，善于结合传统节庆日、重大事件和开学典礼、毕业典礼等，开展特色鲜明、吸引力强的主题教育活动。坚决抵制各种有害文化和腐朽生活方式对大学生的侵蚀和影响，发挥校园文化育人功能。

（四）与家庭资源的整合

学生与家庭有着特殊的血缘关系，家庭环境对其思想品德的形成有着不可低估的影响。家庭教育这一先期教育搞得好，可以使思想政治理论课教育取得事半功倍的效果。必须改变那种认为“大学生已经是完全独立的行为责任者了，德育任务主要应靠学校和社会，家庭没有什么作用了”的错误认识，采用一些既能让大学生接受，又能发挥家庭环境影响的新方法。比如，组织专题家长会，建立家庭接待日制度，定期与学生家长通电话，设立家长信箱等。同时，可以让思想政治理论课教师兼职当班级的政治辅导员，这既拉近了思想政治理论课教师与学生的距离，又便于加强思想政治理论课教师与学生家庭的及时沟通；既使学生家庭能够直接了解其子女的思想品性，发挥家庭对大学生的继续教育作用，又扩大宣传了自己，提高了思想政治理论课的威望和知名度。要对大学生进行家庭美德的教育，使其增强家庭责任心和义务感，主动与家长沟通，从而使这一有利于学生身心发展的渠道畅通。对学生进行社会公德、家庭美德的教育，本身就是思想政治理论课教学的分内工作。

综上所述，通过内部优化、外部整合，既“走出去”，又“引进来”“请进来”，从而取得双赢的效果，在全员育人、全程育人、全方位育人的大德育格局中发挥主渠道作用。

（张华：曲阜师范大学工学院辅导员）

思政课教学视界的融合

孙玉凡

摘　要：长期以来以知识传授为中心的教学视界已导致思政课的功能严重弱效化。这种状况与教学视界过低及教学视界疏离密切相关。高校思想政治理论课教学只有以知识传授为基础，以大学生理论思维方法的培养为核心，以大学生思想境界的提升为终极目标，实现教学视界的有机融合，才能切实提高教学实效。

关键词：教学视界；知识传授；方法培养；境界提升

习近平总书记在2016年12月召开的全国高校思想政治工作会议上的讲话强调指出："高校思想政治工作关系高校培养什么样的人、如何培养人以及为谁培养人这个根本问题。要坚持把立德树人作为中心环节，把思想政治工作贯穿教育教学全过程，实现全程育人、全方位育人，努力开创我国高等教育事业发展新局面。"① 高校思想政治理论课是我们国家对青年大学生进行思想政治教育的主渠道和主阵地，是帮助大学生树立正确世界观、人生观、价值观的重要途径，体现了社会主义大学的本质要求。2005年国务院学位委员会决定增设马克思主义理论一级学科及其附属的二级学科，高校思政课的马克思主义理论学科属性得到正式确认和固定，为高校思政课的建设提供强大的学科支撑。高校思政课教学要真正实现自身学科价值与育人价值，只有通过系统的马克思主义理论教学，提高学生们运用马克思主义的立场、观点、方法去观察、分析、解决现实问题的能力，促进他们正确"三观"的形成才能最终得以体现。但在教学实践中教学视界过低或者未能将教学视界有机融合，已经成为思政课教学弱效化的主要原因之一。教学视界不同于解释学中作为"理解界域"的视界，教学视界既是一种教学理念，也是多种教学方式的综合；既是教学活动的出发点，

① 习近平. 把思想政治工作贯穿教育教学全过程［EB/OL］. 人民网，2016-12-08.

又是教学活动的调控器，对教学效果起着决定性的作用。

一、以知识传授为中心的高校思政课教学视界

中华人民共和国成立后，我国思想政治教育的传统源自苏联，其理论基础为灌输理论。列宁是灌输理论的创始人，他认为工人阶级政党在同资产阶级激烈争夺工人阶级的过程中，必须持续不断地对工人阶级进行马克思主义理论的灌输，因为“工人本来也不可能有社会民主主义的意识。这种意识只能从外面灌输进去，各国的历史都证明：工人阶级单靠自己本身的力量，只能形成工联主义的意识”①。社会主义思想只有通过不断地灌输才能最终武装工人阶级头脑，从而转化为强大的物质力量。俄国十月革命成功以后，列宁的灌输理论的施行有了更为有利的条件，并逐步形成了一套细化的制度。中国共产党人在传播马克思主义并运用其指导中国革命实践的过程中基本采取列宁的灌输理论和苏联的做法，取得了一定的实效。中华人民共和国成立后，我国政府开始在高等学校中开设专门的政治理论课程作为对大学生进行思想政治教育的主渠道和主阵地，这种做法一直延续至今。

然而，灌输理论在我国高校思政课教学实践中长久运用后出现了僵化的倾向，教学视界局限于教，忽略学，教与学相脱离，即变成以传授理论知识为中心的一言堂教学。这种做法的优势很明显：其一，教学效率相对较高，可以在较短的时间内传授给学生大量的理论知识且具系统性和完整性；其二，教学成本较低，主要靠教师对学生的口语相传，不需要太多额外费用，经济实惠；其三，因其对教学辅助工具几乎没有要求，所以这种方式适用范围极其广泛，基本不受现代教育手段的影响；其四，对于教师而言简便易行，只要熟练掌握课本上基本知识点并能够在课堂上讲授清楚便可，不必考虑其他外在因素的影响；其五，就现实情况而言，这种方法很适合目前我国高校大班制教学。100—200人的大合堂教学，来自不同专业的同学汇集在一起，师生交流变得十分困难，只有无视个体差异的一言堂教学能够通行无阻。基于历史的惯性和现实便利的考量，高校思政课教师多数这样教学。然而，随着时代的进步、社会的发展，这种教学视界的弊端开始日益明显。一方面，它背离了开设思政课为社会主义事业培养合格的接班人这一宗旨，也偏离了灌输理论的目标。教育心理学研究证明，一切外界影响，只有当受教育者主动参与其中并认识到其意义，才有可能将其内化，知识的记忆和知识的内化绝难画等号。在以知识传授为中心的教

① 列宁全集：第6卷［M］. 北京：人民出版社，1995：29.

学视界中，教师以讲授理论知识为中心，学生们以记忆理论知识为己任，只“知”不“识”的结果很难对大学生们的“三观”产生直接的作用和影响。长此以往势必培养出越来越多的有知无识的“空心人”抑或生搬硬套的“教条主义者”，从而背离最初的教育目标。另一方面，它极大地弱化了思想政治教育的实效。以理论知识传授为中心的教学视界势必导致教与学二元对立，主客体的割裂。学生学习的主体性得不到体现，自然也就难以调动学生学习积极性，也难以激发学生的学习兴趣。高校思政课课堂上学生们厌学逃课、敷衍了事的现象已不在少数。而且更为严重的是，极易使思政课的教学进入学生不爱听—教师不爱讲，教师不爱讲—学生更不爱听的恶性循环。如此循环往复，高校思政课的生存受到了巨大挑战。因此，提升教学视界势在必行。

二、高校思政课教学的核心视界——大学生理论思维方法的培养

现代教学理念愈来愈强调学生的主体地位，苏霍姆林斯基指出：“只有能够激发学生去进行自我教育的教育，才是真正的教育。”① 将高校思政课的教学视界拓展为注重大学生理论思维方法的培养，符合当代大学生思维特点与内在的需求，有利于激发他们学习热情，提高他们学习的主动性，扭转教学视界低造成的课堂被动局面。

其一，注重理论思维方法的培养符合青年大学生偏向理性思维的特点。大学生处于人生中思维最为活跃的阶段，他们渴望认知自然、社会、人生和自我，渴望在理论层面上解释他们所面对的种种问题，但又缺乏系统理论思维的能力和科学理性的思维方法。大学生的许多深层次的思想和认识问题，迫切需要通过马克思主义基本理论的学习来解决。恩格斯曾说过：“马克思主义的整个世界观不是教义，而是方法。它提供的不是现成的教条，而是进一步研究的出发点和供这种研究使用的方法。”② 高校思政课教学应充分利用自身课程优势，结合大学生偏好理性思考的特点，从学生的实际出发，联系当下中国正在发生的事情，把抽象的概念和原理同学生已有的知识和经验联系起来，创立具体的学习情境，遵循感性—理性—感性、具体—抽象—具体的学习规律，启发、引导学生们主动参与其中，在不断地认识问题、观察问题和分析问题过程中不知不觉地运用马克思主义的立场、观点和方法。这样，不仅能培养学生们的理性思维能力和方法，也可以使他们体验到探索研究的乐趣，亲力亲为地参与使他们所

① 苏霍姆林斯基. 给教师的建议［M］. 北京：教育科学出版社，1984：341.

② 马克思恩格斯全集：第39卷［M］. 北京：人民出版社，2006：406.

学的理论知识得到夯实，理论知识的内化成为可能。

其二，注重理论思维方法的培养契合当代大学生尤其是“95后”乃至“00后”大学生的性格特点。“95后”“00后”大学生个性鲜明，以自我为中心，不轻易盲从而乐于挑战，思政课教学如果依旧照本宣科、自说自话，势必造成学生们的巨大反感，课堂难免出现死气沉沉的局面。强行灌输已难在当代大学生身上留下痕迹，因势利导成为必然的选择。鼓励和引导学生们阐述自己理论见解，或者将大学生关注的时政热点话题引入课堂，进行观点争鸣，在思想交锋中展现马克思主义对现实问题的批判力和解释力。思政课教师不必担心或回避学生们带有否定性的怀疑或是尖锐的批判，须知马克思主义的生命力恰恰在于其强烈的现实批判精神和善于批判旧世界中发现新世界的科学批判品格。思政课教师要牢牢掌控——怀疑和批判必须以事实为依据，以逻辑为准绳，以追求真理为目标，将怀疑与批评建立在理性思考基础上，而不是主观的随意猜测和臆断。教师要善于因势利导，积极引导学生们加入到问题的批判和争辩中，在不断地证伪和检验真理的过程中，逐步培养学生们运用马克思主义进行理性思维的能力和方法。

其三，培养大学生理论思维方法也是当前客观复杂的国际国内形势的要求。国际上，西方国家对中国进行“和平演变”的形势依旧严峻，各种反华敌对势力借助各种热点、敏感问题抹黑中国，并借助其经济、科技等方面的优势输出西方价值观念，极易在青年人群中造成思想混乱。国内的各种思想是非问题以及改革中出现利益分配不均现象，也会使大学生在思想认识方面产生一定的迷惘和困惑。因此，高校思政课教学只有在系统的理论教学过程中注重培养学生的理论思维方法，引导学生学习领会教材内容背后所蕴含的马克思主义的立场、观点、方法，并运用这种立场、观点、方法去观察分析社会现实问题，才能切实增强他们的辨别能力，抵御各种错误思潮的影响。

其四，对大学生进行理论思维方法培养有助于他们正确世界观的形成。世界观和方法论从来都是统一的，人们用什么样的世界观去看待世界，也就决定了人们用什么样的方法论去认识和改造世界。从这个意义上说，世界观就是方法论或是一定的方法论背后与其相对应的世界观。在高校思政课教学过程中侧重激发学生的理论思考，在引导他们在“知其然”的基础上向“知其所以然”“知其所必然”的方向迈进过程中，不断加强对学生们的马克思主义理论思维方法的训练和培养，一旦他们掌握了马克思主义的科学方法论也就意味着他们正确世界观的形成。

三、高校思政课教学的最高视界——大学生思想境界的提升

理论思维方法的训练和培养一定程度上能促进大学生们世界观的形成，但比较而言，以“三观”为核心的思想境界的提升是一个缓慢而复杂的过程，需要更多耐心细致的工作。习近平总书记指出：“思想政治工作从根本上说是做人的工作，必须围绕学生、关照学生、服务学生，不断提高学生思想水平、政治觉悟、道德品质、文化素养，让学生成为德才兼备、全面发展的人才。”① 高校思想政治理论教育作为思想政治工作的重要组成部分，当然不能满足于对大学生进行马克思主义理论知识的系统传授和理论思维方法的培养，还应从人的精神世界层面上提升他们的思想精神境界。高校思政课教师群体应该成为大学生精神家园的守望者与呵护者，时时关心他们精神层面的需要，不断提升他们的思想境界。大学生是一个有思想的知识群体，客观上普遍追求精神生活的充实。现在部分大学生感觉“日子过得没劲”，一个重要原因就是理想信念的迷失，精神支柱的垮塌，生活没有目标，人生没有方向，日子也就会变得空虚和无聊。还有个别大学生过分地追求物质与金钱，崇尚拜金主义、享乐主义和个人主义，集体和国家观念淡漠，理想、信念成了空洞的代名词，信仰的迷惘、理想的失落已经严重阻碍青年学子的健康成长。这种状况与我国当前的社会大环境紧密相关，社会急剧变革与转型，旧的社会道德规范与秩序正在崩塌，新的风序良俗尚未确立，迷茫与困惑也是整个社会心态的写照。正如有的学者所说：“人们从来没有像今天这样强烈地需要相对稳定的价值观念的支撑，需要在变动不定的世界里寻求到一定的精神家园。然而，生活世界的变幻不定，理想信念的迷失，又使人难以弄清生活的存在意义。人往往生活在渴望理解生活的最终意义，却又怀疑生活最终意义存在的矛盾之中，生活在因缺乏稳定的价值观念而对周围世界无所适从，却又必须做出明确的自我决定的矛盾之中。”② 在这样的大环境中更急需凸显高校德育功能，唱响主旋律、传播正能量理应成为高校思政课义不容辞的责任和义务。

高校思政课教学应正视现实，充分发挥学科优势，紧紧跟进当前部分大学生精神信仰迷茫的状态，采用合适的形式进行马克思主义人生观、价值观的引导，尤其是对社会主义核心价值观的学习，帮助大学生重拾、增强理想和信念。

---

① 习近平在全国高校思想政治工作会议上强调：把思想政治工作贯穿教育教学全过程 开创我国高等教育事业新局面［N］. 光明日报，2016-12-09（1）.

② 陈晏清. 建设新世纪的精神家园［M］. 中国教育报，2002-10-11.

以实现人自由全面发展为终极目标的马克思主义是全世界无产阶级和共产党人最崇高的精神追求，能从根本上解答“什么样的人生是有意义的”“如何实现人生的价值和意义”“如何做一个有价值的人”等问题，从根本上满足人的精神需要。它的理论魅力和科学的方法论完全能够令大学生信服，并引导大学生的理性发展和素质的全面提高。因此，确立马克思主义信仰，成为人生高尚境界构建与提升的核心，也是思想政治教育工作的核心。信仰不能强迫，靠强迫是建立不起来信仰的。

高校思政课教师本着“以学生为本”的教学理念，在师生共同学习的过程中，在思想交锋争辩中，在日常联络中，利用一切可用的交流平台将人生价值和意义、人生理想信念方面的认识传递给学生。积极有效引导青年学生在自我学习的过程中真正了解和掌握马克思主义的精神实质和科学方法论，促进和巩固正确“三观”形成，有效抵制住各种腐朽堕落思想的侵蚀，帮助他们找回迷失的精神家园。要使马克思主义的“三观”成为大学生们的精神支柱，有理想、有道德、有文化、有纪律的社会主义现代化事业的建设者和接班人才能实至名归，这既是高校思政课教学的最高目标，也是高校整个思想政治工作的最高追求，更是社会主义大学育人的宗旨。

四、三重教学视界融合模式

显然，高校思政课教学的三重视界不能各自独立，要在教学实践中把它们有机融合在一起，通过构建师生共同参与、双向互动的教学模式加以实现。具体包括：确立以教师为主导、学生为主体的“主体间性”教学观，精心设计具体教学目标，精选理论联系实际的教学内容，“问题域”教学法，灵活多样的考核方式，日常生活中及时跟进六个方面。这六个方面的工作互相联系，相互支撑，紧密围绕引导大学生在主动探索理论知识、运用知识的思维训练过程中逐步形成正确的“三观”这一灵魂，从而实现教学视界的有机融合。

第一，必须确立以教师为主导、学生为主体的“主体间性”教学观。从学习规律来看，学习是主动建构的过程，学生是内因，教师是外因，外因要通过内因起作用。因此，学生的主体性表现就异常重要，教师要从单纯对“教什么”的关注，转向注重学生能“学到什么”和“怎么学”。实践证明，在课堂教学中教师与学生能否共同参与、积极互动、优势互补，直接关系到课堂教学的成效。教师要放下“师道尊严”、高高在上的架子，树立师生平等互助的民主意识，努力建立平等友爱、相互学习的师生关系。古人云：“弟子不必不如师，师不必贤于弟子。闻道有先后，术业有专攻，如是而已。”通过师生之间共同参与、双向互动来开展思政课的学习，充分调动学生的主体性，激发他们的内在学习动力，实现由“要我学”向“我要学”“我会学”的转变。在活跃的双向的交互过程中产生思想的交锋与碰撞，有助于激发学生学习的热情和兴趣，也有助于提高教师自身的教学研究能力，达到教学相长的完美境界。

第二，精心设计具体的教学目标。高校思政课的总体教学目标很明确，但需要通过实现具体的每一门课、每一个章节中的具体目标来实现。这就要求每一门任课教师在教学的过程中始终围绕总体目标对每一节具体目标进行精心设计。清晰、可行的课堂学习目标有助于大学生形成学习的内驱力，对大学生的学习具有激励作用。教育心理学的研究和教学实践表明，教师提出的课堂学习目标越明确具体，越能调动学生学习的积极性。为了增加教学设计的科学性，在教学目标陈述时需要克服目标陈述的含糊性，需要明确具体和可操作性，尽量避免使用如“知道、了解、理解”等含糊的术语，尽可能使用一些较为精准的词语，例如“掌握程度、论证过程、检验结果”等。只有具体教学目标具备了明确的可行性和可检验性，总体的教学目标才有了最终实现的可能。

第三，精选理论联系实际的教学内容。在思政课每一门课程的教学过程中，如何选择适当的教学内容、参考资料以及各种案例，都要谨慎考虑。选择合适的问题和角度切入教学，更容易吸引学生的注意力，有利于学生对思想政治理论的积极探索与研究。反之，则易造成“师生相看两相厌”的尴尬课堂局面。教学内容选择必须符合总的教学任务和教学目标的基本要求，要努力使教学内容贴近实际、贴近生活、贴近大学生实际思想认知水平。因此，高校思政课教学必须直面现实生活的挑战，向大学生展示真实的生活，既要弘扬主旋律，也要引导大学生正确看待负面社会现象，培育他们的信息甄别力和价值判断力。具体来讲，思政课教学要以真实的生活事例为素材，关注社会热点问题，对学生们日常生活中提出的实际问题给予积极回应，真正实现教育和生活的融会贯通。这样高校思政课的面貌才会变得可亲、可爱，具有吸引力。

第四，“注入式”教学转变为“问题域”教学法。叶圣陶先生说过，教亦多术矣，运用在乎人，孰善孰寡效，贵能验诸身。时下学者们提出并论述了各种各样的教学法，如互动式、启发式、研究式、案例式等。实际上各种教学方法都具有互通性，都离不开“问题域”的运用。亚里士多德指出，思维始于惊奇和疑问，问题是开启思维和发展思维的源泉。问题意识的产生是激活学习者与学习内容链接的第一步，也是教师与学生有效沟通的契合点。教师首先要有一个完整的“问题域”设计，即问题的实质与核心、设问的角度、论证的过程、可能出现的异议、涉及的理论与方法、问题升华的程度等，与该问题相关的一系列环节都必须事前设计好、准备好，还要有预案来应对教学过程中可能出现的突发状况。“问题域”教学实践的关键是教师要善于创设各种问题情境，设置疑问引导学生关注与思考，把他们带到一个主动的学习情境之中，教学效果自然事半功倍。备课时就要摸清学生中存在的共性问题和实际需要，精心设计难易适中、符合学生认识规律的疑难问题，引导学生沿着正确的逻辑思维路径去思考，寻求问题的解决，完成感性认识到理性认识的升华。比较而言，“问题域”教学法在众多的教法中最具可行性和推广性。

第五，改革考试方式，加强日常课堂的考核。思政课教学的最终效果是大学生思想品德的发展和思想境界的提升，考核的依据也应是此。很显然仅仅依靠期末的一张试卷、一个分数难以做出真实准确的评价。但由于思想品德的形成和发展受到多种因素的影响，到底哪些是思政课教学效果的体现，哪些不是都是很难确定的，进而导致评价操作难度增大。当前考试改革较为可行的方式是本着定性考核与定量考核相结合的原则，将日常考核和期末考试相结合，实行“N+1”方式，“1”即考试评价，“N”即日常考核，包括各种调研参观、作业、课堂发言与讨论、课程小论文等。日常考核因其经常性，更容易对大学生的知识、情感、能力、行为等的发展变化给予及时评价，能够更好地反映出学生的真实状况，一定程度上弥补一个分数定德行的不足，并能为下一步的教学改进提供可靠的依据和方向。

第六，只有通过经常性的课堂交流、问卷调查、访谈、网上聊天、微博交流等多种方式来观察和掌握学生们的思想动态，倾听来自他们内心最深处的声音，真正了解和理解他们的真情实感，思想政治教育才能做到有的放矢，提升工作实效。广大的思政课教师要成为大学生们的良师益友，身教与言教相结合，因势利导，循循善诱，使思政课真正走进大学生的生活。

总之，教学视界融合既是一种教学理念的提升，更是多种教学方法的运用；既需要广大思政课教师的真心投入，也需要教师具备渊博的知识、丰厚的学养、娴熟的教学技巧。因此，高校思政课的教学也可以称得上是一项复杂艰巨的系统工程。只有高校思政课教师真正信仰马克思主义，真心关心大学生的健康成长，清醒地认识到教学视界融合的重要性，并把这种理性思考沉淀到内心，沉淀为自己的一种认知状态，教学工作才能游刃有余，“随风潜入夜，润物细无声”的教育佳境方有实现的可能。

（孙玉凡：曲阜师范大学马克思主义学院副教授、硕士生导师）

思政课教学集体备课效能的思考

秦兴仲

摘　要：全国教育大会提出，要引导教师热爱教学、倾心教学、研究教学，潜心教书育人。教育部新出台的《新时代高校思想政治理论课教学工作基本要求》第六条“统一实行集体备课”和第七条“创新集体备课形式”中都强调，要定期组织全员集体备课、要组织教师互相听课、促进教师互学互鉴。集体备课要备学生、备教材、备最新的党中央重大方针政策和决策部署以及习近平一系列的重要讲话、备中华优秀传统文化，同时要不断创新集体备课形式，真正提高集体备课效能。

关键词：思政课；集体备课；思考

教育部2018年4月12日出台的《新时代高校思想政治理论课教学工作基本要求》（以下简称《基本要求》）开宗明义地指出：“思想政治理论课承担着对大学生进行系统的马克思主义理论教育的任务，是巩固马克思主义在高校意识形态领域指导地位、坚持社会主义办学方向的重要阵地，是全面贯彻党的教育方针、落实立德树人根本任务的主干渠道和核心课程，是加强和改进高校思想政治工作、实现高等教育内涵式发展的灵魂课程。……中国特色社会主义进入新时代，对高校思想政治理论课发挥育人主渠道作用提出了新的更高要求。为继续打好提高思想政治理论课质量和水平的攻坚战，坚持不懈传播马克思主义科学理论，讲清讲透习近平新时代中国特色社会主义思想的时代背景、重大意义、科学体系、精神实质、实践要求，全面推动习近平新时代中国特色社会主义思想进教材进课堂进学生头脑，打牢大学生成长成才的科学思想基础，引导大学生树立正确的世界观、人生观、价值观，不断提高大学生对思想政治理论课的获得感，现就教学工作提出以下基本要求。”①

请注意《基本要求》中所用的几个醒目的关键词，思想政治课关系着“指导地位”“办学方向”“重要阵地”“主干渠道”“核心课程”“灵魂课程”“打好质量和水平的攻坚战”“三进”“三观”“获得感”。这表明教育部对思政课的重视程度是前所未有的，《基本要求》第一条“明确指导思想”强调：“把高校思想政治理论课教学工作摆在更加突出的位置，更加重视加强和改进教学管理，更加重视提升教学质量，不断提升思想政治理论课的亲和力和针对性”。在第二条强调：“坚持增强获得感，促进思想政治理论课教学有虚有实、有棱有角、有情有义、有滋有味”，这是耳目一新的提法。

一、集体备课的重要作用

为了满足大学生对高质量思政课的需要，供给方教育部、高校、马克思主义学院、思政课教师要千方百计提供优质产品。集体备课、教师相互听课必然被提上议事日程，这是顺理成章的事。那么，对于思政课教师来讲，集体备课、相互听课又有何意义、价值和作用呢？思政课教师对此必须有清醒的认识，才能自觉、主动、创造性地参与集体备课。

（一）强调集体备课、相互听课并不否认个体的独特性作用，是以承认每个教师独具特色为前提的

习近平总书记指出：“‘物之不齐，物之情也。’和而不同是一切事物发生发展的规律。世界万物万事总是千差万别、异彩纷呈的，如果万物万事都清一色了，事物的发展、世界的进步也就停止了。”② 每个教师各有特色、各有所长、各有千秋，但又不是十全十美，“尺有所短寸有所长”“智者千虑必有一失，愚者千虑必有一得”。为避免自以为是、孤芳自赏、夜郎自大、妄自菲薄、坐井观天、闭门造车、傲慢与偏见、狭隘的经验主义、孤陋寡闻，要互学互鉴、交往交换、交流交融。

（二）集体备课、相互听课的过程就是教师之间相互交流知识、相互学习、互学互鉴、互通有无、互利互惠、取长补短、优势互补、互利共赢、成果共享的过程

许多学习的灵感、思想的火花就是在相互交流切磋、交流碰撞、相互辩论

① 中华人民共和国教育部. 教育部关于印发《新时代高校思想政治理论课教学工作基本要求》的通知［J］. 中华人民共和国教育部公告，2018（5）：15-18.

② 习近平. 在纪念孔子诞辰2565周年国际学术研讨会暨国际儒学联合会第五届会员大会开幕式上的讲话［M］. 北京：人民出版社，2014：8.

中产生的。学校的“校”字本义就是在大树底下相互交流、相互学习，亦即教学相长、教教相长、学学相长，共商、共识、共和、共创、共进、共享、共好的过程。

（三）要真正做到互学互鉴，就要有“谦卑情怀”

要时刻告诉自己要学的东西还很多，人外有人、天外有天、学无止境；时刻提醒自己金无足赤、人无完人，要把自己当作一个不完善不完美的人，然后向着完善完美的方向去改善、改进；时刻提醒自己不要封闭僵化、闭门造车、夜郎自大，要虚怀若谷、要开放合作和包容。要向孔子学习，“学而不厌，诲人不倦”，“三人行，必有我师焉。择其善者而从之，其不善者而改之”。因为孔子善于学习，博采众长，最终成为集大成者，成为中华民族的精神导师。

（四）教育部强调要定期全员集体备课，相互听课，是对思政课的高度重视

思政课讲的内容是作为指导思想被写进党章、载入宪法的，重视程度不言而喻。2018 年 5 月 4 日习近平总书记在纪念马克思诞辰 200 周年大会上的讲话中指出，马克思主义始终是我们党和国家的指导思想，是我们认识世界、把握规律、改造世界的强大思想武器，马克思主义思想理论博大精深，常学常新，要真正把马克思主义这个看家本领学精悟透用好。思政课教师作为基本理论的信奉者、学习者、传播者、宣传者、践行者，既是荣幸的，又是幸福的；讲好基本理论、基本路线、基本方略，既是看家本领，又是义不容辞的崇高职责。按照习近平总书记的要求，既要学懂、弄通、做实，又要学精、悟透、用好。以习近平同志为核心的党中央政治局定期举行集体学习，十九届政治局近一年已举行多次集体学习。作为思政课教师，我们定期集体备课、相互听课，就是向党中央、向总书记看齐的具体行动。

（五）习近平总书记经常强调，不能数典忘祖，不能丢老祖宗，不忘本来、吸收外来，才能开辟未来

我们应该明白，我国当代文化构成主要有两个：一个是马克思主义，另一个就是中华优秀传统文化。我们身处孔孟之乡，礼仪之邦，更要把优秀传统文化融合到各门思政课当中去。这两个老祖宗都博大精深、源远流长，要把两个老祖宗有机结合起来，相得益彰：以马克思主义为体，用宽阔视野吸收人类创造的一切优秀成果，在开放中博采众长，不断完善自己；以中华优秀传统文化为根，根深才能叶茂，为马克思主义中国化、时代化、大众化做出我们应有的贡献。集体备课，备出特色。

二、集体备课备什么

（一）备学生

备学生的共同学习需求和存在的共同问题。大学生的成长成才是学校一切工作的出发点和落脚点，因而集体备课要把备学生放在首要地位。要把学生的学习需求和成长放在首位就要从学生的实际情况出发，而不是从书本出发，不是教师要做什么，而是教师要根据学生的学习需求做什么，让教服务于学，而非让学硬性服从于教。以学习问题的解决来把握教学问题，以研究学习问题来深化和带动教学问题的解决和研究，以优化和有效指导学习方法来创新教学方法。满足学生的需求是教学的第一要义。满足学生需求的范围越大，思政课教师就越受到学生的欢迎和敬重。这就要深入学生，多了解学生，多与学生交流，做学生的良师益友。

集体备课必须从学生的实际出发，深入研究学习需求、学习问题以增强教学的针对性和实效性，让学生有获得感。总之，集体备课要备学生的需求和兴趣，备学生的学习问题和学习心理，备学生的感悟和体验，备学生的学习状态和学习过程等。

（二）备教材

首先，要根据教育部的要求针对最新出版的教材和教学大纲定期组织集体备课，准确把握教材基本精神，研究确定教学进度和内容，形成统一的参考教案。要把新版和旧版教材相比较，对于新版教材增加了或减掉了哪些内容，哪些章节是没动过的，哪些章节是重新改写的，新版教材有哪些优缺点，每章用几个课时，哪些章节和问题需要重点讲、详细讲，哪些章节要略讲，哪里是重点、难点、热点等，都要在集体备课中搞清楚、弄明白，做到心中有数、达成共识。

其次，组织全员集体备课，集中研讨教学共性问题，促使各门课程有效衔接。各门思政课虽然都具有相对独立性，但各门课程教材之间又是一脉相承、相互贯通的。先讲哪门，后讲哪门，要有序进行，不能颠倒。比如“原理”和“概论”课，就必须要先讲“原理”，再学“概论”。如果颠倒讲就会造成学生理解不到位，必然学不好。所以每位思政课教师不仅要清楚自己这门课讲什么，还要大致了解其他课讲什么，做到心中有数。这样讲课时就会清楚学生的知识储备，清楚哪些应该详细讲、重点讲，哪些应该少讲，甚至提一提就可以，一带而过、点到为止，不要让学生感到重复乏味，但必须提到和点到。

还有一个共同问题就是许多学生提到的重复性问题，为什么好多问题高中甚至初中已经学过，到大学还要讲还要学，这不是重复吗？一定要告诉学生是重复，但，是必要的重复，是不同角度、不同层次上的重复。为什么要重复，因为太重要，就要千叮咛万嘱咐，耳提面命、时时提醒。比如，子女出门，父母就要提醒，注意安全！注意安全——这一辈子不知重复多少遍，就是因为安全太重要。执政党、政府、国家也是这样，对自己的建设者和接班人也是反复提醒：要树立正确的世界观、人生观、价值观，要一切从实际出发，解放思想、实事求是、求真务实、与时俱进；要有理想、有文化、德才兼备、品学兼优；要遵纪守法、公道正派、爱国敬业、诚信友善等，做到这些个人终身受益，国家社会国泰民安、长治久安。

（三）备最新的党中央重大方针政策和决策部署以及习近平总书记一系列的重要讲话

将党的理论创新最新成果贯穿融入教学，充分体现思政课的思想性、理论性和时代性。比如《决胜全面建成小康社会　夺取新时代中国特色社会主义伟大胜利——在中国共产党第十九次全国代表大会上的报告》是迄今为止习近平总书记所有重要讲话中最重要的讲话，它是浓缩版、精华版、修订版、最新版，是中国特色社会主义理论最权威的教科书。学不懂、弄不通《决胜全面建成小康社会　夺取新时代中国特色社会主义伟大胜利——在中国共产党第十九次全国代表大会上的报告》，就不可能讲好思政课。再比如习近平总书记《在纪念马克思诞辰 200 周年大会上的讲话》思想深邃、主题宏大，有许多重大创新，是一篇闪耀着真理光芒的马克思主义纲领性文献，为当代中国马克思主义、21 世纪马克思主义开辟了新境界。这一重要讲话既是一篇坚持和发展马克思主义的宣言书，又是一篇新时代学习和实践马克思主义的动员令。习近平总书记这两篇重要讲话讲完之后，思政课教师就应该立即全员集体备课，先学一步，集中学习讨论如何尽快把讲话精神融入思政课当中。不能及时进教材，但可及时进课堂，进教师头脑，进学生头脑！如果在课堂上不讲，或者讲到只是轻描淡写简单一提，都算不上合格的思政课教师。在课堂上必须高度重视这两篇重要讲话。要大讲特讲、浓墨重彩地讲，大张旗鼓、理直气壮、旗帜鲜明地讲。值得提醒的是，新版（2018 年版）“原理”教科书是在 2018 年 3 月出版，习近平总书记《在纪念马克思主义诞辰 200 周年大会上的讲话》是在 2018 年 5 月 4 日发表。“原理”教科书肯定没把这次重要讲话精神写进去，这就需要“原理”课教师把讲话精神贯彻到讲课过程中。

再比如，习近平总书记《在纪念孔子诞辰 2565 周年国际学术研讨会暨国际儒学联合会第五届会员大会开幕式上的讲话》是习近平有关优秀传统文化方面最重要的一次讲话。我们要把优秀传统文化融入思政课教学中，就要全员集体学习讨论这篇重要讲话的精神。还有每年的中央全会精神，每年3月的“两会”精神等，也是我们思政课教师关注、集体学习讨论的重点。

当今世界，人类正处在大发展大变革大调整的时代，世界多极化、经济全球化深入发展，社会信息化、文化多样化持续推进。习近平总书记指出：“这个世界，各国相互联系、相互依存的程度空前加深，人类生活在同一个地球村里，生活在历史和现实交汇的同一个时空里，越来越成为你中有我，我中有你的命运共同体。”① 中国的发展离不开世界，世界的发展也需要中国。新时代既是全球化地球村时代，也是互联网信息化时代。全球命运与共，休戚相关，没有哪个国家能够独自应对人类面临的各种挑战，也没有哪个国家能够退回到自我封闭的孤岛。思政课教师既要胸怀祖国，也应放眼世界，密切关注世界热点和焦点问题，集体学习讨论研究这些问题，达成共识，再在课堂上帮助和引导大学生理解这些重大事件，从而让学生树立全球意识和世界眼光，树立人类命运共同体意识，汲取人类智慧，不但要做合格优秀的中国公民，而且要做合格优秀的世界公民，共同建设持久和平、普遍安全、共同繁荣、开放包容、清洁美丽的世界。

（四）备中华优秀传统文化

不忘本来才能开辟未来，善于继承才能更好创新。中华优秀传统文化是中华民族的“根”和“魂”，是中国特色社会主义根植的沃土，是最深厚的文化软实力，是我们在世界文化激荡中站稳脚跟的根基。中华优秀传统文化也和马克思主义一样，博大精深，源远流长，为中华民族生生不息，发展壮大提供了强大精神支撑。今天我们传承发展中华优秀传统文化，就是要用蕴含其中的精髓、精华滋养当代中国人的精神世界，提振当代中国人的精神力量。思政课教师不但应掌握马克思主义这个“看家本领”，还应具有中华优秀文化的素养。要通过自学和集体备课尽快补上这块短板。习近平总书记在弘扬优秀传统文化方面为我们做出了榜样。他的每次重要讲话几乎都要引经据典，从中华优秀传统文化中汲取智慧和力量。笔者建议集体备课时共同学习人民日报出版社出版的《习近平用典》一、二辑。

① 习近平对世界如是说［EB/OL］. 人民网，2015-11-23.

三、创新集体备课形式

教育部要求通过多种方式有针对性地增强集体备课效果：第一，要组织新任职教师试讲，加强对新任职教师的指导；第二，要组织骨干教师讲示范课，加强对其他教师的引领带动；第三，要组织教学经验丰富的教师说课，加强广大教师对思政课教学规律的把握；第四，要组织教师互相听课，促进思政课教师互学互鉴；第五，要推动思政课教师在有条件的情况下兼职担任辅导员、班主任，充分了解学生思想、政治状况，提高备课针对性；第六，要注意运用新媒体新技术开展集体备课，提升集体备课效果。

除了教育部提出的以上六种形式，我认为还应该：第一，每次集体备课要解决一个重点教学问题，围绕这一问题相互研讨和交流，力求深化，在更高层面上求得共识，各有收获。即使每次只解决一个问题，只要坚持进行，最终会解决思政课教学中的系统性问题。第二，每次都要有一个或两个主发言人，其他教师给予补充和完善，对有分歧的见解和做法，最好不要争论不休，要允许每位教师坚持自己的独到见解和做法。第三，集体备课不仅要交流、研究探讨问题，更重要的是敢于实践新思路、新模式和新形式，在创新和开拓中获取更大的备课成果，并要善于资源共享，使每位教师在集体备课中分享丰富的教学资源。

（秦兴仲：曲阜师范大学马克思主义学院副教授）

"基础"课对大学新生思想引导的作用

刘　明

摘　要：由于生活环境的变化、学习规律的差异、社会角色的转换等诸多因素，大学新生往往容易产生多方面的不适应和困难，因此，在"基础"课的课堂上，要充分发挥思政课的主阵地作用，帮助学生尽快走出迷茫期。

关键词："基础"课；目标空白期；正面引导

告别中学生活，走进大学校门，面对陌生而新鲜的大学生活，大学新生们满怀好奇与兴奋。然而，由于生活环境的变化、学习规律的差异、社会角色的转换等诸多因素，大学新生往往容易产生多方面的不适应和困难，甚至造成阶段性学习、生活失衡。这种不适应影响着新生大学生活的起步与发展，少数学生甚至还会因适应期过长在学习和生活上遇到很大困难。

因此，关注和研究大学新生的学习、思想状况及表现，从而有针对性地加以引导，帮助其尽快完成从中学生到大学生的角色转换、确立新的奋斗目标、适应新的学习生活环境，是思想政治工作者的重要职责，也是思政课的重要任务。"基础"课是大学生思想政治理论课课程体系中首开的一门课程，帮助大学新生尽快适应大学新生活，亦是此课程开课之初的重要教学内容之一。

一、大学新生存在的主要问题分析

（一）出现目标空白期

上大学之前，学生们长期处于相对封闭、单纯的应试教育环境，考大学是他们的主要目标，他们都是围着"高考"这根指挥棒在生活和学习，与考试无关的事情顾及较少，这样的生活虽然疲累，但目标十分明确，所以紧张而充实。然而，当学生们迈进了大学校门，考大学的目标实现、贯穿以往学习生活的旧的目标和指令消失，而自己的新目标尚未确立，来自社会、家庭及本人的期待尚不明确，这就出现了一个目标空白期。在这样一个特殊的时期内，面对着丰富多彩的大学校园生活的各种诱惑和选择，身处相对宽松的环境和行动相对独立的大学新生，表现得既兴奋又茫然，既跃跃欲试却又不知方向在哪里。

（二）学习动力不足

大学新生们在高中阶段的学习是非常紧张的，几乎没有休闲娱乐时间，并且他们的复习备考也基本上都是在各科老师的安排下跟着老师的节奏来进行，因此是无暇进行学习方面的个性化思考的。而考入大学以后，学习环境发生了很大的变化，老师们不再面面俱到地为学生安排学习生活，同时相对于高中阶段，大学里有了更多的自由支配的时间，但由于目标空白期的存在，他们都还没有找到自己的新的方向，因此，一时间大学新生们像是失去了灯塔的航船一样，茫然不知学习这条小船应该怎样驾驶，又该驶向何方，自然学习动力不足。

（三）情绪波动大，心理易失衡

很多大学新生在进入大学之前，都会对大学有着各种想象，对大学生活也充满憧憬，收到大学录取通知书后，这种想象和期待更是达到了顶点。但来到大学之后，许多同学会发现想象和现实之间有着很大差距，大学里还是要面对满满的课表、严格的考试等，心里会觉得失望。加之大学新生在高中阶段基本都是老师和家长的宠儿，是同学里的佼佼者，但来到大学之后，他们突然发现自己的优势没有那么明显了，自己只不过是大学生群体中的普通一员，面对强手如林，面对新的竞争，失落感会油然而生。这一切都会对新生的心理产生巨大影响。

以上种种，都是在大一新生中广泛存在的现象。究其原因，归根结底还是初入大学陷入迷茫。目标空白期的出现、在同学中优势地位的丧失、学习动力不足，这些都会导致新生在中学到大学的过渡期内迷茫而不知所措。帮助学生走出“迷茫期”是思政课的重要任务。

二、发挥好新生开学第一课的引导作用

大一新生们如上所述的种种迷茫、困惑的状态如果得不到改变，将会严重影响学生们大学生活的展开和学习进程的顺利进行，而作为思想政治课课程体系的首开课程，“基础”课原本就旨在给予心智尚未完全成熟、“三观”尚未完全定型的大一新生以正面引导，因此，在“基础”课的课堂上，要充分发挥思政课的主阵地作用，帮助学生尽快走出迷茫期。

（一）做好调查，有的放矢

大一新生作为一个群体，其初入大学的思想状况、学习状态有共性的一面，但若具体到每一个班级，则一定会有个性的一面，不同的班级在表现上也会有差异，因此，只有做好每一个教学班学生的状态调查，对其差异性心中有数，才能更有针对性地给学生以正面引导。在教学实践中，这个调查的形式可以是非常灵活的，既可课前做也可随堂做，有的放矢，效果会更好。

（二）帮助新生，寻找症结

教学实践中发现，其实很多新生对于自己入学后的状态极不满意，但又不明白究竟哪里出了问题、该怎么解决，十分苦恼，“基础”课第一课首先就要帮助学生拨云见日、找到问题的症结所在，这是第一步，也是非常关键的一步，只有找到原因，才能对症下药，解决问题。

（三）加强引导，树立目标

任何进步和提升都是在不断追求的过程中实现的，国家、民族如此，个人同样如此。所谓人生，其实质就是不断设立目标并为之奋斗去实现的过程。大学生活是完全不同于中学生活的人生的崭新阶段，新生初入大学所面临的最重要的挑战就是树立新的奋斗目标。教学中要针对大学新生目标空白期产生的茫然与空虚，引导他们在新的起点上，重新确立和定位自己的人生坐标，帮助学生走出迷茫，主动积极寻求自我人生意义。引导学生在中国特色社会主义新时代的时代坐标下，将个人奋斗目标与社会需要相结合，把今天的学习与国家民族的希望紧密联系起来，将人生的远大目标与现实的具体的生活学习目标结合起来，认清历史使命，树立社会责任感，获得学习新动力。

大学学习与培养目标与中学有质的不同，所学知识的深度、广度、难度和学习内容、形式、方法对学生学习思维强度、自觉度的要求都比中学深得多、广得多、难得多和高得多。大学生要健康成长成才，必须转变学习观念，培养优良学风，学会求知、学会学习。首先要适应大学学习特点，调整学习方法。要树立高目标的观念，调动激发全部智能潜力，要树立自主学习的观念，形成高水平的自学能力；要树立科学学习的观念，形成适合自己的学习体系；要树立创新学习的观念，增强求导思维；要树立全面学习的观念，学会学习，学会做事，学会做人；要树立勤奋学习的观念，发奋用功，永不懈怠。大学生正确学习观的树立，将帮助学生少走弯路，提高学业成绩，为顺利完成学习任务打牢基础。

面对理想与现实的差距，面对环境、地位的改变导致的心理失衡，要指导大学生调整心态，积极面对困难，避免消极情绪和强烈的情绪波动，引导学生客观全面地认识自我，悦纳自我，正视自己和别人的差异，同时帮助学生悦纳同学，虚心向优秀同学学习。可以通过学长们的经验和案例分析，加强新生对自身迷茫心理的应对与调试，使新生积极面对大学生活，塑造良好心态。

大学时期是世界观、人生观形成的重要时期，是个性趋于成型、人格趋于完善的过渡期，也是态度体系、行为方式不稳定的时期，要及时地帮助他们提高自己的认知能力、调适能力。对于新生来说，就要围绕新生们关心的问题，有针对性地层层深入，强化教学的针对性和吸引力，真正发挥“基础”课作为大学生思政课首开课程的重要作用。

（刘明：曲阜师范大学马克思主义学院讲师）

新时代社会主要矛盾转化的三重维度

鲁 昕

摘 要："新时代"定义了中国当前所处的历史方位，是理解习近平新时代中国特色社会主义理论的关键词，对"新时代"的正确把握也就成为习近平新时代中国特色社会主义理论能否有效指导并融入思政课教学的关键所在。新的社会主要矛盾的出现是做出"新时代"判断的根本依据，思想政治理论课解读"新时代"首先要对新时代面临的社会主要矛盾进行分析。分析作为不同时代划分根本依据的社会主要矛盾，既要廓清矛盾发展变化的过程，也要认清矛盾发展变化的背景以及矛盾发展变化的指向，这构成了解读"新时代"社会主要矛盾转化的三重维度。

关键词：思政课；新时代；社会主要矛盾

一、问题的提出

党的十九大和党的十九大通过的新党章，确立了习近平新时代中国特色社会主义思想在党内的指导地位，将习近平新时代中国特色社会主义思想融入思政课教学、实现教材体系向教学体系的转化，是落实教育部提出的全面推进习近平新时代中国特色社会主义思想进教材、进课堂、进头脑任务的必由之路，也是检验思政课教学实效性的最终标准。

马克思恩格斯指出："一切划时代的体系的真正的内容都是由于产生这些体系的那个时期的需要而形成起来的。"① 历史唯物主义的常识告诉我们，承载指导性意识形态的思想体系都有其深厚的历史渊源，反映了时代诉求并为未来指明愿景。"新时代"定义了中国当前所处的历史方位，是理解习近平新时代中国特色社会主义理论的关键词，对"新时代"的正确把握也就成为习近平新时代中国特色社会主义理论有效指导并融入思政课教学的关键所在。

---

① 马克思恩格斯全集（第3卷）[M]. 北京：人民出版，2002：54.

唯物辩证法认为：矛盾是普遍存在的，是事物发展的根本动力。社会主要矛盾转化是一个社会、一个国家执政党基于对本国过往历史的正确认识并观照现实主要需求的客观总结，一个社会的主要矛盾决定了这个社会当下的中心任务，是执政党制定相关政策的主要理论依据。从这个角度讲，社会主义的主要矛盾是社会主义社会发展的直接动力。党的十九大报告指出："我国社会主要矛盾已经转化为人民日益增长的美好生活需要和不平衡不充分的发展之间的矛盾。"① 新的社会主要矛盾的出现是作出"新时代"判断的根本依据，思想政治理论课解读"新时代"首先要对新时代面临的社会主要矛盾进行分析。分析作为不同时代划分根本依据的社会主要矛盾，既要廓清矛盾发展变化的过程，也要认清矛盾发展变化的背景以及矛盾发展变化的指向，这构成了解读"新时代"社会主要矛盾转化的三重维度。

二、新中国社会主要矛盾发展变化及其表述

矛盾从一个阶段过渡到另一个阶段称为"转化"，这是矛盾发展运动从量变开始最终达成质变的过程。我国社会主要矛盾变化贯穿了中国革命、建设和改革的全过程，经历了三个时期五个阶段四次转化。

第一个时期是中华人民共和国成立初期到没收官僚资本基本完成。这个时期的社会主要矛盾经历了两个阶段，主要表现为阶级矛盾，相应地党和国家围绕阶级斗争制定了一系列方针、政策。中华人民共和国成立之初，虽然"三座大山"已被推翻，但帝国主义、封建主义和官僚资本主义的残余势力仍然猖獗，中国共产党领导人民大众建立的新生政权并不稳固，新中国仍处于新民主主义革命阶段，这一阶段的主要社会矛盾表现为人民大众与帝国主义、封建主义和官僚资本主义残余势力之间的矛盾，毛泽东将其概括为两类矛盾："现在点明一句话，资产阶级民主革命完成之后，中国内部的主要矛盾就是无产阶级和资产阶级之间的矛盾，外部就是同帝国主义的矛盾。"② 在内部随着地主阶级和官僚资本主义被打倒，在外部随着抗美援朝的初步胜利，新中国面临着从新民主主义革命向社会主义革命过渡的历史使命，社会主要矛盾的第二个阶段随之到来，工人阶级与民族资产阶级之间的矛盾成为主要的社会矛盾。毛泽东认为"在打倒地主阶级和官僚资产阶级以后，中国内部的主要矛盾即是工人阶级与民族资

---

① 习近平. 决胜全面建成小康社会 夺取新时代中国特色社会主义伟大胜利［N］. 人民日报，2017-10-28（1）.

② 毛泽东文集：第5卷［M］. 北京：人民出版社，1996：145-146.

产阶级的矛盾，故不应再将民族资产阶级称为中间阶级”①，这是新中国社会主要矛盾发展的第一次转化，这一矛盾通过全国范围内的社会主义改造运动到1956年基本解决。总之在这一历史时期，中国共产党通过对社会主要矛盾的正确判断和把握，适时地制定了一系列方针、政策，成功地将中国基本社会制度进行了社会主义改造，建立并稳固了新生的社会主义政权。

第二个时期是社会主义建设和改革开放初期。自社会主义基本制度在中国初步建立到中共十九大之前，建设什么样的社会主义、如何建设社会主义成为根本性问题，解决这一问题的基本理论依据就是对社会主要矛盾的判断。党的八大通过的《中国共产党第八次全国代表大会关于政治报告的决议》明确指出："我们国内的主要矛盾，已经是人民对于建立先进的工业国的要求同落后的农业国的现实之间的矛盾，已经是人民对于经济文化迅速发展的需要同当前经济文化不能满足人民需要的状况之间的矛盾。"② 这是新中国社会主要矛盾的第二次转化，其基本精神就是，在这一阶段阶级斗争不再是主要矛盾，社会主义社会的主要任务是发展生产力。但随着1957年开始的反右派斗争扩大化，毛泽东对社会主要矛盾的认识发生了改变。1957年10月9日，毛泽东在中共八届三中全会闭幕会上提出："无产阶级和资产阶级的矛盾，社会主义道路和资本主义道路的矛盾，毫无疑问，这是当前我国社会的主要矛盾。"③ 这不仅与当时的社会需求和国家发展需要背离，而且也与毛泽东本人在中华人民共和国成立初期"已经推翻国民党的统治，建立了人民的统治，并且根本上解决了土地问题"后，"党在这里的中心任务，是动员一切力量恢复和发展生产事业，这是一切工作的重点所在"④ 的基本判断不符，党的八大二次会议文件确认了毛泽东的这种判断，以至于在20世纪60年代逐渐形成了"以阶级斗争为纲"的"整个社会主义历史阶段"的路线，最终导致了"文化大革命"。党的十一届三中全会的召开拉开了拨乱反正、进行社会主义现代化建设的序幕，否认了阶级矛盾是社会主要矛盾的判断并对"以阶级斗争为纲"的基本路线进行纠偏，中国共产党人对社会主要矛盾的认识发展到第四个阶段。其表述始自1979年邓小平在理论工作务虚会上的一次讲话："我们的生产力发展水平很低，远远不能满足人民和国家的需要，这就是我们目前时期的主要矛盾，解决这个主要矛盾就是我们的中心

① 毛泽东文集：第6卷［M］. 北京：人民出版社，1999：231.
② 毛泽东文集：第6卷［M］. 北京：人民出版社，1999：223-224.
③ 毛泽东文集：第6卷［M］. 北京：人民出版社，1999：223-224.
④ 毛泽东选集：第4卷［M］. 北京：人民出版社，1991：1427.

任务"①，最终完成于1997年党的十五大报告之中："我国经济、政治、文化和社会生活各方面存在着种种矛盾，阶级矛盾由于国际国内因素还将在一定范围内长期存在，但社会的主要矛盾是人民日益增长的物质文化需要同落后的社会生产之间的矛盾"②，这是共产党人对我国社会主要矛盾认识的第三次转化，承继了中共八大的基本判断并根据已经发展变化了的社会现实进行调整和把握。对于这个阶段的社会主要矛盾的认识是逐步形成的而非一蹴而就，2012年中共十八大报告提出"三个没有变"，其中就包括"人民日益增长的物质文化需要同落后的社会生产之间的矛盾这一社会主要矛盾没有变"。总之在这一历史时期，关于社会主要矛盾的判断出现了较大的反复；同时，以拨乱反正始以改革开放终，顺应社会现实发展的需要，对于社会主要矛盾的判断逐渐客观化，"一个中心、两个基本点"的社会主义初级阶段基本路线得以确立，四十多年的改革开放取得初步实效，中国开始以一个发展中的社会主义大国傲然屹立于世界的东方。

第三个时期开始于中共十九大的胜利召开。改革开放指向深水区，全面建成小康社会、实现中华民族伟大复兴是这一时期的根本问题。党的十九大报告指出："我国社会主要矛盾已经转化为人民日益增长的美好生活需要和不平衡不充分的发展之间的矛盾。"③ 这是新中国社会主要矛盾发展的第五个阶段。需要明确的是，任何社会制度都要经过不同的发展阶段，是社会主要矛盾定义了社会发展的不同阶段而不是相反。事物的发展是永恒的，任何事物的发展总有一个从量变到质变的过程，最终呈现出的是明显区别于前一事物的形态，这种唯物辩证法的朴素道理同样适用于中国社会主要矛盾的发展变化，关于社会主要矛盾第四次转化的表述是中国共产党人基于社会现实对社会主要矛盾的科学把握和客观总结。早在1992年邓小平就曾明确指出："中国发展到一定程度后，一定要考虑分配问题。也就是说，要考虑落后地区和发达地区的差距问题。不同地区总会有一定的差距。这种差距太小不行，太大也不行。如果仅仅是少数人富有，那就会落到资本主义去了。要研究提出分配问题和它的意义"④，应该说发展的不平衡问题始终伴随着社会主义建设和改革的始终，中国共产党作为执政党对此早有警觉。党的十八大之后，习近平总书记在历次的讲话中以民生

---

① 邓小平文选：第2卷［M］. 北京：人民出版社，1994：182.

② 江泽民文选：第2卷［M］. 北京：人民出版社，2006：15.

③ 习近平. 决胜全面建成小康社会 夺取新时代中国特色社会主义伟大胜利［N］. 人民日报，2017-10-28（1）.

④ 邓小平年谱（1975—1997年）：下［M］. 北京：中央文献出版社，2004：1356-1357.

为指向，从如何全面建成小康社会、实现中华民族伟大复兴的角度对“人民日益增长的美好生活需求”“不平衡和不充分的发展”做出过阐释，比如2012年11月15日在会见党的十八大中外采访记者时，他明确指出：“我们的人民热爱生活，期盼有更好的教育、更稳定的工作、更满意的收入、更可靠的社会保障、更高水平的医疗卫生服务、更舒适的居住条件、更优美的环境，期盼孩子们能成长得更好、工作得更好、生活得更好。人民对美好生活的向往，就是我们的奋斗目标。”①“我国经济发展的‘蛋糕’不断做大，但分配不公问题比较突出，收入差距、城乡区域公共服务水平差距较大。在共享改革发展成果上，无论是实际情况还是制度设计，都还有不完善的地方。为此，我们必须坚持发展为了人民、发展依靠人民、发展成果由人民共享，做出更有效的制度安排，使全体人民朝着共同富裕方向稳步前进，绝不能出现‘富者累巨万，而贫者食糟糠’的现象。”② 从党的十八大报告中指出“人民日益增长的物质文化需要同落后的社会生产之间的矛盾这一社会主要矛盾没有变”到十九大报告中明确提出“我国社会主要矛盾已经转化为人民日益增长的美好生活需要和不平衡不充分的发展之间的矛盾”，关于中国社会主要矛盾的表述既是对过往社会主义建设、改革成果的历史承继，又是对当下民生福祉、社会发展、国家进步的现实观照和客观反映，更是对全面建成小康社会、实现中华民族伟大复兴、夺取中国特色社会主义事业伟大胜利的理论指引。

三、社会主要矛盾转化的现实基础

理论来源于实践，党的十九大报告中关于社会主要矛盾的表述是一种理论性总结，有其现实的实践基础。所谓转化是一种行进中的状态，是一种比较的结果，没有比较就谈不上转化，比较的目的在于对不同历史阶段的社会情形进行鉴别区分，从而验证理论的客观性和科学性并用于指导实践。这一切的工作，都离不开实事求是的态度，理解和分析社会主要矛盾及其转化的最重要的现实基础是社会需求和社会生产。

从社会需求角度来看，人的需求是多方面的，同时又有层次上的差别。美国心理学家马斯洛在《人类激励理论》中描述的人类需求像阶梯一样从低到高按层次分为五种，分别是：生理需求、安全需求、社交需求、尊重需求和自我

---

① 习近平在十八届中共中央政治局常委同中外记者见面时的讲话 [N]. 人民日报，2012-11-16.

② 习近平谈治国理政：第2卷 [M]. 北京：外文出版社，2017：200.

实现需求。在马克思主义经典作家的论述中，人的社会需求同样具有高低层次之分，实现人的自由、全面发展是马克思主义者毕生追求的事业，同样，这也是社会主义制度优越性的最大体现。改革开放之初到党的十九大之前，在党的官方文件中，谈及社会主要矛盾的需求层面时只讲“物质文化需要”，这本身并没有错，经济基础决定上层建筑，生产发展阶段和发展水平同样制约着人们的民生需要和精神诉求。在生产力水平相对落后、物质文化生活不丰富甚至稀缺的年代，衣食住行和基本的精神娱乐是人民群众最为关注也是最亟待解决的问题，这是每个人都能感同身受的现实，也是最大的实事求是。经过四十多年的改革开放，中国的社会生产力得到极大提高，物质财富得到极大丰富，民生问题呈现出多要素集中涌现的局面。根据国家统计局统计，中国的人均 GDP 在改革开放之初的 1979 年为 226 美元，2017 年这一指标达到 8800 美元；根据世界卫生组织统计，中国人的预期寿命在改革开放之初为 68 岁，这一数字到 2018 年提高到了 76.5 岁；根据中国教育大数据统计，改革开放之初的 1978 年我国的高校（本专科）有 598 所，本专科在校生人数为 85.6 万，当年的招生数为 40.1 万，毛入学率为 1.55%，而当年的毕业生人数仅为 16.5 万，到 2017 年以上数字分别变成了 2631、3779、761.49、45.7% 和 735.83。在以上变化的基础上，人们对于教育、养老、医疗、环境、安全等生活要素的需求会经历一个从无到有、从少到多、从粗到精的过程，如果仍然沿用“物质文化需要”的表述，不仅不能反映人民群众真实的现实需求，也不能概括多种民生要素共同活跃的丰富的现实生活。正是基于这一现实基础，党的十九大报告中将“物质文化需要”修改为“美好生活需要”，体现了以人民为中心的党的执政理念。

从社会生产的角度来看，社会主要矛盾呈现出较为复杂的局面。首先，中国的社会生产能力在很多方面进入世界前列，党的十九大报告的权威数字显示，我国的经济保持中高速增长，在世界主要国家中名列前茅，国内生产总值从 54 万亿元增长到 80 万亿元，稳居世界第二，对世界经济增长贡献率超过 30%，再沿用“落后的社会生产”这一表述显然与事实不符。其次，还要看到我国仍处于并将长期处于社会主义初级阶段的基本国情没有变，我国是世界最大发展中国家的国际地位没有变，社会主义初级阶段的这个最大实际反映了我国当前的社会生产还不够发达，社会主义制度的优越性并没有完全而充分地体现为社会生产的先进性，发展有了积累但发展的总量还没有绝对充裕，也就是说社会发展还不充分。最后，在总体的较高水平的社会发展层面上，各领域、各地域、各群体中出现了新的不平衡现象。领域发展不平衡突出表现为经济发展突飞猛进，政治文化发展相对滞后，环境改善、生态文明建设方面差距巨大。同时，在经济领域内部，实体经济与金融、房地产经济发展不平衡的问题极为突出。地域发展不平衡突出表现为发达地区与欠发达地区、农村与城市、东中西部地区之间发展的不平衡。群体之间的不平衡突出表现为不同群体对改革发展成果的共享方面差距巨大，公平的分配财富的格局仍未实现，社会正义的底线仍有被突破的风险和压力。正是基于以上现实基础，党的十九大报告将“落后的社会生产”修改为“不平衡不充分的发展”，既是对以往改革及其成果的承认又是对新的历史时期改革发展方向的聚焦和指引。

四、社会主要矛盾转化的时代指向

发展是永恒的，有矛盾就要解决，我国社会主要矛盾的变化是关系全局的历史性变化，党的十九大报告用了“五个时代”来概括。社会主要矛盾定义了时代的基本特征，是一个社会、一个国家在一定历史时期制定方针政策、确定中心工作的总依据，转化了的社会主要矛盾为新时代提供了包括人民福祉、民族愿景和国家情怀在内的时代指向。

从“伟大事业”的角度，党的十九大报告认为这个新时代，是承前启后、继往开来、在新的历史条件下继续夺取中国特色社会主义伟大胜利的时代，这是新时代旗帜和道路的问题。高举中国特色社会主义伟大旗帜、坚定中国特色社会主义伟大道路是解决中国当前社会主要矛盾的总遵循。只有社会主义才能救中国也只有社会主义才能发展中国，这既是历史的经验总结也是根本的政治共识。我们仍处于社会主义社会的初级阶段，这个阶段是向更高级的社会主义发展阶段迈进的必然阶段，社会的主要矛盾在变，但社会的性质没变。

从“奋斗目标”的角度，党的十九大报告认为这个新时代，是决胜全面建成小康社会、进而全面建设社会主义现代化强国的时代，这是新时代历史任务和战略安排的问题。全面建成小康社会、建设社会主义现代化强国是解决当前社会主要矛盾的总目标。社会的主要矛盾指明了社会的发展方向，发展中出现的问题也只有通过更好的发展才能够解决，社会的主要矛盾在变，但以人民为中心的执政理念和发展目标不变。

从“人民期待”的角度，党的十九大报告认为这个新时代，是全国各族人民团结奋斗、不断创造美好生活、逐步实现全体人民共同富裕的时代，这是新时代的发展思想和发展目的问题，不断创造美好、逐步实现全体人民共同富裕是解决当前社会主要矛盾的总路线。人民富起来国家才能强起来，这是以人民为中心的执政理念和发展目标的题中应有之义。但在新的发展阶段，富裕不仅仅是经济上宽裕，还应包括政治和谐、社会公平、文化发达、环境友好等多种生活要素的满足，“五位一体”发展理念的提出是为了更好地满足人民的获得感，让人民充分共享改革和发展成果，所以社会主要矛盾在变，发展的理念和方式也随之改变。

从“历史使命”的角度，党的十九大报告认为这个新时代，是全体中华儿女勠力同心、奋力实现中华民族伟大复兴中国梦的时代，这是新时代精神状态和宏伟目标的问题，实现中华民族伟大复兴的中国梦是以着力解决好当前社会主要矛盾为基础的民族愿景。1840 年以来一百七十多年的中国近现代史就是一部中国从忍辱负重逐步走向辉煌的奋斗史，“为中华之崛起而读书”（周恩来语）、“为中国人民谋幸福，为中华民族谋复兴”（党的十九大报告语），近代以来中国共产党人以民族复兴为己任，与人民群众一道披荆斩棘，才将一个积贫积弱的旧中国发展成当今的社会主义大国，民族复兴的愿景始终是激励每一个中国人和衷共济建设更加美好生活家园的精神支撑，人民有信仰、国家有力量、民族有希望，社会主要矛盾在变，但民族愿景没有变。

从“世界意义”的角度，党的十九大报告认为这个新时代，是我国日益走近世界舞台中央、不断为人类做出更大贡献的时代，这是新时代的国际地位、世界贡献的问题。走近世界舞台中央为人类做出更大贡献是以本国社会主要矛盾基本解决为前提的道路自信、理论自信、制度自信和文化自信的具体表现，是新时代的国家情怀。中国人自古以来就有“大道之行也，天下为公”的大同思想，这是中国先人对理想社会的朴素表达。近代以来西方资产阶级在向封建地主阶级宣战时提出了“博爱”的口号，成为其以后对谋求不同发展的国家和社会进行意识形态斗争的主要政治工具。马克思和恩格斯提出了以无产阶级自身解放为前提解放全人类的谋求世界解放的路线图。中国共产党人秉承中国先人朴素的道德情感、坚持马克思主义的理论指引，通过艰苦卓绝的革命、建设和改革，初步实现了以人民幸福、民族富裕和国家强大为基础的无产阶级自身解放，在此基础上提出以为人类做出更大贡献为时代目标的“构建人类命运共同体”宏伟规划，是不忘初心、勇于承担历史使命、谋求世界解放的时代表达。社会主要矛盾在变，中国的国家情怀没有变。

（鲁昕：曲阜师范大学马克思主义学院副教授、硕士生导师）

提升“形势与政策”课教学实效性的思考

杨玉强

摘 要：要提升“形势与政策”课的教学实效性，就要对党的理论创新最新成果，世界和中国发展大势，党和国家建设的新决策、新部署、新举措、新成效，学生当前关注的热点等问题及时回应、及时梳理、及时表达、及时传播。这就需要抓好时态、体悟常态、善于转变语态，营造思政新生态，保持教学效果优化的接续状态、营造课程教育的万千姿态，教师转变心态，突破传统思政固态。

关键词：形势与政策；教学；实效性

为了进一步提升“形势与政策”课的教学实效性，2018 年 8 月，马克思主义学院组织教师进行了暑期社会实践研修，笔者作为“形势与政策”课兼职教师参加了活动，收获颇丰。静心思考之余，对教学工作有所悟。

一、对“形势与政策”课教学现状的思考

（一）如何在诸多热点中抓好时态，体悟常态

这里的时态观念，就是一种意识，一种工作方法，更是一个最贴近“形势与政策”课本身和学生关注的热点的时空媒介。我们都知道，“形势与政策”课每一学期的内容基本上都是近期国际、国内正在为大家所关注的事件、政策等。所以，我们的任务就是及时、准确、深入地推动习近平新时代中国特色社会主义思想进课堂、进学生头脑，宣传党中央大政方针，牢固树立“四个意识”，坚定“四个自信”，培养担当民族复兴大任的时代新人。所以，党的理论创新最新成果是什么，世界和中国发展大势是什么，党和国家建设的新决策、新部署、新举措、新成效是什么，学生当前关注的热点有哪些，诸如此类问题的及时回应、及时梳理、及时表达、及时传播，就是在抓好时态观念。其实这些都依赖

于对2018年4月教育部印发的《教育部关于加强新时代高校“形势与政策”课建设的若干意见》的研究。通过吃透文件，我们会发现如何做到融理论性、针对性、教育性于一体，如何来帮助大学生正确认识新时代国内外形势，关键点就在于面对党和国家事业发展的历史性变革、取得的历史性成就、面临的历史性机遇和挑战，要第一时间吃透权威平台、权威专家、主流媒体的精神解读。这应该成为每一位思政课教师尤其是“形势与政策”课教师的生活常态、思维常态。

（二）如何在诸多理论和学术热点中转变语态，营造思政新生态

马克思说过：“我们的阐述自然要取决于我们的阐述对象。”① 当阐述的对象发生转变时，思政教育的表达方式也要跟着发生改变，即转变语态。今天互联网时代下的大学生，有着图片化阅读快、碎片化信息接收广、手机上网使用时间长的特点。根据这样的变化，教师在信息量储备和网络热词使用上也要与时俱进，跟上时代的脚步，切准学生思想脉搏，了解学生的思想兴奋点。用好流行语，讲好身边故事，触动思想感情，在交流互动中成为青年友，要努力成为广大青年学子遇到困惑时想得起、找得到、靠得住的力量。不搞庸俗关系，不做表面文章，不言行不一、表里不一，只有这样，才会让广大青年学子和我们心灵相通，才会觉得我们是一个和学生有共同理想的人，才能真正实现从情感认同到政治认同再到实践践行的目标。但是我们应该看到，转变语态并不是一味地迎合学生口味，无底线地适应网言网语风格，我们只是在借助这个打通师生教化的便捷方式，我们的思想政治教育的党性原则不能丢，我们用马克思主义的观点剖析各种错误的观点和思潮，理直气壮地开展思想政治教育工作的本分不能丢。所以，思政新生态建设，我们既要看到互联网功能日益强大，网络传播呈现自媒体化趋势，人人都是信息发布者、意见发表者，又要看到网上有害的言论不时出现，而且是跨群体、跨地域、跨国界传播。我们还要积极表达并传播正确的政治观点，不仅要正确解读“中国道路”“中国模式”“中国制度”“中国价值”“中国文化”“中国精神”，更要对那些有害的、不正确的政治观点予以有理有节的批驳，牢牢占领思想舆论阵地。

（三）如何在教学效果优化中保持接续状态，营造课程教育的万千姿态

“形势与政策”课的课堂建设同样需要遵循教育规律，遵循学生成长规律，突破传统边界：它不是一个教师的课堂，而是一个教研组团队的引人入胜的课

① 马克思恩格斯文集：第1卷［M］. 北京：人民出版社，2009：253.

堂；不是学生走过场的课堂，而是交流互动分享的课堂。“形势与政策”课从来不是为了教师而存在的，它是为了学生的全面发展、健康成长而存在的，是为学生谋视野、谋长远利益的，所以教学效果的评价标准不应该停留在覆盖的学生数量、涵盖的热点内容以及完成的课时工作量这些方面，而是要透过授课任务看到教学中学生主体参与的积极性如何、是否解决了学生的思想问题与实际问题，要看到学生内心到底需要不需要，欢迎不欢迎，赞成不赞成，满意不满意，在尊重大学生个性张扬的现实中，拉近与他们的距离，从而完成思想引领、政治认同、行为践行的真正使命。因而我们要力争达到润物无声的境界，多一点亲近，少一点教条，站在时代和政治的高度，运用战略策略和技巧，构想路径，放下架子，淡化身份，以亲近、亲切、亲和的姿态，与大学生打成一片。

课堂教学效果的持续优化，营造本课程思政的万千姿态，同时还要针对《新时代高校思想政治理论课教学工作基本要求》《教育部关于加强新时代高校“形势与政策”课建设的若干意见》两个重要文件的研讨来下功夫，如何保障教学效果等具体问题一方面要看上级怎么要求，吃透文件精神，消化成教师自己驾驭课堂实现预期教学目标的内功；另一方面还需要更加注重从学生的反馈情况找出突破口，理解学生的心理、思维，体会学生的认知情况，尤其是还要注重当堂对学生的研讨内容和课堂表现做出及时恰当的点评。既解决“懂不懂”的问题，又解决“信不信”的问题。所以课堂要有效果，要出彩，就要多姿多彩，不拘泥一般形式，走出老办法，创新好办法，多管齐下，方能持续优化课堂教学效果。

（四）如何在教学中转变心态，突破思政课程的固态

首先，时代特点和形势特点变化了，心态必须变。在这个时期，我们生活环境中经济成分多样化，组织形式多样化，与学生息息相关的就业方式、利益关系和分配方式同样多样化，如何看待当前的时代背景，我们首先要站好位，有底气，有定论。其次，教育对象变化了，教师的心态必须变。青年学生思想解放，价值追求多元，个性张扬，随之而来的是，人际关系失调、行为失控现象有之，心态失衡现象有之，良莠不分、美丑不辨、善恶不明、荣辱不清的问题客观存在。所以这个时候的大学生一般不大相信现成的结论和师长喋喋不休的说教。然而人生的课题接踵而来，如何应对中学生到大学生身份的转变？如何成为合格的专门的人才？应该有什么样的理想？怎样建立和谐的人际关系？大学生处在成人感与孩子气同时存在的时期，这是一个期待被理解又怕被了解的阶段。所以对待教育对象的心态首先要摆正，不能戴着有色眼镜看待他们，

也不能拿着放大镜来看待他们。最后，教学条件变化了，心态必须变。信息化教学手段不会要抓紧学，青年学生的语言风格和习惯更要适应，教师与学生的交流不是从上到下的教训，而是双方的研讨商量互动启发，最终教学相长。在课堂和课堂之外要增强学生不断跟随的体验黏性。学生的手机上安装了“学习通”之后，教学大纲、课件、慕课、学习素材、教学案例、视频等学习资源都具有了即时获得性，教师要适应学生的手机变成了强有力的学习工具，而不是一味地拒斥手机。在引导中满足了学生对互联网技术、智能手机等多彩的数字化生活的体验需求，教会他们自主获取线上优质教学资源，激励他们通过同辈互助、合作学习、论坛互动，发挥学生创新思维、积极实践的主体作用。因而，转变的过程，其实就是如何透过如此多的表象看到它们背后的利弊，利则用之，弊则弃之的过程。不浮于表象，不陷于惯常，不满足于一堂，不怠惰于创新尝试，方可跟随时代，因势而化，顺势而为。

二、对“形势与政策”课的教学设计和教研室建设的建议

（一）重视课堂理论教学，拓展实践教学途径

本课程的实践教学环节完全可以与学校每年组织的暑假“三下乡”社会实践活动相结合，以专题项目或者课题专题的形式来进行。校团委、学生处和各个学院每年都要组织学生进行“三下乡”社会实践。马克思主义学院完全可以从专业的角度提出一部分实践选题。通过面向全校招募志愿者组队，配备专业指导教师来实现。从选题论证、调查问卷设计、项目遴选答辩，到带领学生进行实地调研考察，再到调查问卷的统计分析、调研报告的撰写修改，每个环节思想政治理论课的老师（特别是“形势与政策”课的老师）都参与其中，给学生以指导、帮助。在这个过程中，学生通过自己眼看、耳听、口说、脚行、脑思、手写，对“形势与政策”课的热点内容和国家政策有了更深刻的认识与理解，同时也坚定了为建设家乡贡献青春的理想与信念。

（二）整合教育力量，摆脱孤军奋战

“形势与政策”课教师殚精竭虑，学工教师倾尽全力，但教育效果却仍然只是停留在完成教学任务的层面。“形势与政策”课不是一个学期一个阶段的工作，它是常规工作，更是全方位推进大学生思想政治教育的有力途径。所以如何打造好“形势与政策”课教学团队、如何发挥好“形势与政策”课教研室的作用、如何将山东省重点马克思主义学院的“形势与政策”课做成一个拳头品牌，这将是一个非常现实的问题。我们要把这个品牌建设纳入重点马克思主义

学院的特色工作安排中来提前谋划，更要把它放到与上海大学的“大国方略”精品课程的对比中分析研究。做好符合曲阜师范大学特点的“形势与政策”课的顶层设计，做好系统性规划，这样课程才能上升到一个新高度。

（三）对接“大数据”，应用“大数据”

首先，要用曲阜师范大学的大数据来掌握学生情况，尤其是学生思想状况。我们能不能通过“大数据”思维，构建学校统一规范的全媒体平台化思政管理智能系统，为思政舆情研判提供“全景”的数据分析，这是个重大课题，也是个现实问题。其次，要利用大数据技术平台，大力推送思政教育相关的、学生喜闻乐见的思政栏目和内容，赢得学生的广泛参与，最终获得情感认同和思想认同。最后，要积极构建校园网络化学习平台，建立马克思主义经典理论和马克思主义中国化最新理论成果的宣传平台、中华优秀传统文化知识传播平台、社会主义先进文化和革命文化的共享资源库等，为师生提供随时可享的精神文化大餐。而且就现有的学校购买的网络课程资源、图书资料资源来说，学生的利用程度和教师的使用深度还远远不够，所以需要从学校层面打通部门条块和现有资源的覆盖和使用工作，只是拥有，没有使用，甚至是没有培训如何使用，这就是资源的浪费。

以上，是笔者基于暑期考察体会，结合实际教学过程进行的反思和设想。作为一名思政教师，作为一名辅导员，我更想把这种认识和体悟融入思政教学中，通过“形势与政策”课专题让每一位学生体悟国家的发展、民族的兴旺与我们每个人息息相关。中国梦是民族的梦、国家的梦，更是每个中国人的梦。我们也必须用越来越多的努力，来帮助、引领青年大学生勤学、修德、明辨，担当起党和人民赋予的历史重任，在激扬青春、开拓人生中书写好立德树人的答卷，无愧于这个时代。

（杨玉强：曲阜师范大学马克思主义学院副教授、硕士生导师）

04

思政课教学设计

如何上好新学期第一课

秦兴仲

摘　要： 上好课很重要，上好新学期第一天的第一堂课更重要。如何上好新学期第一堂课？课前做好充分准备，是上好课的前提：第一印象，“闪亮登场”；树立理念，明确目标；精心准备，有备无患；着装得体，印象深刻。按“步”就班，有序上课：准时上课，不能迟到；上课“起立”，组织教学；自我介绍，幽默导课；初次点名，认识学生；课堂教学，有规可循；课课链接，融会贯通；提纲挈领，宏观把握；脱稿讲课，彰显魅力；承上启下，悬念结课。

关键词： 新学期；第一堂课；第一印象

不论做任何事，要想做好，都要有始有终、善始善终。常言道：“万事开头难”，“好的开始是成功的一半”，这就是说任何事情的开始既不容易又很重要。既不容易又很重要当然就应当高度重视才能做好。

一、课前充分准备

（一）第一印象，“闪亮登场”

心理学有一个法则叫“第一印象”效应，是指人与人第一次交往中给人留下的印象，在对方的头脑中占据着主导地位，这种效应亦称首因效应、优先效应或首次效应。“第一印象”影响很大，持续时间也长，比以后得到的信息对事物整个印象产生的作用更强，这就是说一个人给其他人展示出来的第一印象，往往在他人对此人的评价过程中起着决定性的作用。要改变一个人留给别人的“第一印象”是一件相当困难的事情。所以第一次上课教师一定要用心，让自己充满激情和智慧，尊重学生、兢兢业业、有始有终。

教师在第一次上课时一定要非常注意自己的“登场亮相”，争取让“第一印象”给自己加分，这就要注意：衣着得体、礼貌待人，给学生一种有教养的印象；求同存异，迅速寻找共同点，缩短距离产生亲和力；尽量了解学生的情况，记住名字给学生以亲切感。

（二）树立理念，明确目标

牢固树立以人民为中心的理念，人民对美好生活的向往就是我们的奋斗目标，办人民满意的教育。教育的根本任务是立德树人，把学生的成长成才作为学校一切工作的出发点和落脚点。这就要认真落实以教学为中心，教学为先、质量为要的办学理念，一切教学都要以学生利益最大化为重。高校不重视教学就是不走正道、不务正业，就是误入歧途，甚至是歪门邪道；不重视思想政治理论课，使青年学生丧失理想信念，就是最大的危险，就是误人子弟，就是“毁人不倦”，甚至是犯罪。因此，教书育人、为人师表是思政课教师的初心和根本使命，无德无以为师。教书者先学为人师，育人者先行为世范。教授教好学授好课才是其根本职责，讲师把课讲好才配称为老师。所以思政课教师要有博大深厚的爱心、良心和强烈的事业心，用心把课讲好。爱岗敬业是中华民族的传统美德，也是社会主义核心价值观的应有之义。凡是优秀教师都离不开两条：一是有强烈的事业心和责任感，二是自强不息的勤奋努力。这两方面有机结合即为敬业。我们讲的敬业，首先要敬中国特色社会主义建设事业，为此奉献自己的全部智慧和力量。在自己的本职工作中努力成为真正的行家里手、高手，才能让学生心服口服、心悦诚服。让学生有获得感，才能真正赢得学生的心。

因为是第一课，学生和老师都有好奇心和新鲜感，所以学生一般到课率最高，人数最多，该说什么、怎么说、做什么、怎么做对以后的课影响都很大，要尽力达到效率最优化，效果最大化，慎之又慎，认真对待。

（三）精心准备，有备无患

精心准备，博览群书。这主要是指驾驭教科书的能力。课本、课本，一课之本。在备课时，要把教材的新版和旧版反复比较，对其优缺点和增加或减少的内容，做到烂熟于心。熟知并非真知，要真正把教材学懂弄通、学深悟透，只熟悉手中的教材是远远不够的。我们使用的统编教材，是高校系统的专家学者编写的，有权威性，当然也有局限性，因此要放宽视野，博览群书。就国内而言，我们应尽可能将中宣部理论局、中国社会科学院、中央编译局等编著的和我们讲课内容有关的书和教材拿到手，因为它们各有千秋，就某一个问题某一章某一节，谁讲得好就用谁的，这就是博采众长。比如，“概论”课要讲好，除了新版教材外，教师手中还必须有《习近平谈治国理政》一、二卷和党的十九大政治报告，还必须有中宣部组织编写的《习近平新时代中国特色社会主义思想三十讲》。就高校内部而言，我们更应该知道我们这一行谁做得最好，尽量把他们编著的书与教材拿到手。比如，中国人民大学和武汉大学的书与教材就是最好的。就国际而言，也要了解国外的一些学者对马克思主义和中国化的马克思主义的研究成果。比如习近平总书记在哲学社会科学工作座谈会上的讲话中提到的美国学者海尔布隆纳（Heilbroner）的著作《马克思主义：赞成与反对》、法国学者托马斯·皮凯蒂（Tomas Piketty）撰写的《21 世纪资本论》。上课时引用他们的话会更有说服力。

（四）着装得体，印象深刻

教师上课前都必须面对一个不可回避的问题，就是穿什么衣服去上课，尤其是第一课，因为穿什么衣服直接关系到自身的形象和给学生留下的“第一印象”，必须认真对待，不可马虎随便。我们身处孔孟之乡、礼仪之邦，优质课堂教学必须讲究课堂礼仪。在什么时间、地点、场合，穿什么衣服大有讲究，绝不是穿衣戴帽，各有所好。

据统计，现代人审美观念中：76%的人根据外表判断人，60%以上的人认为外表和服装反映了一个人的社会地位。这就是说服饰不仅体现了个人的审美情趣，而且成为人评价个体的重要标准。着装无声地传递着着装者的信息：收入多少、消费能力、文化水平、审美趣味、兴趣爱好、可信任程度、社会地位、社会阅历、事业成功与否、教养品位，等等。

服饰着装是建立良好“第一印象”的开始。虽然现在是讲究个性的年代，每个人都有自己的一套穿衣“法则”，穿什么，怎么搭配，仁者见仁，智者见智，没什么定式。但作为思政课教师，又是第一节课，仪容仪表的基本要求是男教师要整洁、庄重、大方、简约朴素；女教师要自然，自然是女性仪容仪表的最高境界，它使人看起来真实而生动，失去自然的效果，那就是假，也就失去了生命力、美和协调。

二、按“步”就班上课

（一）准时上课，不能迟到

准时上课，这是上好第一课的重要保障。新学期的第一课，教师千万不能迟到，不仅不能迟到，最好还要提前几分钟到教室，调试好多媒体，与学生交流一下，这是以身作则，给学生做出榜样。

（二）上课"起立"，组织教学

大学教师上课一般不喊"起立"，笔者教学几十年严格要求学生上课必须"起立"。为什么要喊"起立"？因为这是重视教学，重视课堂教学质量的一个重要证据。第一次课要告诉学生以后上课必须喊"起立"，老师一旦站在讲台上说"上课"，同学们全体起立喊"老师好"，老师用目光环视课堂和与同学们目光交流，然后向同学们鞠躬还礼，道一声"同学们好"，学生坐下，整个过程前后持续十几秒钟的时间，营造了一种开讲的庄严的气氛。课堂是学习知识的殿堂，是一个严肃的地方，要保持课堂的肃静和庄严，必须喊"起立"。

（三）自我介绍，幽默导课

教师的自我介绍，要把自己的姓名用大字写在黑板上，使其醒目、易记。有的教师可能忽略了这一点，以至于课后好多学生说不出任课教师的姓名。为了活跃课堂气氛，拉近师生之间的距离，不妨用自嘲式的方式自我介绍。如本人是这样做的："这学期由我来和同学们一块共同学习'原理'课。同学们没想到吧，老师长成这样，很对不起同学们，让大家失望了！向同学们鞠一躬，表达我的歉意。不过，在以后的讲课中我会尽力弥补，绝不让同学们第二次失望，一定对得起大家。"（学生大笑、鼓掌）

（四）初次点名，认识学生

上课前一定要尽量把学生名单拿到手，尽最大努力掌握学生的基本情况，把学生姓名中不认识的字找出来查阅好字典，以免点名时读错。要知道每一节大课时学生是哪个学院哪个专业的，学生数量、男女比例等信息。点名时一定要学生起立大声答"到"。老师一定要看学生一眼，和每个学生进行目光交流，这也是师生之间相互尊重的一个重要方面，千万不要只顾低头点名不进行目光交流。

（五）课堂教学，有规可循

没有规矩不成方圆。因为是第一堂课，所以必须宣布课堂纪律。要求学生做到的，教师必须首先做到，而且要做得比学生更好，要求学生不要做的，教师自己首先不做。学术研究无禁区，课堂教学有纪律。要保证在课堂教学中牢固树立"四个意识"，坚定"四个自信"，始终坚持马克思主义立场、观点、方法，在政治立场、政治方向、政治原则、政治道路上同以习近平同志为核心的党中央保持高度一致。

要严格要求学生不迟到早退，上课时不随便出入教室，不穿背心拖鞋进教室，不在教室吃饭，上课手机必须关机，课前要把黑板擦干净，讲台课桌保持整洁，不允许在教室里抽烟、乱扔果皮纸屑等。

（六）课课链接，融会贯通

运用问题导课或温故导课的导课艺术来回答为什么要学习“原理”课。把“原理”课和前面学过的“基础”课、“纲要”课链接起来，再把“原理”课和下学期要学习的“概论”课联系起来，告诉学生这几门课既相互区别又相互联系、相互贯通，每门课又有其独特的地位和作用。重点讲“原理”课的基础地位和作用，增强学生学习“原理”课的自觉性、主动性和积极性。还要强调这几门思政课的简称一定要规范，即“基础”课、“纲要”课、“原理”课、“概论”课，否则就会“名不正言不顺”。

（七）提纲挈领，宏观把握

讲完这几门思政课之间的区别与联系，接下来就要讲“原理”课的目录。为什么要讲目录，因为目录是这门课的总纲，纲举目张。理解和看懂目录，就能做到心中有数，从宏观上、整体上、总体上把握“原理”课的主要内容。比如，“原理”课加上导论共八章，先从目录上把课程内容分成四大板块：一是导论或绪论、总论，这部分是从整体上讲马克思主义是怎么回事；二是第一、二、三章，讲的是马克思主义哲学部分；三是第四、五章，讲资本主义是怎么回事，主要是政治经济学部分；四是第六、七章，是科学社会主义部分。要给学生指出每一板块的地位和作用以及各板块之间的内在联系和隶属关系，谁大谁小，分分类、排排队、论论辈，学起来就会轻松很多。读懂目录就会把复杂问题简单化，读不懂目录就会眼花缭乱，甚至是一团乱麻，这样就很难学懂弄通，学深悟透。所以说把目录讲好非常重要。

（八）脱稿讲课，彰显魅力

如何讲课？必须弄清楚是“讲”课，而不是背课、念课、读课。“讲”就是教师用语言的铁锹挖掘智慧的深井，“课”就是从教师的言传身教中让学生收获智慧的硕果。讲课一定要站着讲而且要脱稿讲，最好是提纲式脱稿讲。为什么要站着讲、脱稿讲，理由如下。

1. 不让学生做“低头族”，教师首先不做“低头族”

学生最讨厌老师照本宣科、低头念或读课本和讲稿。这样给学生的印象是：这个老师责任心不强，没认真备课，心里没有学生，“目中无人”，学生能认可这样的老师吗？

2. 脱稿站着讲效果好，可以借助肢体语言传情达意

讲课时要遵循“二八规则”，即视觉效果占八，听觉效果占二。脱离了讲稿

和课本的束缚，可以随时跟学生进行眼神交流，表达自己的喜怒哀乐，用目光传达自己对学生的关注和善意，拉近与学生的距离，同时还能根据学生的反应及时调整自己的思路和语言，以通俗易懂、生动活泼、幽默诙谐的语言与学生互动，激发学生的兴趣，以自然、从容、优美、协调、得体的手势语把老师的真情实感声情并茂地表达出来，从而引发学生的心灵共鸣，使学生对教师的讲课印象深刻，便于记忆，增强理论的吸引力、感染力、影响力、生命力和说服力。

3. 可以集中展示教师的独特风格、鲜明个性、思想境界、能力水平和素质情操

教师用自己的语言把对基本理论的心得感悟传达给学生，教师从容、自信、用心，学生入脑、入心、舒心，从而彰显教师独特的个人魅力，给学生留下良好的印象，必然会激发学生学习理论的兴趣和热情。

（九）承上启下，悬念结课

讲好一堂课，不仅要有良好的开端，有声有色的讲课过程，而且还要看是否出色完成了预定的教学目标，有一个合情合理、恰到好处、发人深省、意味无穷的精彩结尾。开头好，好就好在唤起学生听课的强烈情感和浓厚兴趣；结尾妙，妙就妙在还想继续听下去的时候没有了，给学生留有悬念。一个适可而止的结尾能起到画龙点睛、承上启下、承前启后、提炼升华、引人深思的作用，使这节课的结束成为下节课的开端，教学内容系统连贯、首尾呼应，促进学生的理解，给学生留下难忘的记忆，激起学生学习下一次课的强烈愿望。例如“原理”课，这次讲完目录后就快到下课时间，下次课就要讲导论部分，可以这样结课：“同学们，我们国家的历史和现实充分证明——没有马克思主义，就没有中国共产党，就没有中国特色社会主义，就没有中国人民美好幸福生活。因此，习近平总书记反复强调学习马克思主义的必要性和重要性。那么，究竟什么是马克思主义？它又是怎样创立和发展的？马克思主义的鲜明特征和当代价值是什么？为什么要学习马克思主义？怎样才能学好马克思主义？要想明白这些问题，且听下回导论分解！”

（秦兴仲：曲阜师范大学马克思主义学院副教授）

上好新学期开学第一课

——以“基础”课为例

魏秀珍

摘　要：上好新学期“基础”课的第一课至关重要，不仅关系到“基础”课的教学效果，也关系到学生对后续思政课学习的态度。“基础”课直接关系到“立德树人”这一高等教育的中心任务。开学第一课要坚持“以生为本”原则，采用多样化的教学模式，做到以情感人，以理服人。

关键词：“基础”课；以生为本

作为思政课教师，必须“守土有责、守土负责、守土尽责”，努力讲好开学第一课。以“基础”课为例，谈谈我对上好新学期开学第一课的一些想法与探索。

一、上好第一课举足轻重

作为本科必修的公共政治理论课，按照课程特点及内在逻辑，一般来说开课顺序为：“基础”→“纲要”→“原理”→“概论”。“基础”课是大一新生第一学期的课程，旨在开展马克思主义世界观、人生观、价值观、道德观和法治观教育，引导大学生提高思想道德素质和法治素养，成长为自觉担当民族复兴大任的时代新人，帮助大学生解答在成长过程中面临的思想道德问题和法律问题。心理学的“首因效应”告诉我们，开学第一课直接影响着学生对待老师进而对待课程的学习态度。可以说，开学第一课关系到“基础”课以后的课堂状况，直接关系到“基础”课的教学效果，甚至关系到学生对其他几门思政课的认知与学习，进而影响到所有思政课的实际教学效果。因此，从课程设置角度来说，必须讲好“基础”课的新学期第一课。

二、“以生为本”是关键

“基础”课第一课要以学生为根本，以问题为导向，强化问题意识，以解决学生遇到的实际问题为宗旨，消除学生心中对思政课已有的偏见。无论文科还是理科生对思政课都或多或少有一些偏见，理科生多是漠视思政课，文科生认为政治课就是背会了理论，能答好试卷考个高分就行。因此，要了解学生对思政课的认知并对其观念进行纠偏。通过第一课让学生感受到，“基础”课不是空洞的理论说教，而是其人生幸福的引领。真正做到以学生为本，即以学生需求为本。学生需要什么，面临什么问题，就要帮其解决问题。问题导向，是以学生为导向。以学生为导向就要了解学生的基本价值取向是什么，人际关系状况如何，道德认知水平高低，法律意识强弱等。关注、关心并帮助大学生解决在新环境中遇到的种种问题，帮助其尽快适应大学新生活，这是“基础”课的最大优点，真正体现以学生为根本的思路，也是提升“基础”课的亲和力和实效性的基本要求。

三、教学模式需多样

由于课程安排时间所限，为达到教学目的，“基础”课更适合专题式教学，即必须提炼出最为必要的内容，避免内容上与中小学的思政课内容的简单重复以及各章节内容的相互裹挟。第一课的内容讲解避免高高在上，尽量符合“00后”的思想实际和需求。设置的专题内容，应该是新时代大学生活中必须要学习和掌握的内容，且是与大一新生思想道德关系最为密切的专题。以“新时代的大学生”为主题，介绍作为大学生必须要了解的所处的环境，介绍大学及办学理念，特别是我校“学而不厌，诲人不倦”的校训，探讨新时代的大学生应具备的基本素养。重点谈思想道德修养在人生中的重要性、大学生活的变化等，目的是帮助学生尽快适应新环境，顺利进入新角色。

四、教学内容精心设计

第一课的内容可以设计成一个个与学生学习生活直接相关的问题，引导学生积极参与教学活动，真正把课堂变成学生与学生、老师和学生沟通交流的平台。一是对理论要少讲精讲。引导学生从自己十多年的人生阅历及入学后的大学生活入手，引发学生对大学生活中遇到的问题进行思考，采用讨论方式解决问题，让学生从学习生活中、身边点滴小事中认识善恶美丑，并学会做出正确的行为选择。既帮助学生解决实际问题，又能帮助学生学会分析解决问题，提高理论思维能力。二是注意寻找、精选学生关心的身边的教学资料，把学生自身的材料或与他们相关的案例，制作成与本课程相关的多媒体课件。通过对这些案例和材料的分析，加深学生对大学生活的认识，提高在生活中分辨是非善恶的能力，增强对理论问题的兴趣。三是及时关注并敢于触及学生关注的社会热点问题，给学生以正确的引导。

五、情感比理论重要

“基础”课比专业课更具有人本性，情感比理论更重要。感人心者莫先乎情。“基础”课教师要以情感人、以德育人。如何做到？首先“基础”课教师自己要有情有德。对马克思主义的政治理论要有真情。对马克思主义真信仰，对中国共产党真信赖，对社会主义/共产主义有真信心。“基础”课教师自己应是一位虔诚的马克思主义和党的主张的信奉者、忠实的践行者、执着的传播者，称得上是真正的“灵魂工程师”。其次，“基础”课教师对教学工作要有热情。教学是教师的本职工作，勤于教学、乐于教学、善于教学是教师的道义所在。教师应把教好学作为一生奋斗的事业，不为世俗所累，不为金钱所动，乐于奉献，甘当人梯，为祖国的教育事业贡献自己的智慧和力量。再次，“基础”课教师对教育对象要有感情。教书育人是教师的天职，关爱学生是教师的天性。“基础”课教师只有通过多种途径去了解学生的认知水平和情感困惑，倾听学生的心声，关心学生的生活状态，用关爱作为沟通教师和学生的桥梁，才容易达到“亲其师，信其道”的效果。最后，“基础”课教师对教课要有激情。“基础”课教师对工作的热情和对学生的感情都会通过在教课时的激情体现出来。教课有激情的教师善于接受新技术，及时进行知识更新，主动了解学生，在教学理念、教学内容以及教学的方式方法上跟得上学生思想认识水平与需求模式的发展。对教课有激情的教师来说，“课大于天”，讲台就是神圣的舞台，每位“基础”课教师都应把新学期的第一堂课的展示当作新学期的第一次登台亮相。

（魏秀珍：曲阜师范大学马克思主义学院讲师）

如何讲好“原理”第一堂课

刘宝杰

摘　要：“原理”课因政治立场鲜明、基本概念抽象、逻辑体系严密等特点，对“教”“学”主体提出了较高要求。如何让学生乐学“原理”课，是当前“原理”课教师亟待解决的重要议题。经过实践探索，新学期“原理”课的第一堂课对学生乐学本课程具有重要的引导意义。第一堂课讲解的内容可概括为“四个介绍”。“四个介绍”，让学生对教师、教材、马克思、马克思主义、马克思主义基本原理等有较为直观的把握，让学生感受到马克思主义的理论魅力和价值旨趣。

关键词：第一堂课；“原理”课；四个介绍

如何讲好新学期第一天的第一堂课？经过实践探索，我认为新学期“原理”课的第一堂课讲解的内容可概括为“四个介绍”，即介绍自我、介绍学院、介绍教材、介绍引入性问题（什么是马克思主义/基本原理）。介绍自我，目的在于让学生了解老师、喜欢老师；介绍马克思主义学院，目的在于消除学生对马克思主义学院的偏见，进而消除对马克思主义的偏见；介绍教材，目的在于让学生对教材的整体逻辑框架有大致的认知，总体上把握教材的重点难点；引入“什么是马克思主义（基本原理）”，目的在于框定“原理”课教材讲解的马克思主义的研究对象和研究内容，阐明马克思主义的阶级属性和历史使命，阐释马克思主义的现实解释力和指导意义，让学生真正感受马克思主义的理论魅力和价值旨趣。

一、立场坚定：鲜明的政治性

高校思政课具有鲜明的政治属性，这也是“原理”课首要遵从的原则。正式上课前，通过集体备课、认真系统研读中共中央最新文件精神，将最新中央精神融入思想政治理论课教学，充分体现思想政治理论课的时效性。做到理论源于现实，并服务于现实，让学生亲身感受到政治课的现实向度。就思政课的培养任务而言，作为高校政治课教师，我们要紧紧围绕“培养什么人、怎样培养人、为谁培养人、靠谁培养人”等一系列根本性问题，做到“传道授业解惑”，最终达到“立德树人”的目标。

二、介绍自我：以自身求学历程鼓励学生

学生的向师性告诉我们，学生都有模仿、接近、趋向于教师的自然倾向，大学生也不例外。所以，身为高校教师要做到身为师范。在第一节课上，在介绍自我时，年轻老师不妨以自身求学历程为例，给学生树立一个“可复制的榜样”。比如，在我的第一堂课上，我以个人的求学历程为例，向学生展示求学的几个阶段（PPT 展示三阶段的学位照）。介绍该部分时，我会插入《时间都去哪儿了》作为课件中的背景音乐，无形中使学生树立正确的时间观。《时间都去哪儿了》也是 2014 年春节联欢晚会上的节目，绝大多数学生都曾观看过这个节目。我将我的感受展现给学生——节目把我感动得一塌糊涂。我不禁自问：“我的时间去哪儿了？”想来不过是二十多年的求学历程，一路走来感触颇深，尤其是从本科、硕士、博士到博士后的历程，往日照片中的我体重从 120 斤、135 斤到 150 斤、160 斤，我的时间去哪儿了？“我的时间长肉了！大家不要笑，我想告诉大家的是，本硕博三个阶段，三个台阶，每一个阶段都需要我们全身心付出，需要耐得住清贫、寂寞。大家试想，当本科毕业，半数同学踏上工作的岗位；等你攻读硕士学位时，工作的同学结婚生子了；当你在实验室、在图书馆潜心攻读博士的时候，你的本科同学的孩子已经会打酱油了。所以，希望立志考研、从事学术研究的同学从现在开始要能够坐得住冷板凳。因为对于来自普通家庭的你、我，很多时候留给我们的成功之路只有求学这一条路。”

以身示范，目的在于让学生认识到学习的重要性，学习是个人的成长成才成功之路，学习是个人价值实现的前提，学有所成是奉献自我的前提。诚如孔夫子所言，“十室之邑，必有忠信如丘者焉，不如丘之好学也”（《论语·公冶长篇》），大二的学生恰好处于志于学的年华，教导学生要有孔夫子以追求知识为快乐的人生境界，鼓励学生在这样一个年华不应碌碌无为，虚度光阴。

三、介绍马克思主义学院：增加了解

无论是校外的普通民众，还是象牙塔里的普通老师和学生，对马克思主义、对马克思主义学院都或多或少地存在一点偏见。消除这种偏见的有效办法之一是在第一节课简要精妙地介绍马克思主义学院，让学生知道马克思主义学院的

学科建设、学术研究和人才培养等方面在人文社会科学界有举足轻重的地位。以曲阜师范大学为例，马克思主义学院拥有思想政治教育本科，马克思主义理论一级博士/硕士学位授权点，马克思主义理论博士后科研流动站，本硕博（后）培养层次健全，在曲阜师范各学院中是名副其实的旗帜性学院。

重视和加强马克思主义理论学科建设，目的在于大力支撑思想政治理论课教学。马克思主义学院注重把研究成果转化为教学资源，做到了科研与教学的有机结合。在此介绍马克思主义学院，既增强了从教者的自信心和获得感，也增加学生对马克思主义学院的了解。

四、介绍教材：把握整体逻辑和重点难点

介绍教材时，首先要向学生解释“原理”课教材为什么也要经常修订。“原理”课教材修订原因可归纳为：第一，思政课具有鲜明的政治属性，“原理”课作为其中一环，必须做到与时俱进；第二，我们对“原理”的认识和把握的相对性，马克思主义作为科学真理由相对真理不断向绝对真理转化；第三，“原理”与中国新实际新情况相结合的要求，直接促进“原理”本身的发展；第四，改进教育教学的要求，如何让抽象晦涩的理论吸引学生，这势必需要用学生喜闻乐见的语言重释“原理”。正是基于如上几点要求，2018 版“原理”教材，在内容和形式上体现了党的十九大精神，体现了习近平新时代中国特色社会主义思想；在时代性上，体现了新时代的精神面貌；在新结合点上，引入了习近平总书记关于马克思主义的重要论述，以及学界关于马克思主义研究的新进展；在教材需求上，满足了教师学生的现实需要。

介绍教材既要阐明马克思主义的三大组成部分，也要阐明三部分之间的内在逻辑关系，让学生对马克思主义哲学、马克思主义政治经济学、科学社会主义有整体性把握。“原理”课以抽象、晦涩著称，学生普遍反映“原理”课学习枯燥乏味，老师普遍反映“原理”课难以讲解。有鉴于此，“原理”教研室自 2017 年以来，推行专题化教学，力图做到将“原理”课的关键部分“讲深、讲新、讲透、讲活”。我们将“原理”课教材专题化为如下十二个专题：

专题一：人的信仰灯塔——关于人类未来与出路的科学（绪论）

专题二：人的思行之源——对世界存在本源的追问与回答（唯物论）

专题三：人的思行之法——对世界存在方式的追问与回答（唯物辩证法）

专题四：人的知行之道——对知行关系及规律的科学解答（认识论）

专题五：人类历史之源——人类社会本质之谜的破解（历史本原论）

专题六：人类历史之道——人类社会运行规律的沉思（历史运行论）

专题七：社会财富之源——劳动价值论（商品价值规律）

专题八：资本增值之谜——剩余价值论（资本主义绝对规律）

专题九：现代资本主义——帝国主义论（资本主义的发展趋势）

专题十：刽子手+牧师——资本主义上层建筑论（资本主义上层建筑论）

专题十一：道路自信——社会主义道路的理论与实践

专题十二：人类大同——追寻共产主义崇高理想之路

五、介绍引入性问题：马克思主义/基本原理

“原理”的魅力在于其理论体系的严密性和内容的抽象性。以绪论部分为例，我们要以剥洋葱的形式将核心概念逐一讲解。譬如，我们需要依次阐明“马克思主义”“马克思主义基本原理”“马克思主义基本原理概论”等基本概念间的关系，厘清“马克思主义”概念中五个向度之间的内在关联性，澄明马克思主义的“基本立场”“基本观点”“基本方法”间的内在逻辑关系，让学生真正感受到马克思主义的理论魅力。

问题引入导语：2018 年 5 月 4 日，习近平在中共中央政治局第四十三次集体学习时强调，“在人类思想史上，就科学性、真理性、影响力、传播面而言，没有一种思想理论能达到马克思主义的高度，也没有一种学说能像马克思主义那样对世界产生了如此巨大的影响”，“尽管我们所处的时代同马克思所处的时代相比发生了巨大而深刻的变化，但从世界社会主义 500 年的大视野来看，我们依然处在马克思主义所指明的历史时代”。① 这充分说明了马克思主义的科学性和影响力是史无前例的，这种影响是世界性的。

问题引入案例：世纪之交的“千年思想家”评选，通过简单介绍其他同时入选的思想家如爱因斯坦、牛顿、达尔文、托马斯·阿奎那、霍金、康德、笛卡尔、麦克斯韦、尼采等人的思想贡献（选其中自己熟悉的 2—3 位思想家），凸显出马克思的伟大。

讲解问题：什么是马克思主义？

因问题抽象，不妨将其分为五个角度讲解，第一，从创造者、继承者的认识成果来讲，马克思主义是由马克思和恩格斯创立并为后继者所不断发展的科学理论体系；第二，从研究对象来讲，马克思主义是关于自然、社会和人类思维发展一般规律的学说；第三，从主要内容来讲，马克思主义是关于社会主义

① 习近平. 深刻认识马克思主义时代意义和现实意义 继续推进马克思主义中国化时代化大众化［EB/OL］. 人民网，2017-09-30.

必然代替资本主义、最终实现共产主义的学说；第四，从阶级属性和历史使命来讲，马克思主义是关于无产阶级解放、全人类解放和每个人自由而全面发展的学说；第五，从现实指导意义来讲，马克思主义是指引人民创造美好生活的行动指南。

讲解问题：马克思主义基本原理是什么？

马克思主义基本原理，是马克思主义理论体系中最基本、最核心的内容，是马克思主义的立场、观点和方法的集中概括和统一。

基本立场：以无产阶级的解放和全人类的解放为己任，以人的自由全面发展为美好目标，以人民为中心，一切为了人民，一切依靠人民。

基本观点：关于世界统一于物质、物质决定意识的观点，关于事物矛盾运动规律的观点，关于实践和认识辩证关系的观点，关于社会存在决定社会意识的观点，关于人类社会发展规律的观点，关于阶级和阶级斗争的观点，关于人民群众创造历史的观点，关于人的全面发展和社会全面进步的观点；关于商品经济和社会化大生产一般规律的观点，关于劳动价值论、剩余价值论和资本主义生产方式本质的观点，关于垄断资本主义的观点，关于资本主义政治制度和意识形态本质的观点；关于社会主义必然代替资本主义的观点，关于社会主义革命和无产阶级专政的观点，关于无产阶级政党建设的观点，关于社会主义社会本质特征和建设规律的观点，关于共产主义社会基本特征和共产主义远大理想的观点。

基本方法：实事求是的方法、辩证分析的方法、社会基本矛盾和主要矛盾分析的方法、历史分析的方法、阶级分析的方法、群众路线的方法。

六、问题导向：让学生学会思考讲课内容的有效补充

讲课过程中适当增加几个思考题，一方面，能够让学生学会思考，集中学生注意力；另一方面，在讲解内容上起到承上启下的作用。

问题一：当我提到马克思、马克思主义你能想到什么？

请3—5名学生回答，随后根据学生的回答，得出“熟知并非真知”结论。引入教材中给出的马克思主义概念，从五个角度看马克思主义、最新的马克思主义中国化理论成果。

问题二：为什么叫马克思主义而不称其为马恩主义？

恩格斯说：“我不能否认，我和马克思共同工作40年，在这以前和这个期间，我在一定程度上独立地参加了这一理论的创立，特别是对这一理论的阐发。但是，绝大部分基本指导思想（特别是在经济和历史领域内），尤其是对这些指

导思想的最后的明确的表述，都是属于马克思的。我所提供的，马克思没有我，也能够做到，至多有几个专门的领域除外。至于马克思所做到的，我却做不到。马克思比我们大家都站得高些，看得远些，观察得多些和快些。马克思是天才，我们至多是能手。没有马克思，我们的理论远不会是现在这个样子。所以，这个理论用他的名字命名是理所当然的。"①

问题三：大家再看看教材封面，马克思主义和马克思主义基本原理有怎样的关系呢？马克思主义基本原理是否抽象？原因是什么？

马克思主义基本原理，是马克思主义理论体系中最基本、最核心的内容，是马克思主义的立场、观点和方法的集中概括和统一。

诚如马克思主义的定义所框定的，马克思主义是由马克思和恩格斯创立，后继者发展了的理论体系。众所周知，《马克思恩格斯全集》有 50 卷，《列宁全集》有 60 卷，《毛泽东文集》有 8 卷，《邓小平文选》有 3 卷，《江泽民文选》有 3 卷，《胡锦涛文选》有 3 卷，《习近平谈治国理政》已经出了 4 卷，而马克思主义基本原理只有我们这本书。诚如前所言，马克思主义基本原理是马克思主义庞大体系中的基本立场、观点、方法。记得前几年读《文学回忆录》时，木心谈道："《红楼梦》中的诗，如水草。取出水，即不好。放在水中，好看。"马克思主义基本原理如同水草，脱离语境必然抽象。事实上，"原理"的魅力恰恰在于其理论的体系的严密性和内容的抽象性。

七、其他注意事项

（一）学生中心：想学生之所想

讲课过程中，让学生参与到教学中来，让学生真正感受到"教学相长"。比如，在介绍自我时可以采用类似的表述："在大学里，老师不只是讲授，不仅是一名教书匠，还需要从事学术研究。2013 年入职曲师大以来，我在学术上也取得了一些成绩……这些成绩的取得很多时候都是在教学过程中与在座的各位商讨的结果。""下面我把联系方式留给大家，便于我们在本学期甚至以后学习生活中共同进步。"同样是一句话，如果能把学生对老师的影响表现出来，学生自然会有兴趣参与到教学中来，这也拉近了与学生的距离。在讲马克思主义的基本立场（以人民为中心）时，不妨将其进一步引申到教学中，提出我们应当以"学生为中心"，想学生之所想，急学生之所急。

---

① 马克思恩格斯选集：第 4 卷［M］. 北京：人民出版社，2012：248.

（二）故事引入：理论创立背后的趣味性

为了让晦涩的“原理”课变得吸引学生，不妨适当增加部分故事性内容。比如，谈到马克思主义的创立者马克思、恩格斯时，不妨向学生讲述马克思、恩格斯的个人生平。诚如《孟子·万章下》所言：“颂其诗，读其书，不知其人，可乎？是以论其世也。”所以，“原理”课首先应该向学生讲解马克思、恩格斯两位伟人的一生，让学生了解马克思、恩格斯两位伟人的人生经历。在此过程中，让学生了解马克思主义经典著作写作的历史背景和主要内容。

（三）文化融入：以“地域文化特色”为基础

“原理”课的讲解过程中需要适时融入优秀儒家文化。比如，讲到马克思中学时代的人生志向时，不妨将其与孔老夫子的人生做一比对。再比如，谈到马克思主义的价值旨趣时，不妨将宋人张载的“横渠四句”——“为天地立心，为生民立命，为往圣继绝学，为万世开太平”与之比较，得出古往今来有志之士，均有天下太平的情怀。

4. 课前准备

新学期第一天的第一课，教师应提前到教室，认真地检查电脑、投影仪等设备是否正常，是否安装所需要的教学软件；准备好 PPT、讲稿、教案等；准备好翻页笔、扩音器等教学用具。

（刘宝杰：曲阜师范大学马克思主义学院副教授、硕士生导师）

一以贯之

——“纲要”最后一课的教学设计与反思

朱　斌

摘　要：在“纲要”课的教学实践中，最后一课尤为关键。在教学设计时，不仅要回应本课程的开端，还要对全部课程进行总结和升华。特别是从烦琐的“事件”中提炼出“观点”，以此来界定“纲要”课在思想政治理论课中的位置。

关键词：“纲要”课；最后一课；课程设计；问题导向

教学对象在接受知识时容易左右摇摆不得要领，甚至“郢书燕说”，更提醒教学者要注意提炼自己的观点，即有明确的问题意识，不给教学对象留下“一地鸡毛”式的知识碎片。孔夫子对曾参说的“吾道一以贯之”亦表达了对所传授的知识进行总结和提升之意。具体而言，“纲要”课绝不是铺陈的简单叙事，或是单纯的讲故事，而是以马克思主义为灵魂的理论提升。若没有观点，史学便会是一地“碎片”。讲授者容易先为“醉人”，听讲者自然要“东来西又倒”了。本文结合自身教学需要，以最后一节课的实际讲授为范例，来探索“纲要”课程作为思想政治理论课的理论性取向。

一、走入近代

在中国近现代史的诸多问题中，中国如何走入近代是近现代史上的“元问题”，也是“纲要”课无法回避的第一个问题。从费正清的“冲击—反应”模式、列文森的“传统—现代”模式，到内藤湖南的“前近代”理论，国外学界对此问题的研究成果蔚为大观。作为“纲要”课的讲师，我们必须直面这一问题。所以，在教学目标的设计上，我们认为应使学生从总体上了解中国封建社会由盛转衰的表现，明确以欧洲为中心的现代世界诞生后对中国的影响。随着西方资本主义对中国的扩张，从而得出鸦片战争后中国社会性质、主要矛盾和面临的历史任务，鸦片战争是中国近现代史的开端。

中国历史悠远漫长，所谓一部二十四史，不知道从何说起，就像长江，从起源到入海，很难把握。但是，如果我们找到了长江的几个转弯处，通过勾勒连接，长江的轮廓就出来了。1840 年的鸦片战争就是中国历史的一个拐点，也是中国历史从古代到近代的开端。

（一）中国封建社会由盛转衰

清王朝是中国封建社会的最后一个朝代。从 19 世纪中叶开始，清朝统治危机四伏，逐渐走向衰落。衰落的表现有：（1）政治方面的封建君主专制制度；（2）经济方面的封建地主土地所有制；（3）思想文化方面的儒家思想成为正统；（4）社会方面的封建宗法等级制。

17 世纪下半叶至 18 世纪，清朝康熙、雍正、乾隆时代是中国封建社会后期的鼎盛时期，但同时封建社会也走到了尽头，潜伏着许多危机，闭关自守，故步自封。到了鸦片战争前夜，它已经衰相尽显，与新兴的西方资本主义国家拉开了很大的差距。

（二）现代世界的起源：以欧洲为中心的设计

正当清朝国势日趋衰微之时，欧美资本主义的发展却非常迅速，两个世界的分野越来越大。

英国成为“日不落帝国”：英国率先确立资产阶级专政；英国率先进行工业革命；英国拥有当时世界上最强大的海军（海上霸权）。一方面英国通过工业革命，成为世界工厂，急于寻找倾销市场；另一方面中国传统农业社会生产的基本模式是男耕女织的自然经济。这两个世界碰撞，也可以说是火星碰地球。

（三）实质的接触：世界资本主义的发展、扩张

鸦片战争前夕，世界资本主义已有较大发展。资本主义越发展，其内部的原料、市场就越不能满足需要，就需要向外掠夺原料、倾销商品。列宁说：“资本主义如果不经常扩大其统治范围，如果不开发新的地方并把非资本主义的古老国家卷入世界经济的旋涡，它就不能存在与发展。”① 经济技术落后、国力衰微、国防空虚而又地大物博的中国便成为他们侵略的对象。

通过以上讲授，我们可以得出结论，随着外国资本主义的入侵，中国的社会性质开始发生质的变化。中国逐步成为半殖民地半封建国家。随着社会主要矛盾的变化，中国逐渐开始了反帝反封建的资产阶级民主革命。正因为如此，鸦片战争就成为中国近代史的起点。

---

① 列宁选集：第 1 卷［M］. 北京：人民出版社，2012：232.

二、“纲”与“要”

在回顾了近代的起点以后，便要简明扼要地概括“纲要”的“纲”与“要”在什么地方。换句话说，以最简单的办法把近代史的线索概括出来是最后一课要面对的第二个问题，也是重点问题。

布罗代尔将“长时段”引入史学研究，并大力提倡。布罗代尔在其名著《菲利普二世与地中海世界》中将历史分为三个层次：结构、局势、事件，亦可以称为长时段、中时段和短时段。马克思主义仍是现代世界最强有力的解释理论，尤其是对近代中国从传统向现代的转型过程的解释。因为学生接续的下一个课程是“马克思主义基本原理概论”，更多的理论思考需要学生在“原理”课上进行。具体到中国近现代史上，马克思主义主要的应用便以表格的形式一目了然地呈现在同学们的眼前（表1）。

表1　马克思主义主要的应用

<table>
<tr><th colspan="2">时间</th><th>社会性质</th><th>主要矛盾</th><th>主要任务</th><th>事件</th></tr>
<tr><td rowspan="2">1840—1949年</td><td>1840—1919年（旧）</td><td rowspan="2">半殖民地半封建社会</td><td rowspan="2">帝国主义和中华民族；封建主义和人民大众</td><td>民族独立；人民解放；国家富强</td><td>太平天国；洋务运动；戊戌变法；义和团；辛亥革命</td></tr>
<tr><td>1919—1949年（新）</td><td>推翻“三座大山”</td><td>五四运动；土地革命；抗日战争；解放战争</td></tr>
<tr><td colspan="2">1949—1956年</td><td>新民主主义社会</td><td>无产阶级与资产阶级</td><td>社会主义革命（改造）</td><td>总路线；三大改造</td></tr>
<tr><td colspan="2">1956—1978年</td><td rowspan="3">社会主义初级阶段</td><td>经济文化发展与人民需要（八大）</td><td>探索社会主义</td><td>“大跃进”；“文化大革命”</td></tr>
<tr><td colspan="2">1978—2011年</td><td>新时期：物质文化需要与落后生产力（十三大）</td><td>社会主义现代化建设</td><td>改革开放；十一届三中全会</td></tr>
<tr><td colspan="2">2012—2018年</td><td>新时代：美好生活需要与不平衡不充分的发展（十九大）</td><td>中华民族伟大复兴；实现现代化</td><td>五位一体；中国梦；全面小康</td></tr>
</table>

通过表1可以看到，我们把社会性质、主要矛盾和主要任务，与“事件”区分开来，主要是让学生把握中国近代史纲要的“结构”。

首先，中国近代历史上，中国社会性质的三次变化：一是1840年鸦片战争爆发，《南京条约》的签订标志着中国由封建社会进入半殖民地半封建社会；二是1949年中华人民共和国成立，中国由半殖民地半封建社会进入新民主主义社会；三是1956年三大改造基本完成，社会主义制度建立，中国由新民主主义社会进入社会主义初级阶段。

其次，帝国主义和中华民族之间的矛盾，封建主义和人民大众之间的矛盾是近代中国的主要矛盾。然而，近代中国的主要矛盾并非一成不变的，从1840年鸦片战争开始，不同的历史时期，主要矛盾也在发生着变化。一时间民族矛盾突出、尖锐，一时间阶级矛盾又占据了高点，主要矛盾的变化贯穿着整个近代中国。民族矛盾和阶级矛盾互相转化，更迭地起主导作用，对中国的发展起到了一定的推动作用。

最后，近代中国主要任务：一是争取民族独立、人民解放；二是实现国家富强、人民富裕。两个任务是相互区别又相互紧密联系的。前一个任务为后一个任务扫清障碍，创造必要的前提；后一个任务是前一个任务的最终目的与必然要求。中华民族在近代主要是完成前一任务，在现代主要是完成后一任务。两大任务是统一的，统一于解放和发展中国的社会生产力。争取民族独立、人民解放是实现国家富强、人民富裕的前提，腐败的社会制度束缚着生产力的发展，阻碍着经济技术的进步，必须首先改变这种社会制度，争得民族的独立和人民解放，才能为实现国家富强和人民富裕创造前提，开辟道路。

希望学生能把握自己所处新时代的脉搏，不仅学习历史，还能创造历史。通过中国近现代史的学习，学生能够知道，在革命年代，中国共产党勇于回答时代的问题，即建什么国的问题，走什么样的革命道路的问题，形成的理论成果是“毛泽东思想”。中华人民共和国成立后走什么样的建设道路，形成的理论成果是“邓小平理论”。在新时代，我们面临复杂多变的国际、国内环境，自然需要新的理论指导，这个实现中华民族伟大复兴的行动指南就是习近平新时代中国特色社会主义思想。

历史是现在与过去之间永无休止的对话。历史不可能回来了，我们只有知道自己是怎么来的，才会顺利地走下去，不迷失方向。

三、结论

当代大学生是祖国的未来和希望，党和国家加强对当代大学生的中国近现代历史教育，有助于增进他们对中国近现代历史的了解，树立起正确的历史观，消除各种错误政治观点的影响，提高自身的思想政治素质，形成高尚的道德情操，健康地成长为合格的社会主义事业的建设者和接班人，对实现中华民族的伟大复兴有着重要的意义。习近平总书记强调："实现中华民族伟大复兴是一项光荣而艰巨的事业，需要一代又一代的中国人共同为之努力。"①

"纲要"课作为高校一门政治理论课，仍有不少在校大学生和某些青年教师不时发出疑问：当代大学生为什么还要花费时间和精力学习历史，尤其是学习中国近现代史？这对于历史学家、历史研究人员、历史专业的大学生来说，或许不是一个问题，但其他人员难免会有这样的疑惑。对此，做些探究和回答，不仅可以帮助当代大学生解除心中疑惑，增强他们学习中国近现代历史的自觉性与积极性，同时也是为党中央、教育部制定的新课改方案的贯彻和实施略尽绵薄之力。对当代大学生进行中国近现代史教育，可以弥补他们历史知识的不足与匮乏，提升他们的基本历史素质，使他们形成正确的历史观，清除他们头脑中各种错误的政治观点。另外，对当代大学生进行中国近现代史教育，是弘扬党的优良传统、保证和促进党和国家事业胜利发展的需要。一百多年的中国近现代史是我国历史上一段极为重要的时期，屈辱与苦难、奋斗与牺牲、光荣与辉煌，构成了中华民族发展史上丰富而斑斓的画卷。大力加强对当代大学生的中国近现代史教育，可以使他们厘清近现代中国历史发展的基本事实，探索和理解其发展规律，提高自己的文化素质以及爱国主义水准，加强他们对国家、民族、社会主义道路的信仰力和凝聚力，健康地成长为我国社会主义事业的合格的建设者与接班人。

（朱斌：曲阜师范大学马克思主义学院讲师、博士）

① 习近平总书记深情阐述"中国梦"[EB/OL]. 人民网，2012-11-30.

“弘扬中国精神”一章的教学设计

马卫花

摘　要：“弘扬中国精神”是“基础”课中的重要内容，对于这部分内容的教学最忌流于表面，没有深入学生的精神世界。因此，本教学设计希望能够运用多种教学方式方法，强调学生的积极参与，以取得好的教学效果。

关键词：中国精神；家国一体；振兴中华从我做起

“弘扬中国精神”是“基础”课中非常重要的一个章节，这部分内容的教学存在着一个严重的问题就是流于表面，难以进入学生的内心。用一些同学的话来说就是“三分钟热血，上课激动，下课不动”。面对这一状况，在这一章节的教学过程中，我认为一方面教师应该选择恰当的教学方式来授课，另一方面更应该注重学生的参与。

一、教学准备

教师准备：搜集典型案例和视频材料，精心备课，把握重点难点，设计探究活动，制作多媒体课件。学生准备：查找资料，参与讨论发言。

为了取得更好的教学效果，在教学过程中更加强调学生参与这一过程，授课前首先让学生做好以下准备：（1）利用我们的地域优势，先去参观颜庙和陋巷。(2）充分发挥本校的课程优势，结合论语这门课程的学习了解我国的先贤，如孔子、孟子等，并对中国的家训做一定的了解。(3）对自己的家乡进行调查，比如家乡知名企业的发展状况等。(4）了解教材第51页所提到的人物。(5）阅读两篇文献：《大力弘扬伟大爱国主义精神，为实现中国梦提供精神支柱》（教材第73页阅读文献中所列出的第一篇文献），以及《习近平在第十三届全国人民代表大会第一次会议上的讲话》。

二、教学过程

（一）导入

习近平总书记曾说过：“人无精神则不立，国无精神则不强。精神是一个民族赖以长久生存的灵魂，唯有精神上达到一定的高度，这个民族才能在历史的洪流中屹立不倒、奋勇向前。”① 在授课过程中，有的老师直接把这段话用于导入新课中，为了更好的效果，在这里我运用了视频的形式，让学生以更生动形象直观的方式来理解中国精神。很多同学都看过《出彩中国人》这个节目，在一期节目中，一群平均年龄 72.3 岁的清华学霸以一曲《我爱你中国》震撼全场。这些白发苍苍的老人都毕业于清华大学，为了祖国的事业奉献自己的青春，他们中有将军，有 C919 飞机的研发参与者，他们讲述了自己的故事，就这样以影像的形式生动地展示出来，他们的深情演唱更给学生以震撼。看过视频后，让学生参与讨论，在他们的身上体现着什么样的精神，他们对于中国精神又是如何理解的。学生观看视频，形成一种视觉冲击，再让他们讨论，自己来思考中国精神，教师归纳总结后再引入我们这一段开始时所提到的习近平总书记的这一段话，自然地导入我们要讲的第一节内容：中国精神是兴国强国之魂。

（二）教学内容：第一节　中国精神是兴国强国之魂

1. 重精神是中华民族的优秀传统（四个表现）

第一，对物质生活与精神生活相互关系的独到理解。

子曰：“饭疏食饮水，曲肱而枕之，乐亦在其中矣。不义而富且贵，于我如浮云。”（《论语·述而》）“一箪食，一瓢饮，在陋巷，人不堪其忧，回也不改其乐。贤哉，回也!”（《论语·雍也》）

中国传统文化认为，“不义而富且贵，于我如浮云”，强调“道德当身，故不以物惑”（《管子·戒》），崇尚“一箪食，一瓢饮，在陋巷，人不堪其忧，回也不改其乐”的精神追求。基于对精神生活重要性的认识，中国古人在义利观上主张见利思义、以义制利、先义后利，在理欲观上主张导欲、节欲，强调用道德理性和精神品格对欲望进行引导和控制，时刻对私欲、贪欲保持警惕。

第二，中国古人对理想的不懈追求。

理想，是激励个体的精神内驱力，是凝聚社会整体的精神力量。矢志不渝地坚守理想，是中国古人崇尚精神的典型体现。如儒家把仁爱和谐视为最高的道德理想，为实现“仁”的理想即使献出生命也在所不惜，即“志士仁人，无求生以害仁，有杀身以成仁”（《论语·卫灵公》）；墨家把“兼相爱，交相利”

① 习近平在纪念红军长征胜利 80 周年大会上的讲话［EB/OL］. 人民网，2016-10-22.

作为理想，提倡为兴天下之利、除天下之害而摩顶放踵。正是因为有了这种理想主义情怀，无数志士仁人“为天地立心，为生民立命，为往圣继绝学，为万世开太平”，他们心怀天下，利济苍生，为追求道义、实现理想而上下求索。

“杀身成仁”，见《论语·卫灵公》。

“舍生取义”，见《孟子·告子上》。

“为天地立心，为生民立命，为往圣继绝学，为万世开太平”，见《张子语录·语录中》。

第三，对道德修养和道德教化的重视。

中国传统文化十分强调道德修养和道德教化，将“立德”置于“三不朽”（立德、立功、立言）之首，重视人的精神品格的养成。古代思想家们不仅对道德修养和道德教化理论进行了系统论述，而且提出了修身养性的具体方法以及家箴家训、乡规民约等教化方式。

第四，对理想人格的推崇。

关于理想人格，儒家把“君子”“圣人”作为自己的理想人格，道家推崇逍遥于天地之间的“真人”“至人”，近代启蒙思想家梁启超呼吁“新民”的理想人格。这些出现在中国历史上的诸种理想人格，虽时代不同，类型有别，但其共同点是关注人的精神品格。

关于这部分内容，我们已经要求学生做好课前准备。（1）利用我们的地域优势，先去参观颜庙和陋巷。（2）充分发挥本校的课程优势，结合论语这门课程的学习了解一下我国的先贤，如孔子、孟子等，并对中国的家训做一定的了解。因此，这部分内容以小组讨论的方式教授，最后每个小组发言，各自来表述这四个方面从哪些地方可以体现出来。

总结：中国这个具有五千多年光辉历史的文明古国，向来以重视家教著称于世。中国历代家训涉及人生的各个方面，举其要者，约有如下数端：（1）熔铸光明伟岸的道德人格；（2）重视正确积极的教子方法；（3）培养功业理想和淡泊襟怀；（4）妥善掌握好交友接物之道；（5）明确读书治学的目的和方法等。凝聚着智慧、哲理、情感的中国历代家训至今仍显现出神奇的魅力。

2. 中国精神是民族精神和时代精神的统一

（1）以爱国主义为核心的民族精神

伟大创造精神，是“辛勤劳作，发明创造”，体现在群星闪耀的诸子百家，体现在影响世界的四大发明，体现在风雅颂、诗词曲，体现在有形的无形的文化遗存；伟大奋斗精神，是“革故鼎新、自强不息”，体现在辽阔秀丽的大好河山，体现在物产丰富的广袤良田，体现在中国人民千百年来的生产生活；伟大团结精神，是“团结一心、同舟共济”，体现在56个民族多元一体、交织相融，体现在中华民族大家庭同心同德、守望相助；伟大梦想精神，是“心怀梦想、不懈追求”，体现在小康的理念、大同的情怀，体现在勇于追求和实现梦想的执着精神。

分小组讨论哪些人物或者事件中能体现出中华民族的伟大创造、奋斗、团结、梦想精神。

背景资料：

盘古开天：古代神话故事，讲述了世界经过一万八千年的混沌黑暗后，力大无穷的盘古出现，他醒来后抡起斧头朝黑暗猛劈过去，混沌渐渐分开。后常用此比喻空前的，自古以来没有过的事情。

女娲补天：出自西汉刘安《淮南子·览冥训》，相传女娲以黄泥仿照自己抟土造人，创造人类社会并建立婚姻制度；后因世间天塌地陷，于是熔彩石以补苍天，斩鳌足以立四极，留下了女娲补天的神话传说。此后用此形容改造天地的雄伟气魄和大无畏的斗争精神。

神农尝百草：相传神农氏（炎帝）看到人们经常因乱吃东西而生病，甚至丧命。为了告诉人们哪些可以食用，哪些不可以，他决心尝遍百草，最后因尝断肠草而死去。人们为了纪念他的恩德和功绩，奉他为药王神。

夸父追日：出自《山海经·海外北经》，相传在黄帝时代，夸父族的一个首领想摘下太阳，于是开始逐日。他口渴的时候喝干了黄河、渭水，准备去北边的大泽喝水，在途中渴死。他的手杖化作树林，成为桃花园，而他的身躯化作夸父山。后用此形容一个人有宏大的志向和巨大的力量。

精卫填海：出自《山海经·北山经》，相传炎帝的女儿女娃不幸淹死在海里，女娃不甘心死去，她的魂灵变成一只名叫“精卫”的小鸟，常常从西山衔来木石，决心填平大海。后用此比喻意志坚决，不畏艰难。

愚公移山：出自《列子·汤问》。现比喻人们有恒心，有毅力，坚定不移进行努力和斗争。

（2）以改革创新为核心的时代精神

改革是破除社会发展障碍、激发社会发展活力的引擎，创新则是民族进步的灵魂、国家兴旺发达的动力。

改革创新精神体现为突破陈规、大胆探索、敢于创造的思想观念，勇于打破与社会和历史发展规律不相吻合的思维方式、行为规范的束缚，从不合实际、不合规律的观念和体制的束缚中解放出来，从错误和教条式的思想观念中解放出来；体现为不甘落后、奋勇争先、追求进步的责任感和使命感，不自甘落后、故步自封，也不满足于取得的成就，躺在历史的功劳簿上自满自足、裹足不前，而是以“落后就会挨打”的危机感和忧患意识自我警醒，以“一万年太久，只争朝夕”的奋发精神和竞争意识自我激励；体现为坚忍不拔、自强不息、锐意进取的精神状态，有“敢啃硬骨头”“敢涉险滩”的闯劲，有“咬定青山不放松”的韧劲，有“生命不息，奋斗不止”的拼劲。

学生课前准备：对教材第51页所提到的人物进行了解，由学生自己来简单讲述这些人物的事迹，然后思考在他们的身上哪些方面体现出创新的精神？由此归纳总结出改革创新精神的三个体现。

（3）民族精神与时代精神的辩证统一

时代精神和民族精神紧密相连，都是一个民族赖以生存发展的精神支撑。民族精神为时代精神提供生长根基和发展动力，是时代精神形成的重要基础和依托；时代精神则是民族精神的时代性体现，牵引着民族精神的发展方向，并赋予民族精神以时代内涵。

案例：屠呦呦事迹（视频）

总结：民族精神是中华民族在长期的实践中形成的精神特质，屠呦呦对青蒿素的不懈追求，是中国医道仁义的最好诠释。她在医学实践中查阅大量的古代文献，特别是在东晋名医葛洪的著作中获得灵感，实现了中国传统文化的发展与创新，这正是民族精神的体现。

时代精神是在新的历史条件下形成和发展起来的、能够体现时代特征的精神形式。屠呦呦与团队成员共同探讨、无保留地付出，甚至以身试药，经过多年攻关，最终发现了青蒿素，这正是时代精神的生动体现。中国精神是由民族精神和时代精神有机结合形成的。

3. 实现中国梦必须弘扬中国精神

第一，凝聚中国力量的精神纽带。

第二，激发创新创造的精神动力。

第三，推进复兴伟业的精神定力。

阅读文献《大力弘扬伟大爱国主义精神　为实现中国梦提供精神支柱》《人民日报》（2015年12月31日）。回答：为什么说实现中国梦必须弘扬中国精神？

（三）结束语

鲁迅在《学界的三魂》中曾说，惟有民魂是值得宝贵的，惟有它发扬起来，中国才有真进步。大学生是民族的希望和祖国的未来，要努力弘扬以爱国主义为核心的民族精神和以改革创新为核心的时代精神，将中国精神转化为青春行动，勇做弘扬和践行中国精神的时代先锋，为国家富强、民族振兴、人民幸福贡献自己的智慧和力量。

使学生深入理解家国一体，先人说少年强则国强，但同时国强则中国少年更强，这是辩证统一的。

（马卫花：曲阜师范大学马克思主义学院讲师）

红歌融入“纲要”课教学的探索

杨世宏

摘　要：红歌是红色文化的重要组成部分，红歌本身具有强大的思想政治教育功能。红歌融入“纲要”课教学具有很强的可行性，能够丰富教学手段、深化教学内容和提升教学效果，有效地引导学生树立正确的价值观和历史观，促进教学目标的实现。红歌的融入需要一个合适的教学过程设计，运用红歌还必须符合相关的技术性要求。在红歌融入的过程中，应依据课堂内容需要，采用课堂插入播放、课间播放、师生演唱等方式，从而取得相应的效果。

关键词：红歌；融入；“纲要”课；探索

“纲要”课是高校本科生必修的思想政治理论课之一，2018 年版教材规定的教学目标是：“认识近现代中国社会发展和革命、建设、改革的历史进程及其内在的规律性，了解国史国情、深刻领会历史和人民是怎样选择了马克思主义，选择了中国共产党，选择了社会主义道路，选择了改革开放。”① 它为“基础”课、“原理”课和“概论”课提供了近现代史的知识背景，不了解这个背景就不利于学好整个思政课，因此，提高“纲要”课的教学效果就显得非常重要。近年来出现了不少主要在一般意义上研究红歌与思政课或思想政治教育的关系的论文，但仅有个别论者以专文的方式讨论红歌与“纲要”课的关系问题。本文认为红歌是红色文化的重要组成部分，将红歌融入“纲要”课以至于整个思政课教学都是非常必要的，对于促进思政课教学具有重要意义。

---

① 本书编写组．中国近现代史纲要［M］．北京：高等教育出版社，2018：2.

一、红歌融入“纲要”课教学的可行性

（一）红歌及其思想政治教育功能

红歌即红色歌曲，红色代表吉祥、喜气、热烈、激情、积极向上、正确正义，象征革命和胜利。中国共产党对红色有特殊情结，政权为红色政权，军队为红军，出于对红色的敬仰，中华人民共和国国旗、党旗的旗面都是红色，所以，歌颂党的领导，传扬革命精神和爱国主义情感的歌曲，当然就是“红”歌了。对于红歌的内涵，可以从广义与狭义两方面界定，“广义的‘红歌’具有全球性特征。其本质就是流传于各国、各地区的爱国与进步歌曲。狭义的‘红歌’即中国‘红歌’，它特指中国共产党成立以来人民群众创作和传唱的优秀革命歌曲与励志歌曲”。① “‘红歌’应是以爱国和革命为主题，并在社会上得到广泛传唱的群众歌曲。”② 可见，红歌就是新民主主义革命时期以及中华人民共和国成立之后各个历史时期的具有重要历史价值、蕴含着革命精神和民族精神的，以健康进步、昂扬向上为主旋律的歌曲。

古今中外，音乐的教化功能一直受到人们的重视。孔子说：“移风易俗，莫善于乐。”（《孝经·广要道》）“兴于《诗》，立于礼，成于乐”（《论语·泰伯》），这是用音乐来陶冶性情，修身养性，建设道德风尚。《乐记》云：“故乐者，审一以定和，比物以饰节，节奏合以成文，所以和合父子君臣，附亲万民也。”③ 这是强调音乐的政治服务和道德教化功能。作为经典音乐作品，红歌内容积极，立足民歌，旋律优美，在人民群众中传唱不衰，蕴含着独特的艺术魅力、深厚的美学意蕴，因而它具有强大的思想政治教育功能。“纲要”课是思政课，其功能是对学生进行思想政治教育，这同红歌的功能相一致，因此红歌融入“纲要”课甚至整个思政课教学都是可行的。我们具有丰富的红歌资源，可以借助音乐的力量，提高思政课的感染力。红歌思想政治教育作用的发挥是通过优美动人的音乐语言和歌词来发挥潜移默化的作用，达到“润物细无声”的效果。红歌伴随着中国革命和社会主义建设以及中国特色社会主义道路的探索历程而产生，成为助推历史前进的正能量，它以昂扬的斗志、豪迈的情怀、

① 张建国．中国“红歌”传播现状及其音乐文化思考［J］．中国音乐（季刊），2011（3）：218.

② 唐应龙．“红歌”的现代意义及其价值实现［N］．光明日报，2009-08-14（06）.

③ 北京大学哲学系美学教研室．中国美学史资料选编：上册［M］．北京：中华书局，1980：67.

深刻的内涵，影响了一代又一代的人。

在历史上，中国共产党非常重视革命歌曲的作用，红歌是革命之声，它表达了革命者的理想信念，红歌是“革命催生的艺术之花，也是传播革命的火种”①。在革命战争年代，农民群众通过红歌了解了中国共产党及其领导的军队的性质，红歌鼓舞了革命战士的斗志，促进了革命战争的胜利发展。刘迪生在谈到抗日歌曲的作用时说：“毛泽东曾经这样说过，一首抗日歌曲抵得上两个师的兵力。但是有这样一首歌，它的威力恐怕远远超过了两个师，因为它的出现影响了整个抗战局势，这首歌就是《松花江上》。”②

在当前形势下，针对大学生的成长环境和特点，应当充分利用红歌的优势，灵活巧妙地教育学生，用红歌滋润大学生的心田，提高他们的政治素养。资产阶级个人主义、拜金主义、历史虚无主义的价值观在大学生中还有一定影响，加之网络上的各种不良信息等都会对学生产生消极影响，在这种情况下，我们不能仅仅依靠单纯的理论说教，而应采取多种形式，充分将红色文化资源的重要组成部分——红歌融入“纲要”课教学，帮助学生树立正确的历史观，消除历史虚无主义的影响。红色经典歌曲内容深刻，具有鲜明的时代性、民族性，革命的真理性，理想的坚定性以及广泛的群众性，它是人生体验的浓缩和思想情感的升华，能够满足人们深层次的精神需要，苏联教育家苏霍姆林斯基说，在语言已经穷尽的地方，音乐才开始它起作用的领域。音乐是直接表现人的情绪和内心感受的，其作用是语言代替不了的。音乐将人的思想情感融入歌词和旋律中，它触及人的心灵，传递了一个民族的梦想和情感。红歌也和其他音乐作品一样，其感染力在于听和唱的过程，所体现出来的内容远比直白的语言丰富。红歌作为情感艺术可以浸入人的心灵而使人产生共鸣，起到净化心灵的作用。

（二）红歌内容与“纲要”课的教学目标具有一致性

同其他三门思政课相比，“纲要”课与红歌的关系最直接最密切，从某种意义上说，红歌以艺术的方式再现了中国近现代史，成为有旋律的历史教材。有论者指出：“红色文化资源与‘纲要’课程在主要内容、精神内核、目标宗旨上

① 唐应龙，曹亮．红歌的历史与历史的红歌［J］．贵州大学学报（艺术版），2011（1）：6-9，39.

② 刘迪生．大河之魂：冼星海和他的非常岁月［M］．广州：花城出版社，2015：100.

的一致性，为红色文化资源在‘纲要’课中的运用奠定了基础。”① 这是红歌融入“纲要”课教学可行性的基础，“红色文化资源”是包括红歌在内的。红歌记录了中国革命和建设、改革开放和中国特色社会主义道路探索的历史过程，不同时期的红歌承载着不同时代的记忆，传承着一段激情奋斗的光辉历史，重温红歌就会唤起一个民族的特定的历史记忆，从而加深对那段历史的理解和把握，有利于树立正确的历史价值观。如在讲到九一八事变后国民党政府实行不抵抗政策致使日本占领中国东北这段历史时，笔者播放了《松花江上》，这首歌控诉了日本帝国主义占我东北杀我同胞的侵略罪行，表达了东北人民被迫背井离乡的悲痛心情，唤醒了民族之魂，点燃了中华大地的抗日烽火。播放过程中学生听得非常认真、非常投入，相信他们对这段历史会有更深刻的认识。在讲到十一届三中全会之后实施改革开放的战略决策时播放歌曲《春天的故事》，歌曲内容正好与教材内容相吻合，歌曲记叙了邓小平做出改革开放的英明决策、领导中国走向富裕的真实历史。1979 年和 1992 年是中国两个里程碑式的年份，中国经济的高速发展在这两个年份拉开帷幕。中国人民在经历了“文化大革命”的低迷期后终于迎来了国家发展、民族振兴的春天。将此歌曲引入课堂教学，无疑会增强课堂感染力，触动学生心灵，提升教学效果。

（三）红歌融入“纲要”课教学符合大学生的审美需求

青年大学生大多喜欢听歌唱歌，歌曲影响着他们的情趣和思想，这就为红歌融入“纲要”课教学提供了有利条件，增强了融入的可行性。互联网的发达，智能手机的普及，大大便利了学生对影音作品的欣赏，在“纲要”课中融入红歌就成为一种新的教学手段。红歌资源丰富，体裁和风格多样，有相当多的一部分能够符合多数大学生的审美趣味，许多红歌本身就非常流行，如《弹起我心爱的土琵琶》《山丹丹花开红艳艳》《绣红旗》《春天的故事》等，这些红歌具有广泛的群众性，成为百听不厌的经典。同流行歌曲相比，“红歌歌词大多通俗简明，生动朴实；红歌的旋律大多借用民歌、传统曲调及一些外国歌曲旋律，朗朗上口，歌唱性强”②。单就艺术形式来说，红歌基本上同当前大学生的审美趣味相符合，在“纲要”课教学中融入红歌也是一种师生交流沟通的方式，对

① 李德满．红色文化资源运用于《中国近现代史纲要》教学的思考与探索［J］．井冈山大学学报（社会科学版），2014（5）：43.

② 唐应龙，曹亮．红歌的历史与历史的红歌［J］．贵州大学学报（艺术版），2011（1）：6-9，39.

学生的思想起到潜移默化的影响。经典红歌深情地倾诉着中华儿女对党对祖国对人民的热爱，弘扬的是真善美的精神，具有催人奋进的力量，欣赏这些作品，就可以从中感知深刻的思想内涵和高尚的道德情操，意识到自己的责任担当。

当然，红歌融入“纲要”课教学的可行性还受到主体状况的影响，大学生对红歌的认知度越高，就越具有可行性。从实际情况来看，确实有一部分学生对某个类型的红歌的认知有偏差。笔者在课堂上发现，尽管对要播放的红歌的背景作了说明，但播放相关红歌时，仍有少数同学对歌曲本身的音乐性没有关注，甚至以“恶搞”的方式进行模仿跟唱，还有些同学看起来是在听，但并未表现出兴趣。就革命战争年代的红歌来说，有些歌曲的风格可能不符合当代大学生的欣赏习惯，这些歌曲流行音乐的元素较少，多采用艺术化专业化的美声或民族唱法，这会使大学生传唱红歌的难度加大，对这些歌曲的认知度低。这就需要我们在选用红歌时尽量选择那些传唱广泛、旋律优美的红歌，此外也要注重那些“红歌新唱”的作品，这类作品加入了一些流行音乐元素，如摇滚乐、电子乐、rap（说唱乐）等，符合当代大学生对音乐的审美需要，也没有丢失红歌的革命精神。如有一首《马克思是个90后》的歌曲受到大学生的喜爱，歌曲以rap的形式表达了90后对马克思的认知。歌中唱道：“本打算过了就算，书再也不念，后来翻开却发现并不讨厌……像他一样疾恶如仇，像他一样不屑权谋……为了信仰我们一往无前。”这首歌体现了“90后”对马克思主义学习的自觉度，表明马克思主义又回到了当今大学生的关注中。

二、红歌融入“纲要”课教学的意义

（一）引导大学生树立正确的价值观和历史观

红歌展现的是不屈不挠、奋勇拼搏的积极的生活态度，能够帮助大学生树立正确的价值观和历史观，自觉抵制历史虚无主义的影响。在讲到八路军开辟敌后战场时可以播放《八路军军歌》。歌词中涉及长征、游击战、平型关大捷、敌后根据地等历史内容，聆听这首歌曲就是重温了那段历史，领会了革命战士在枪林弹雨中绝不退缩的思想内容，感受革命先辈沉着、坚毅的性格。歌曲以低沉的旋律，表达了八路军战士不畏艰险、勇往直前、无坚不摧、无私奉献的革命精神。

在讲长征时，电视剧《长征》片尾曲《十送红军》是重点播放歌曲，这是一首很流行、传唱度很高的歌曲，很容易得到学生的认可。在播放之前应介绍一下歌曲背景和歌词的江西方言特色。歌曲以 2/4 拍表现了红军行走的步伐，八分音符和装饰音的运用表达了人民对红军的感激之心。这首歌悠扬而凄婉，给人们留下难忘的印象。统观全歌，其音乐情感是留恋、期盼、祝福、深情等多种情绪融为一体。歌词间流露了百姓对红军的真实感情，体现了中国共产党领导的革命队伍不怕苦难，为人民谋解放的革命精神。通过欣赏这首歌提醒大学生勿忘国史，珍惜革命先辈用鲜血换来的和平发展的今天；深刻认识到红军与以往的旧军队有本质的区别，红军是老百姓的军队，是人民的子弟兵，当然也体现了共产党的初心和宗旨，这对于大学生树立正确的价值观和历史观是很重要的。

（二）红歌的引入成为爱国主义教育的新载体

不管是中华人民共和国成立前还是成立后产生的红歌都蕴含着丰富的爱国主义和革命英雄主义教育内涵，因此，在“纲要”课中引入红歌教学，可以说红歌是进行爱国主义教育的极好教材。如在聆听或者演唱《黄河大合唱·保卫黄河》或《义勇军进行曲》的过程中，人们会跟着词曲的意境勾勒出在中华民族陷入危机的背景下，抗日先烈的战斗生活，如临其境，感同身受。从歌曲中可以领会到中国人民坚强不屈同敌人血战到底的英雄气概，以及全民族奋起抗战的壮烈情景，聆听或者演唱这样的歌曲，就不能不为它所传达的爱国热情所震撼，我们的心灵再一次受到爱国主义的洗礼。

笔者在讲晋察冀抗日根据地时播放了《歌唱二小放牛郎》的音乐短片，当时的情景至今难以忘怀。在这首歌播放过程中整个教室除了音乐外没有其他声音，抬头率一下子上来了，我第一次发现学生是如此认真地聆听。显然是王二小的事迹极大地震撼了学生的心灵，歌曲以最好的方式诠释了什么是全民族抗战，什么是爱国主义。歌曲播放完毕，我发现有些学生的眼里含着泪花，显然这首歌的作用是无法替代的。

可见，在讲授“纲要”课过程中，适当地插入相关的红歌，不仅能让学生更加准确地把握特定时期历史的真实状态和时代精神，还可以调动学生的民族情感，增强学生的爱国意识。

（三）活跃了课堂气氛，深化了教学内容

“纲要”课讲述中国 1840 年直到今天的历史，不是纯历史课，而是思政课，这就需要从历史发展过程中挖掘其中深厚的思想政治教育内涵。教材时间跨度大，主要是观点，史实材料不多，大学生中学阶段就接触过中国近现代史的基本知识，这就很难吸引大学生的眼球，课堂中出现沉闷和枯燥乏味的气氛很难避免。因此，如果在教学过程中适当穿插红色经典歌曲的播放或演唱，不仅能丰富课堂教学形式，还能活跃课堂气氛，当然，要尽量选择那些学生较熟悉的歌曲，或者学生虽不是很熟但旋律优美的歌曲。笔者在讲到国共合作的北伐战争时播放了《国民革命歌》，在讲长征时播放《红军不怕远征难》《十送红军》，在讲到中国革命胜利的原因时播放《没有共产党就没有新中国》，在讲到改革开放时播放《春天的故事》……结果学生在课堂上的反应非常好，有些学生会自发地跟唱起来，这是情感的共鸣，应当说收到了很好的教学效果。

"纲要"课引入红歌，不仅能活跃课堂气氛，还能深化教学内容。例如怎样才能讲清楚中国共产党领导的军队和以往旧军队的本质区别？怎样讲清共产党的初心和使命？仅从理论上讲往往显得比较枯燥和抽象，学生理解起来也比较困难，但是如果恰当地引入相关红歌，就比较容易讲清了，而且讲解过程还比较生动有趣，能吸引住学生。《三大纪律八项注意》这首歌的形成过程就生动地说明了中国共产党及其领导的军队是代表人民利益的，是真正走群众路线的，在农村赢得民心，得到老百姓的大力支持，是真心实意为老百姓服务的，这正是它同旧军队的本质区别。

中国共产党领导的军队在成立之初就非常重视革命纪律。1927 年秋毛泽东率秋收起义部队进行三湾改编，时值当地红薯收获季节，有些战士随意取食地里的红薯，老百姓对此有意见，针对这种情况，毛泽东给部队规定了不拿老百姓一个红薯的纪律。不久部队进抵茶陵筹款，在打土豪时有个别官兵将没收的财物据为己有，毛泽东又规定了打土豪归公的纪律。后来在发动群众和筹款的过程中，又出现了一些损害群众利益的事情。如没收小商小贩的货物，还错门板子等。1928 年毛泽东综合了之前提出的各项纪律，正式规定了"三条纪律六项注意"，后来"六项注意"又增加了两项，成为"八项注意"了。1947 年 10 月 10 日，毛泽东起草《中国人民解放军总部关于重行颁布三大纪律八项注意的训令》①，对内容作了统一规定，这就是通常所说的"三大纪律八项注意"。现在广泛传唱的"红色经典第一歌""中国第一军歌"——《三大纪律八项注意》就是以此为基础改编谱曲而成的。

一方面，通过讲述《三大纪律八项注意》这首经典红歌的形成过程，学生就可以领会到共产党领导的军队是人民的军队。不拿群众一针一线，说话和气，

---

① 毛泽东．毛泽东选集：第 4 卷［M］．北京：人民出版社，1991：1241.

买卖公平，借东西要还，损害东西要赔等具体要求，无不体现了红军（人民解放军）的性质、全心全意为人民服务的宗旨和军民一致原则；一切行动听指挥，体现了党对军队的绝对领导原则；不虐待俘虏，体现了无产阶级的革命人道主义精神和瓦解敌军的原则。另一方面，在聆听这首歌的过程中，学生还会更加深刻理解中国革命走“农村包围城市，武装夺取政权”道路能够成功的根本原因就是走群众路线，依靠老百姓的支持，这都是对教学内容的深化。

三、红歌在“纲要”课教学过程的设计

根据“纲要”课的内容，笔者在教学过程中将每个章节的红歌运用做了如下设计。

（一）上编：从鸦片战争到五四运动的前夜

第一章，反对外国侵略的斗争。课间播放电视剧《走向共和》片尾曲。

第二章，对国家出路的早期探索之第一节农民群众斗争风暴起落。课间播放电视剧《太平天国》片头曲。

第三章，辛亥革命与君主专制制度的终结之第二节辛亥革命与建立民国。课间播放电视剧《辛亥革命》主题曲《辛亥颂》。

（二）中编：从五四运动到新中国成立

第四章，开天辟地的大事变之第一节新文化运动和五四运动。课堂播放《北方吹来十月的风》《农友歌》。第二节马克思主义进一步传播与中国共产党的诞生。课堂播放《南湖的船》。第三节中国革命的新局面。课堂播放《国民革命歌》。

第五章，中国革命的新道路之第一节对革命新道路的艰苦探索。课堂播放《秋收起义歌》《送郎当红军》。第二节中国革命在探索中曲折前进。由教师演唱《八月桂花遍地开》，课堂播放《十送红军》《红军不怕远征难》《三大纪律八项注意》，课堂或课间播放《山丹丹花开红艳艳》。

第六章，中华民族的抗日战争之第一节日本发动灭亡中国的侵略战战争。课堂播放《松花江上》《义勇军进行曲》。第二节中国人民奋起抗击日本侵略者。课堂播放《大刀进行曲》《黄河大合唱·保卫黄河》。第四节中国共产党成为抗日战争的中流砥柱。课间播放《游击队之歌》《太阳出来照四方》《弹起我心爱的土琵琶》，课堂播放《八路军军歌》《歌唱二小放牛郎》、由教师或学生演唱《南泥湾》。

第七章，为新中国而奋斗之第一节从争取和平民主到进行自卫战争。组织学生演唱电影《红日》插曲《谁不说俺家乡好》。第二节国民党政府处在全民的包围之中。课堂播放《解放区的天是明朗的天》，课间播放《咱们工人有力量》。第四节创造人民民主专政的新中国。课堂播放《人民解放军占领南京》《绣红旗》，课间播放《没有共产党就没有新中国》。

（三）下编：从新中国成立到社会主义现代化建设的新时期

第八章，社会主义基本制度在中国的确立之第一节从新民主主义向社会主义过渡的开始。组织学生演唱电影《英雄儿女》插曲《英雄赞歌》，课间播放《我的祖国》。第三节有中国特点的向社会主义过渡的道路。课堂播放《社员都是向阳花》。

第十章，中国特色社会主义的开创与接续发展之第一节历史性的伟大转折和改革开放的起步。组织学生演唱《春天的故事》。第二节改革开放和现代化建设新局面的展开。课堂播放《在希望的田野上》。第三节中国特色社会主义的跨世纪发展。组织学生演唱《走进新时代》《七子之歌》，课间播放《东方之珠》。

第十一章，中国特色社会主义进入新时代。课间播放陈思思《中国梦》、阎维文《我的梦中国梦》。

四、“纲要”课教学过程中如何运用红歌

将红歌融入“纲要”课教学还有一个方式方法问题，它直接关系到教学效果的好坏。结合笔者的教学实践，提出以下四种方式。

（一）设置红歌情景插入播放

这是最常采取的方式。红歌往往是针对某个历史事件、历史情境而创作的，在讲到这些历史事件时，教师和学生就自然地想起相关的红歌，此时将其播放出来其就会同教学内容相得益彰，能艺术化地再现这一历史事件，突出历史事件的意义。需要注意的是，在播放前或后一定要介绍歌曲背景及特点，以便于学生理解，达到更好的教学效果。如讲到毛泽东率领红军到达陕北，结束长征，完成了北上抗日的战略大转移时，可以播放或者演唱陕北民歌《山丹丹花开红艳艳》，播放完毕介绍延安的“山丹丹花”及其传说，介绍延安宝塔山当地农民为游客演唱陕北民歌的情况，其中《山丹丹花开红艳艳》就是必唱曲目，学生听得非常认真。

（二）课间播放，深化教学主题

“纲要”课是连上两节，课间十分钟休息时，大部分学生都坐在教室里，只有少数学生进出，可以利用这个机会播放与本堂课有关的歌曲，以加深学生对课堂内容的印象。如在讲第一章时，可在课间播放电视剧《走向共和》的片尾曲。这首歌概括了近代中国的屈辱史。“走向共和”是清末中国政治的走向，这首歌旋律低沉，包含着悲壮与愤怒，描绘出列强铁蹄下的中华儿女处在水深火热之中，艰难而倔强地昂着头，执着地追逐着光明与自由。课间播放此歌，让学生的情感停留在那个时代的背景、气氛中。讲抗日战争时，课间可以播放那些不适合在课堂上播放的歌曲，如《弹起我心爱的土琵琶》《太阳出来照四方》，让学生体会毛泽东的人民战争思想。

（三）教学过程中选唱经典红歌

在教学过程中演唱红歌作为教学辅助手段，同课堂讲授相互配合，既能让学生感受到思想理论的逻辑力量，又能体验到经典红歌的艺术魅力，从而加深学生对教学内容的理解，取得好的教学效果，至于采取何种方式演唱红歌，是一个值得思考的问题。

在讲到某个章节内容时插入相关红歌，固然会有较好的教学效果，但如果一直这样就难免过于单调，所以在个别时候也可以改变一下形式，由教师亲自演唱，可以给学生带来不同的感受。教师在演唱之前要先介绍歌曲背景、特点。例如在讲到1931年中华苏维埃共和国成立时，各地张灯结彩，热烈庆祝，这时就可以演唱《八月桂花遍地开》；在讲到抗日民主根据地建设中的“大生产运动”时，可以倾情演唱《南泥湾》，这都会产生好的教学效果。当然，由教师演唱的红歌不能太多，给学生带来新鲜感就可以了，整门课程以四首左右为宜，即每隔三周左右演唱一首即可，目的是引导学生学唱红歌，领会红歌精神，丰富红歌教学形式。如果教师本人嗓音条件欠佳，没有唱好的自信，那就仍采取播放的形式。

值得注意的是，学生中有很多人喜欢唱歌，有的学生能够唱得很好，应当发挥他们的积极性，让他们参与进来，具体办法有很多。教师可让学生提前一周准备，在下次上课讲到与一些红歌相关的内容时，由教师或学生介绍歌曲背景和特点，然后让学生主动起来演唱红歌，独唱合唱皆可，只要能在课堂上演唱一首歌，这个唱歌的学生可能一辈子都忘不了。因此组织学生演唱红歌既可加深学生对历史的把握和理解，丰富其感受性，又能实现教学方式的多样化。

（四）教学过程中运用红歌的技术性要求

为了确保教学效果，在运用红歌时提出如下要求。

第一，在播放或演唱歌曲之前，一定要讲清歌曲的背景、特点及它传达的思想内涵。这样做的目的是让学生真正理解歌曲的时代意义。“只有唱出红歌的本真内涵，才是真正的唱红歌；只有明晰红歌的历史语境，才能唱出红歌的本真内涵。”① 第二，红歌内容一定要与教学内容相一致，相对应，这是保证红歌教学效果的前提。第三，要选择有代表性的经典红歌，这类歌曲有气势，有感情张力，旋律优美，听后难忘，这样既能保障教学质量，又能启发学生的爱国热情，彰显教学意义。第四，应尽量选择学生熟悉的歌，这样能拉近与学生的距离，易于引起情感共鸣，使学生进入具体的教学情境中。有些红歌学生并不熟悉，但其旋律优美动听，也可以作为教学用歌。第五，播放红歌的形式必须是声画对应的 MV 形式。有反映红歌内容的画面，有清晰的歌词字幕，便于学生学唱、跟唱，取得预期的教学效果。如果无画面或者画面与歌曲内容不符，也无歌词，连听都听不清楚，就很难引起学生关注，这就要求在选择红歌时，教师要根据教学需要，精挑细选，反复斟酌，上课前一定要试播一次，做到万无一失。

（杨世宏：曲阜师范大学马克思主义学院副教授、硕士生导师）

① 唐应龙，曹亮．红歌的历史与历史的红歌［J］．贵州大学学报（艺术版），2011（1）：6-9，39.

“新民主主义革命道路理论”的教学设计

李芳云

摘　要：新民主主义革命道路理论是“概论”课中毛泽东思想的重要内容，这一部分的教学设计首先要讲清楚新民主主义革命道路理论的提出背景；其次要重点阐释新民主主义革命道路的必要性、可能性和实现途径；最后总结新民主主义革命道路的地位和作用。

关键词：新民主主义革命；道路；理论；教学设计

在毛泽东思想的科学体系中，农村包围城市、武装夺取政权的新民主主义革命道路理论是最富有创造性的理论。以毛泽东为代表的中国共产党人经历了一个艰苦卓绝的斗争过程，克服了国民党反动政权和党内“左”倾盲动主义、冒险主义、机会主义的错误路线的挑战，逐步形成并完善了农村包围城市的新民主主义革命道路理论，为新民主主义革命通往胜利的光明大道指明了方向。围绕为什么走这条革命道路、怎样走这条革命道路，以毛泽东为代表的中国共产党人进行了周密、严谨、客观的理论阐述。

新民主主义革命道路理论在“概论”课教学体系中是一个教学重点，也是一个难点。新民主主义革命道路的理论论述主要体现于毛泽东在 1928 年 10 月到 1930 年 1 月期间发表的《中国的红色政权为什么能够存在?》《井冈山的斗争》《星星之火，可以燎原》等文章里面。大学生学习新民主主义革命道路理论，主要理解和掌握在当时严峻的国内背景下，中国共产党领导人民走新民主主义革命道路的必要性、可能性、实现途径，以及新民主主义革命道路在中国革命中的地位和作用。基于此，学习新民主主义革命道路理论，要求任课教师一方面熟练把握原著，注重借鉴毛泽东的通俗生动的语言、缜密的思维体现教学内容的逻辑性；另一方面结合 20 年代井冈山区域的地理方位、风土人情、方言音乐，利用多媒体、幻灯片增强教学内容的可接受性。

一、新民主主义革命道路理论的提出背景

（一）秋收起义的挫折

1927年大革命失败后，中国共产党陷于国民党反动派的血腥镇压之中，何去何从，历史并没有给出一个明确的答案。在八七会议总结大革命失败的教训时，毛泽东敏锐地指出“须知政权是由枪杆子中取得的”。中国共产党必须拿起手中的武器，靠近山区的上山，靠近湖滨的上船，坚决与敌人做斗争，武装保卫革命。根据中共中央的指示，毛泽东于1927年9月去湖南领导秋收起义，目标是攻打湖南的中心城市长沙。但是，秋收起义中受到的种种挫折使毛泽东认识到，面对敌强我弱的态势，要占领反革命力量集中的城市是不可能的，唯一正确的方针是率部队转移到敌人力量薄弱的偏远山区。他毅然决定放弃攻打长沙的计划，率部队南下，向江西湖南交界的罗霄山脉中段进发，开辟了中国新民主主义革命中第一块农村革命根据地——井冈山革命根据地。

（二）井冈山革命根据地恶劣的主客观条件

巍巍500里井冈山，介于湖南酃县（今为炎陵县）与江西宁冈、遂川、永新之间。今天的井冈山，翠竹葱茏，流云涌动，溪流潺潺，风景宜人，人们已然过上幸福的生活。但20世纪20年代的井冈山，土匪盘踞、土壤贫瘠、人口稀少，“人口不满两千，产谷不满万石”。毛泽东率领部队上山后，一方面缺衣少吃，给养不足。另一方面经常面临着国民党正规部队的围追堵截，再加上党内路线斗争激烈，因此部队内部弥漫着悲观主义情绪。在这样一种恶劣的环境里，毛泽东坦言，有时他的心情也是“孤独与凄清的”。但是，凭着对中国国情的深刻洞见和坚定的革命信念，毛泽东在1928年10月、11月连续发表《中国的红色政权为什么能够存在?》《井冈山的斗争》这两篇重要的理论文章，论证了红色政权存在与发展的原因条件，也就是中国革命为什么要走农村包围城市新民主主义革命道路。

二、新民主主义革命道路理论的内容

（一）新民主主义革命道路的必然性

新民主主义革命道路的必然性包括必要性和可能性两个方面。

新民主主义革命道路为什么是必要的呢？毛泽东指出：一方面，在半殖民地半封建的中国，国情与西方资本主义国家截然不同，中国内无人民解放而受封建主义的压迫，外无民族独立而受帝国主义的欺凌，无产阶级不可能像西方国家的

无产阶级那样利用议会、游行等合法斗争形式争取权益，只有通过武装斗争，拿起武器以武装的革命反对武装的反革命。另一方面，近代中国是一个农业大国，农民占人口的绝大多数，是无产阶级可靠的同盟军，这就要求无产阶级深入农村，发动农民，凝聚革命力量，摧毁帝国主义和封建地主阶级统治的社会根基。因此，在中国，从解决农民问题入手，先组织、发动、武装农民，以乡村为中心发动武装斗争，再武装攻打城市，可以为新民主主义革命夺取全国政权奠定基础。

新民主主义革命道路有哪些可能性呢？对于这个问题毛泽东在《中国的红色政权为什么能够存在?》中从五个方面进行了精辟分析。毛泽东指出："一国之内，在四围白色政权的包围中，有一小块或若干小块红色政权的区域长期地存在，这是世界各国从来没有的事。这种奇事的发生，有其独特的原因。而其存在和发展，亦必有相当的条件。"①

第一，中国半殖民地半封建社会经济政治发展的极端不平衡。

中国是受几个帝国主义国家控制的半殖民地半封建社会，经济政治发展极端不平衡。长期以来，自给自足的农业经济在农村发展中占据优势，农村在衣食住行方面对城市的依赖较少，这是红色政权能够存在与发展的经济基础；几个帝国主义国家对中国的间接统治，以及他们扶植的地方军阀因争夺利益冲突不断，连年混战，为红色政权提供了可以存在与发展的缝隙，使它们能够在敌人无暇顾及的农村建立并坚持下来。此外，中国幅员辽阔，地域广大，使得革命力量有广泛的活动空间与回旋余地。对此，毛泽东后来在《中国革命战争的战略问题》中概括为"东方不亮西方亮，黑了南方有北方"。上述这些因素就构成了中国革命走农村包围城市，新民主主义革命道路的根本可能性。

第二，具有较好的群众基础。

毛泽东指出，红色政权首先发生和能够长期存在的地方，是经过1926年至1927年资产阶级民主革命而发生群众运动的地方，如广东、江西、湖南、湖北。中国共产党在这些地方广泛发动过工农群众，有着较好的群众基础。这也构成了中国革命走农村包围城市道路的可能性。

第三，全国革命形势继续向前发展。

有矛盾的地方就有斗争。毛泽东指出，只要帝国主义国家之间的矛盾还存在，只要国内买办豪绅阶级之间的矛盾还存在，只要帝国主义国家与广大人民群众之间的矛盾还存在，只要国内买办豪绅阶级与人民群众之间的矛盾还存在，他们的相互分裂和战争就不可避免，就会促成革命形势继续向前发展，进而红

① 毛泽东选集：第1卷［M］. 北京：人民出版社，1991：48-49.

色政权就会继续向前发展。

第四，相当力量的正式红军的存在。

毛泽东指出，党领导下的地方武装“赤卫队”只能对付国民党控制下的地方武装“挨户团”，却不能对付正式的现代化的白色反革命军队。因此，要对付国民党正规部队对红色根据地的进剿，必须有相当力量的正式红军，这样才能保障红色政权，形成割据局面。

第五，共产党组织的有力量和它的政策的不错误。

历史实践证明，只要在党的正确有力领导下，红色政权就能有效阻击敌人；反之，就会受到挫折。因此，共产党组织的有力量和它的不发生失误也是一个主观条件。

总之，上述内容是中国革命走农村包围城市，新民主主义革命道路的五点可能性，也是红色政权能够存在与发展的原因与条件，前三点是客观条件，后两点是主观条件。

既然中国革命走农村包围城市的新民主主义革命道路具有实现的可能性，那么，它的实现途径是什么呢？毛泽东在《中国的红色政权为什么能够存在?》《井冈山的斗争》里明确提出“工农武装割据”的思想，“工农武装割据”是中国革命走农村包围城市道路的实现途径。

（二）新民主主义革命道路的实现途径——工农武装割据

什么是工农武装割据？通俗地讲，工农武装割据就是毛泽东借用中国传统小说《隋唐演义》《水浒传》中的农民起义军揭竿而起、占山为王的故事而阐发的一个概念，就是中国共产党领导红军占据一块地域建立根据地并不断扩大。从理论上概括，工农武装割据是在中国共产党的领导下，以武装斗争为主要形式、以土地革命为基本内容、以农村革命根据地建设为依托的三者密切结合。武装斗争、土地革命、农村革命根据地建设在红色政权存在与发展中紧密相关、缺一不可。

首先，工农武装割据必须以武装斗争为主要形式。半殖民地半封建的中国，广大人民群众在内部受着反动统治阶级的剥削和压迫，在外部受着帝国主义的侵略和欺凌，面对凶残的反动敌人，广大民众不可能通过游行、示威、集会等合法斗争的方式维护自身的权益，只有拿起武器进行武装斗争，以武装的革命反对武装的反革命。

其次，工农武装割据必须以土地革命为基本内容。自古以来，在一个以农民为主体的国度里，农民最关心的问题是什么问题？是土地问题。所谓“二亩地，一头牛，老婆孩子热炕头”是过去农民的最高追求。因此，中国共产党要扎根农村建立并发展根据地，必须领导农民开展土地革命，打土豪，分土地，使广大农民获得土地。这样才能争取到农民的信任与支持。事实上，中国共产党正是凭借着土地革命，才与根据地人民建立了鱼水情深的关系。红军所到之处，老百姓欢欣鼓舞，夹道相迎。

由当年流行于江西井冈山地区的民歌改编而成的《十送红军》：“一送红军下了山，秋雨绵绵秋风寒，树树梧桐叶落尽，愁绪万千压心间，问一声亲人红军啊，几时人马再回山？”真实地再现了当红军下山去筹集经济来源时，根据地人民群众冒雨相送，依依不舍的场景。这说明，中国共产党以土地革命为基本内容为农民争取权益，农民就会真心拥护红色政权。

最后，武装斗争和土地革命都必须以农村革命根据地建设为依托。新民主主义革命道路的根本途径就是中国共产党通过建立、巩固、扩大根据地而不断发展壮大，从一隅走向全国。没有稳固的根据地，打一枪换一个地方，只能沦为“流寇主义”。军队得不到补充与发展，武装斗争难以坚持，土地革命无法进行，得不到全国人民的支持。因此，稳固的革命根据地是中国共产党领导新民主主义革命的大后方。

总之，工农武装割据思想就是把武装斗争、土地革命、根据地建设三者密切结合起来，武装斗争是实行土地革命的武装斗争，土地革命是武装斗争之下的土地革命，武装斗争和土地革命都是为了扩大根据地，为了扩大红色政权掌控的地域。因此，工农武装割据为红色政权的存在与发展指明了方向，是农村包围城市新民主主义革命道路理论的重要内容。

需要提醒学生注意：新民主主义革命道路的必要性、可能性和实现途径，是本次教学的重点内容，需要学生掌握。

中国革命具备了走农村包围城市道路的必要性、可能性与实现途径，那么，中国革命的重心到底在农村还是在城市？农村包围城市革命道路在新民主主义革命中有什么样的地位与作用呢？毛泽东在1930年发表的《星星之火，可以燎原》这篇文章里进一步论证了农村包围城市道路在中国革命中的地位与作用。

三、新民主主义革命道路在革命中的地位与作用

《星星之火，可以燎原》本来是毛泽东写给林彪的一封信。在这篇文章里，毛泽东温和又不失严肃地批评了林彪等党内一批同志存在的悲观主义情绪，进一步论证了新民主主义革命道路理论的重要作用。他指出：

第一，全国范围内先争取群众后建立政权的理论不适合中国革命实情。这

种错误理论的来源是没有认清中国半殖民地半封建社会因帝国主义争夺势力范围而矛盾丛生、军阀混战的事实，从而没有认识到农村与农民问题在中国革命中的重要性。

第二，农村红色政权是促进革命高潮的最重要因素。红军、红色政权、红色根据地的建立与发展，给反动统治阶级带去很大困难，从内部动摇其基础，并促进其内部的分解，是半殖民地半封建社会农民斗争的最高形式，是促进全国革命高潮的最重要因素。

在文章最后，毛泽东以坚定的信念、革命的浪漫主义情怀热情预见在农村包围城市革命道路波浪式发展的推动下，革命高潮即将到来，他说："但我所说的中国革命高潮快要到来，决不是如有些人所谓'有到来之可能'那样完全没有行动意义的、可望而不可即的一种空的东西。它是站在海岸遥望海中已经看得见桅杆尖头了的一只航船，它是立于高山之巅远看东方已见光芒四射喷薄欲出的一轮朝日，它是躁动于母腹中的快要成熟了的一个婴儿。"①

至此，随着《星星之火，可以燎原》的发表，毛泽东完整地论证了中国革命走农村包围城市，武装夺取政权的道路的必要性、可能性、实现途径以及农村包围城市道路在夺取全国政权中的重要作用，从而标志着农村包围城市的新民主主义革命道路理论的基本形成。

今天，我们学习农村包围城市的新民主主义革命道路理论，具有十分重要的意义。它不仅仅是马克思主义与中国具体革命实际相结合过程中最富有创造性的理论，也是指导中国新民主主义革命胜利唯一正确的理论。更重要的是，我们要学习这个理论中所蕴含的方法、所凝聚的精神，这种方法就是在发展前进的道路上要敢于挣脱教条，敢于突破陈规，敢于探索新路的创新方法；这种精神就是在艰难困苦面前不气馁、不低头，乐观、向上、坚韧，像井冈山的翠竹那样宁折不弯的井冈山精神。这是值得各位同学，包括教师在新时代认真体会和思考的。

（李芳云：曲阜师范大学马克思主义学院教授、博士生导师）

---

① 毛泽东选集：第1卷［M］. 北京：人民出版社，1991：106.

如何讲透“中国共产党是抗日战争的中流砥柱”

陈洪友

摘　要：从全局角度、战略高度，以抗战宣传和军事行动等为视角，分三个阶段，根据中国共产党在抗日战争中的作用表现，可以得出“中国共产党是抗日战争的中流砥柱”的结论课。

关键词：“纲要”；中国共产党；抗日战争；中流砥柱

“纲要”课是大学生必修的一门课程。抗日战争是中国抵抗日本侵略的一场民族性的全面战争，是中国近现代史上非常重要的事件。过去我们常说八年抗战，指从1937开始至1945年结束。现在教科书将八年抗战改为十四年抗战，指从1931九一八事变开始算起，至1945年结束。抗日战争，是中国人民反抗日本帝国主义侵略的正义战争，是世界反法西斯战争的重要组成部分，也是中国近代以来抗击外敌入侵第一次取得完全胜利的民族解放战争。抗日战争中，国共两党在团结抗战的旗帜下共同抗击日军，国民党在正面战场抗击日军，共产党主要在敌后与日军进行游击作战。中国共产党在抗战中发挥了什么作用？教科书响亮地给予我们答案：中流砥柱。这种说法最早起源于毛泽东的论述，1945年毛泽东在七大政治报告《论联合政府》中指出：“没有中国共产党的努力，没有中国共产党人做中国人民的中流砥柱，中国的独立和解放是不可能的，中国的工业化和农业近代化也是不可能的。”① 2014年9月3日，习近平总书记在纪念抗日战争胜利69周年座谈会上指出：“中国共产党的中流砥柱作用是中国人民抗日战争胜利的关键。”② 不少教师反映在讲述中国共产党的中流砥柱作用时，感到难以讲深讲透，缺乏应有的力度，可以结合课题教学实践和自己的思

---

① 毛泽东选集：第3卷［M］. 北京：人民出版社，1991：1098.

② 习近平：在纪念中国人民抗日战争暨世界反法西斯战争胜利69周年座谈会上的讲话［N］. 人民日报，2014-09-04（2）.

考，以时间为序，以中国共产党的抗日政治宣传与军事斗争为逻辑线索，谈谈如何讲述中国共产党是抗日战争的中流砥柱。

一、局部抗战时期的抗日宣传及其行动

1931年9月，日本帝国主义发动了九一八事变，因张学良的不抵抗政策，东北沦陷。在民族危难时刻，中国共产党在九一八事变发生的第三天，就发表了《中国共产党为日本帝国主义强暴占领东三省事件宣言》（简称《宣言》），《宣言》不仅揭露了日本帝国主义要掠夺中国的阴谋，使中国完全变成它的殖民地，而且号召全国广大人民投入抗日民族解放战争。1932年4月中华苏维埃共和国临时中央政府宣布对日作战。中国共产党不只是在舆论上抗战，还直接领导了东北人民的抗日武装斗争。1933年9月，中国共产党领导的东北人民革命军组建。东北人民革命军后改组为东北抗日联军，东北抗日联军在极其艰苦的环境中，在东北白山黑水的土地上，英勇抗击日本侵略者，涌现出杨靖宇、赵尚志等一大批抗日志士。此时的中国共产党可以说是抗战先锋，但此时中国共产党的重心主要在南方，主要精力是在和国民党进行军事斗争，推翻国民党的统治，抗战只是在局部进行。

1934年10月，在国民党的军事围剿之下，红军被迫走上长征之路，一路血战，爬雪山、过草地，1935年10月最终到达陕北，与陕北红军胜利会师，实现了战略大转移。（1936年10月，红二、四方面军到达甘肃会宁地区，同红一方面军会师。红军三大主力会师，标志着万里长征的胜利结束。）

1935年，日本加快了对中国的侵略步伐，华北事变爆发。华北危急，中日民族矛盾发展到一个新高峰。在民族危急空前的时刻，1935年8月1日，中共中央驻共产国际代表以中华苏维埃中央政府、中共中央名义发表了《为抗日救国告全体同胞书》（即八一宣言），提出“应当停止内战，以便集中一切国力（人力、物力、财力、武力等）去为抗日救国的神圣事业而奋斗”①。

1935年12月9日，在中国共产党的领导下，北平（北京）大中学生数千人举行了抗日救国示威游行，反对华北自治，反抗日本帝国主义，要求保全中国领土的完整，掀起全国抗日救国新高潮。12月12日，北平学生举行第五次示威游行，高呼“援助绥远抗战”“各党派联合起来”等口号。北平学生的爱国行动，得到了全国学生的响应和全国人民的支持，形成了全国人民抗日民主运动

---

① 建党以来重要文献选编（1921—1949）：第十二册［M］. 北京：中央文献出版社，2011：265.

的新高潮，推动了抗日民族统一战线的建立。一二·九运动公开揭露了日本帝国主义侵略中国，并吞华北的阴谋，打击了国民党政府的妥协投降政策，大大地促进了中国人民的觉醒。它配合了红军北上抗日，促进了国内和平和对日抗战。它标志着中国人民抗日民主运动新高潮的到来。正如毛泽东同志所指出的，一二·九运动“是抗战动员的运动，是准备思想和干部的运动，是动员全民族的运动”，“有着重大的历史意义”。①

根据共产国际七大的决议，中共中央于1935年12月17日至25日在陕北瓦窑堡召开了政治局扩大会议，即“瓦窑堡会议”。会议分析了华北事变后国内阶级关系的新变化，讨论了抗日民族统一战线、国防政府和抗日联军等问题，批判了党内长期存在着的“左”倾关门主义，制定了抗日民族统一战线的策略方针。毛泽东在会议上指出：“共产党和红军不但现在充当着抗日民族统一战线的发起人，而且在将来的抗日政府和抗日军队中必然要成为坚强的台柱子。”②1936年5月，毛泽东、朱德发出要求南京政府“停战议和”“一致抗日”的通电。9月，中共中央放弃“反蒋”的口号，提出“逼蒋抗日”的方针。12月12日，张学良、杨虎城为推动抗日，对蒋介石实行“兵谏”，发生了震惊中外的西安事变。中共中央委派周恩来等积极奔走，促成了“西安事变”的和平解决，为最终实现国共第二次合作、建立抗日民族统一战线创造了前提条件。

二、全面抗战初期中国共产党的表现

1937年7月7日，卢沟桥事变发生，日本发动了全面的侵华战争。中国守军奋起抵抗日军的进攻。7月8日，中国共产党发出通电，强调“只有全民族实行抗战，才是我们的出路”，号召“全中国同胞，政府，与军队，团结起来，筑成民族统一战线的坚固长城，抵抗日寇的侵掠”。③ 7月9日，中共中央还以红军全体指战员名义致电国民政府，要求将红军改编为国民革命军并请授命为抗日前驱。7月14日，中共中央军委下达关于红军改编为国民革命军并听候出动的命令。7月15日，中共中央代表将《中共中央为公布国共合作宣言》递交给国民党。8月25日，中共中央军委发布命令，宣布将红军主力部队改编为国民革命军第八路军，朱德任总指挥，彭德怀任副总指挥，下辖三个师，总兵力4.5万人。9月22日，该宣言由国民党“中央通讯社”公开发表；次日，蒋介石发

① 一二·九运动资料：第1辑［M］. 北京：人民出版社，1981：24.
② 毛泽东选集：第1卷［M］. 北京：人民出版社，1991：157.
③ 建党以来重要文献选编（1921—1949）：第十四册［M］. 北京：中央文献出版社，2011：356-357.

表《对中国共产党宣言的谈话》。这标志着以国共两党合作为基础，以共同抗日为目标的抗日民族统一战线正式形成。10月12日，国民政府军事委员会正式宣布将南方8省的红军和游击队，改编为国民革命军陆军新编第四军，任命叶挺为军长，项英为副军长，下辖4个游击支队，共1万余人。

日军攻势迅猛，国民党军不断败退，华北战局危急，八路军主力于1937年8月，东渡黄河，挺进华北前线抗战。9月25日，八路军第115师在山西省灵丘县西南平型关附近，伏击日军，歼敌1000余人，取得了平型关大捷，打击了日军的嚣张气焰，鼓舞了中国人民和军队的斗志。此后八路军以一部兵力着手创建抗日根据地，主力配合国民党军保卫忻口、太原。11月8日，太原失陷后，按照中共中央的部署，八路军在敌后实施战略展开，发动独立自主的敌后游击战争，以八路军为主体的游击战争在华北占据主要地位，先后开辟了晋察冀、晋西北、晋冀豫、山东和大青山等抗日根据地。新四军则挺进长江南北，创建华中抗日根据地。至1938年10月，共产党领导的抗日武装力量发展到近20万人。武汉会战结束后，抗日战争进入战略相持阶段，日军停止了对国民党正面战场的战略进攻，逐渐转移其主要兵力，打击中国共产党领导的抗日武装，并以华北为重点，进行大规模“扫荡”。八路军总部根据中共中央关于巩固华北、发展华中的方针，令3个师的主力分别挺进冀南、冀中、山东，协同当地军民，粉碎日军“扫荡”，巩固和发展抗日根据地。1940年8月下旬，八路军在彭德怀的指挥下对华北日伪军发动百团大战。至12月上旬，共歼日伪军4万余人，给日伪军以很大打击，坚定了全国人民抗战胜利的信心。日军为了稳定占领区，增强其在华北的兵力，对八路军及其抗日根据地进行了更大规模的“扫荡”。先后发动了5次“治安强化运动”，连续进行残酷的“扫荡”和“蚕食”，实行烧光、杀光、抢光的“三光”政策。中国共产党与国民党的关系恶化，双方的军事摩擦不断加剧，八路军处于极其困难的境地。到1942年年底八路军部队减少到30万人，抗日根据地的面积缩小1/6，人口减少1/3。

1941年1月7日，国民党发动皖南事变，上官云相率第三战区7个师8万余人在安徽泾县茂林地区伏击奉命北移的新四军军部及直属部队。新四军军部及直属部队共9000余人，仅有约2000人突围成功。1月17日，国民党当局宣布取消新四军番号。1月20日，中共中央军委发布命令，重建新四军军部，任命陈毅为代理军长，刘少奇为政治委员，下辖7个师9.6万人。新四军军部重建后，部队迅速发展，继续在华中活动。1941年至1943年，新四军进行了艰苦的反“扫荡”、反“清乡”、反“蚕食”、反摩擦斗争，渡过了抗日战争中最困难的时期。

三、全面抗战中后期综合实力壮大与主动反攻

1943 年后，华北日军仍以打击八路军为主，并且更加强调“以华制华”，大力扩充伪军。国民党军大批向日本投降，被改编为伪军。八路军贯彻执行中共中央关于加强对敌斗争、精兵简政等十大政策和“敌进我进”的方针，粉碎了日伪军的“蚕食”“扫荡”和“治安强化运动”，由被动转为主动。1944 年，在日军发起打通大陆交通线作战，向国民党军大举进攻时，八路军实行局部反攻，收复了部分失地。部队在作战中发展到 50 余万人。1945 年，八路军根据中共中央提出的“扩大解放区，缩小沦陷区”的战略任务，发起了春、夏季攻势作战，将日伪军所在范围压缩到大中城市和交通要道上。八路军在 1944 年至 1945 年夏季的局部反攻作战中，共歼灭日伪军 25 万余人，收复城镇 70 座，为举行大反攻创造了条件。8 月，毛泽东发出关于对日伪军举行全国规模反攻的号召，中国共产党领导的抗日军总司令朱德发布向日伪军全面大反攻的命令。为了加强对晋冀鲁豫地区的军事指挥，中共中央决定成立晋冀鲁豫军区。八路军对华北日伪军占领的城市和交通要道展开了大规模进攻作战，并以一部主力向东北进军。在大反攻中，八路军共歼日伪军 21 万余人，收复城镇 200 余座。

1944 年，新四军展开局部反攻，先后歼灭日伪军 5 万余人。根据中共中央军委关于向浙江、河南发展迎接战略反攻的部署，第 1 师主力渡江南下，与苏南部队和浙东游击纵队会师，成立苏浙军区。第 4 师主力西征豫东，恢复了豫皖苏抗日根据地。第 5 师派出河南挺进兵团北上，开辟了豫南、豫中抗日根据地。第 5 师还与南下的八路军第 359 旅会师，成立了鄂豫皖湘赣军区。

1945 年 8 月 15 日，日本宣布无条件投降。侵华日军和伪军听从蒋介石的命令，拒绝向八路军、新四军投降。新四军向拒不投降的日伪军展开全面反攻。到 9 月 2 日，解放县城 40 座、重要集镇 400 余个，歼日伪军 2. 8 万余人，占领了武汉外围和南京、太湖、天目山之间的广大乡村和中小城市，将苏中、苏北、淮南、淮北根据地连成了一片。

四、整体上的评价

首先，坚决抗战的精神贯彻始终。中国共产党的抗日精神最坚决，1931 年九一八事变发生后，率先发布抗日宣言。1937 年七七事变后，在抗日民族统一战线旗帜之下，实行国共合作，坚持全民抗战。1938 年 7 月毛泽东《论持久战》出版发行，毛泽东在该书中总结了抗日战争初期经验，针对中国国民党内部分人的“中国必亡论”和“中国速胜论”，以及中国共产党内部分人轻视游击战

的倾向，系统地阐述了中国实行持久战以获得对日作战胜利的战略。《论持久战》论证了抗战的发展规律，阐明了争取抗战胜利的道路，批判了对抗战的各种错误认识。该著作从思想上武装了全党全军和人民群众，坚定了中国人民争取抗战胜利的信心，是指导全国抗战的理论纲领。可以说中国共产党的坚决抗战宣传是抗日战争最终取得胜利的精神支柱。

其次，中流砥柱作用是逐渐凸显的。中国共产党在局部抗战阶段起到了抗战先锋的作用。在1937年抗日战争全面爆发后，中国共产党的军事实力比较弱小，军事人员仅有5万余人，主要配合国民党的正面战场作战，而国民党军队有200多万人，是抗击侵华日军的主力。在这一时期，中国共产党的作用是辅助性的。

随着抗日战争进入战略相持期，中国共产党的作战方式转向以游击战为主。中国共产党的敌后抗日军事斗争方式与国民党的正面战场作战方式有很大的不同，国民党正面战场主要采取阵地战，而中国共产党则主要采取独立自主的游击战，中国共产党领导的抗日武装力量，根据自身条件，创造了许多适合本国情况的游击战法，如破袭战、地雷战、麻雀战、袭击战、伏击战、地道战、围困战等。它以袭击为主要手段，出没无常地攻击和袭扰敌人，达到歼灭或消耗敌人的目的。游击战是一种非正规作战，无固定的作战路线，较正规作战具有更大的主动性、灵活性、进攻性、速决性和流动性。就如毛泽东所说的："游击战的本身，不只有战术问题，还有它的特殊的战略问题。"① 中国共产党因为自身力量的弱小，难以抵抗强大的日本军事力量，决定采用全面抗战路线，发动群众，紧密联系群众，建立抗日根据地，扩充军队，组建游击队，充分发挥人民的智慧与力量，让日本侵略者陷入人民战争的汪洋大海。正如毛泽东指出的："军队须和民众打成一片，使军队在民众眼睛中看成是自己的军队，这个军队便无敌于天下，个把日本帝国主义是不够打的。"② 在此路线指引之下，其军事力量和党员数量急剧增长，到1940年年底，人民抗日武装部队发展到50万人，在华北、华中、华南创建了16块根据地；共产党领导的抗日根据地拥有1亿人口。

1941年至1942年，日本侵略者为了稳固日占区，集中其主力对中国共产党领导的敌后抗日根据地进行连续的"扫荡"，并实施残酷的"三光"政策。国民党又乘机发起反共高潮，使根据地出现了极端困难的局面。八路军、新四军

---

① 毛泽东选集：第2卷［M］. 北京：人民出版社，1991：499.
② 毛泽东选集：第2卷［M］. 北京：人民出版社，1991：509.

学会了如何反“扫荡”，反“蚕食”，反“清乡”；学会了如何对付日军的“治安强化运动”和“三光”政策；学会了建立和发展抗日统一战线政权的政策、土地政策以及实行精兵简政、发展生产等，克服了过去自身存在的许多缺点，很快走上了恢复发展之路。

1943年后，中国共产党的各项政策更见成效，敌后抗日根据地面积又逐渐扩大。到1943年年末，根据地的人口上升到8000余万，军队发展到47万人。至1945年8月，中共领导的人民军队已经发展到120万人，民兵扩展到220万人，抗日根据地达到了19块。在抗日战争中，中国共产党领导的八路军和新四军等抗日武装以自身伤亡40余万人的代价，对敌作战12.5万次，消灭日、伪军171.4万人（其中日军52.7万人），可以说是战绩辉煌，功勋卓著，在抗战中后期发挥了抗战的军事中流砥柱作用。

从总体而言，我们可以看出中国共产党在抗战中确实发挥了中流砥柱的作用。

（陈洪友：曲阜师范大学马克思主义学院副教授、硕士生导师）

“四个全面”战略思想融入思政课教学探析

郝淑芹

摘　要：“四个全面”战略思想是从中国发展实际得出的战略布局和顶层设计，具有科学而坚实的哲学基础，将“四个全面”融入马克思主义原理教学之中、推动课堂教学创新与改革已经势在必行；根据马克思主义原理教学的基本要求，对课堂教学的内容与形式不断创新，在教与学双向互动过程中深化对“四个全面”的把握，实现教与学“双赢”，切实提高教学的针对性和实效性。

关键词：“四个全面”战略思想；理论思考；思政课教学

党的十八大以来，以习近平同志为核心的党中央提出了“四个全面”战略思想，党的十九大报告进一步明确了“四个全面”的战略布局，而马克思主义原理教学作为思政课教学的重要组成部分，紧紧围绕中国特色社会主义理论创新，尤其是将“四个全面”战略思想融入马克思主义原理教学之中，推动课堂教学创新与改革已经势在必行。

一、“四个全面”战略思想与马克思主义原理知识具有契合性

在马克思主义哲学中，世界观与方法论在实践中的高度统一，这是其最为基本的特征之一。“四个全面”战略思想鲜明地凸显了马克思主义哲学方法论特色。“四个全面”是“人们自己的时代产物”，深刻反映了唯物史观、唯物辩证法和科学认识论的思想，是党在“全面建成小康社会”中发挥领导核心作用，在依法治国与深化改革中保持党的先进性和领导地位的重要基础，蕴含了睿智的哲学判断与宽阔的历史视野。具体表现在如下方面：

第一，“四个全面”战略思想是马克思主义唯物史观在我国社会主义建设中的本质要求。

马克思主义唯物史观，其核心内容是对社会基本矛盾以及基本运行规律的准确揭示，是党中央“四个全面”理论产生和发展的基础，而“四个全面”战

略思想是唯物史观在当代的具体表现。基于马克思主义社会基本矛盾理论，我们要对我国社会现阶段的主要矛盾有清晰的认识。基于历史唯物主义我们可知，生产力与生产关系的矛盾、社会经济基础与上层建筑的矛盾，共同构成了社会的基本矛盾。这是社会主要矛盾的前提与基础。而在我国社会主义初级阶段的基本国情背景下提出的“四个全面”战略思想，是在社会基本矛盾理论基础上，充分结合并体现了我国社会主要矛盾在不同阶段的发展特征。“四个全面”是当前党和国家事业发展必须解决好的主要矛盾。其中，全面建成小康社会所解决的是我国人民群众与社会发展不平衡、贫富差距加大等问题，也就是当前我国的主要矛盾；而全面深化改革为社会主要矛盾的解决提供了原动力，全面依法治国提供了制度保障，全面从严治党又优化了领导力量，这四个“全面”相辅相成、不可分割，是一个有机的整体。

历史是由人民群众创造的，基于这一理论，我们对马克思主义群众理论的认识更为深刻。在马克思主义理论中，群众理论集中体现了其根本立场。习近平总书记强调：“群众路线是我们党的生命线和根本工作路线。”① “四个全面”是在马克思主义群众观的基础上提出和发展起来的，它始终坚持与体现了党的群众路线。其根本要求为：全面建成小康社会，实现中华民族伟大复兴、实现中国梦，不仅是人民群众的殷切希望，更是需要广大人民群众共同努力才能实现的目标；全面深化改革，使人民群众可以享受改革与发展带来的利益，实现生活幸福指数的全面提高；全面依法治国，为人民创造一个安居乐业的社会环境；全面从严治党，始终保持党的纯洁性与先进性，始终代表和维护人民群众的根本利益。

第二，“四个全面”是唯物辩证法思想精髓的深刻反映。

唯物辩证法是马克思主义政党认识与改造世界的强大思想武器。“四个全面”战略布局是唯物辩证法在实践中的有效运用，是在建设中国特色社会主义过程中的具体表现。实事求是一直是我党的思想核心。而“四个全面”首先就是建立在“实事”的基础之上，即基于对国内外形势的正确分析以及对党内外实际情况的准确掌握并最终有效总结，采用“求是”的态度得出科学的、辩证的结论。毛泽东曾提出，在构成事物的矛盾中，发挥主导作用，占据支配地位的矛盾，即是事物的主要矛盾，而主要矛盾又决定了事物的性质。② 毛泽东基

① 习近平在党的群众路线教育实践活动工作会议上的讲话［EB/OL］. 群众路线网，2013-07-26.

② 毛泽东. 矛盾论［M］. 北京：人民出版社，1937：45.

于事物的主要矛盾、矛盾的主要方面以及两者之间的关系，从科学的角度为我们对重点论与两点论充分结合，形成统一的方法论提供了有力的指引，也为“四个全面”提供了最为关键的方法论基础。习近平同志提出，在当前任务繁重、形势复杂的大背景下，要对各类矛盾准确把握，树立正确的全局观，首先解决主要矛盾以及矛盾的主要方面，进而再解决其他矛盾。实现“四个全面”战略布局，正是要解决党和国家在社会主义事业发展中的主要矛盾。因此，我们要在总体策划的基础上，重点牵“牛鼻子”。在工作实践中，两点论与重点论要齐头并进，协同推进，不能不分主次，眉毛胡子一把抓。①

第三，“四个全面”赋予并丰富了马克思主义认识论时代内涵。

马克思主义认识论告诉我们，任何理论都是为指导实践成功服务的。“四个全面”能否具有强大的生命力和社会价值必须回到实践中、指导实践并在实践过程中得到检验，在实践过程中促进认识的二次飞跃，这比从实践到认识的第一次飞跃意义更为深刻。“四个全面”战略思想是我党在国家治理实践中认识的结晶与升华：通过全面建成小康社会解决社会发展不平衡等问题；通过全面深化改革解决改革缺乏动力与活力的问题；通过全面依法治国解决政府公信力下降、司法缺位的问题；通过全面从严治党解决党内治理不严的问题，提升应对国内外风险的能力。在价值与真理统一原理基础上，不断深化对社会发展中的“两种尺度”相统一的认识。马克思主义认识论，深刻揭示了人类在进行社会实践活动中，应当坚持价值与真理两种尺度的高度统一，在坚持客观规律的基础上，根据自身的需求对客观世界进行改造。两种尺度在“四个全面”思想中，实现了完美的统一：“四个全面”战略布局是马克思主义中国化的最新理论成果，实现中华民族伟大复兴的中国梦是我们党和人民的价值目标。

坚持认识具有反复性与无限性的基本原理。“四个全面”战略思想，是对坚持中国特色社会主义和我国社会全面发展规律的深刻认识，是党不断深化对科学社会主义的认识的生动体现，是党在多年的社会主义建设中不断探索并形成的高度总结。

二、“四个全面”战略思想融入“原理”课教学，满足了青年大学生关注社会热点的求知需要

以习近平同志为核心的党中央，从党的十八大以来，在坚持中国特色社会主义道路基础上，从全局出发，提出了“四个全面”的战略核心思想，并促使

① 习近平．坚持运用辩证唯物主义世界观方法论［EB/OL］．新华网，2015-01-24.

其不断完善。"四个全面"思想其核心内容为：全面建成小康社会、全面深化改革、全面依法治国、全面从严治党。2015年2月2日，习近平总书记在中央党校贯彻十八届四中全会精神全面推进依法治国专题研讨班的讲话上，对参加学习的省部级领导干部用辩证的思想，全面而深刻地对"四个全面"的战略思想进行了梳理和阐释——全面建成小康是总体战略目标，而要实现这个目标，必须以全面深化改革、全面依法治国、全面从严治党为主要战略举措。这四个方面在党的十九大报告中分别以14次、5次、6次和7次的频率出现，说明这四个方面协同发展的极端重要性，不仅阐明全面深化改革取得重大突破，进一步明确了全面深化改革的目标，还把全面建成小康社会延伸至美好生活的追求，着重突出了全面从严治党既成效显著又面临长期艰巨的任务，强调了全面依法治国任重道远，国家治理体系与治理能力有待加强。①

在我国社会经济发展以及改革不断深化过程中，社会文化也体现出多元性的时代的特色，表现为主流文化与非主流文化相交织、传统文化与现代文化并存发展的格局，而文化的多元化又进一步促进了价值观的多元化，直接影响了大学生价值取向的发展，表现出较强的个人本位主义、实用主义的价值取向。而在践行社会主义核心价值观过程中，这些价值取向又在理论、精神、理想以及道德内涵方面，与社会主义核心价值体系有着非常显著的差异，并产生了冲突，在价值澄清以及价值重构过程中这种冲突的"阵痛"是不可避免的，同时这也是一种符合历史发展潮流的，与社会发展相适应的新的价值观的诞生过程。② 这种情况下，马克思主义原理教学必须顺应时代的潮流，进行必要的教学创新与探索，我们要对学校教育内容与社会价值观要求相脱节的现实有清醒的认识，要对学校价值观教育一元化与目前社会价值取向多元化的矛盾有清醒的认识，而这些就需要我们分析其产生差异的内在原因，但不能采取简单的非此即彼的评判方式，而要展示教学中讲解、疏导的巨大作用，以期用理论的力量坚定社会主义理想信念，切实发挥社会主义核心价值观对学生发展方向的指引作用，通过文化建设促进思想的进一步稳固与平衡。

在新时期思想政治工作中，关注并加强社会热点问题引导是一项非常重要的内容，当前将"四个全面"引入马克思主义原理教学正是对大学生进行政治观、形势观、价值观教育的绝佳时机，作为社会热点问题，"四个全面"对大学

① 习近平．决胜全面建成小康社会 夺取新时代中国特色社会主义伟大胜利：在中国共产党第十九次全国代表大会上的报告［M］．北京：人民出版社，2017：2.

② 李东明，刘家竹．新时期大学生思想教育创新［N］．光明日报，2010-02-03（11）.

生的吸引力尤为突出，基于大学生的关注点和关注时间，积极开展思想教育引导工作，可以产生显著的效果。马克思主义原理教学以分析“四个全面”来阐明党和国家的大政方针，加强政治观、形势观教育，帮助大学生学会用马克思主义的基本原理和辩证方法来发现问题、分析问题以及解决问题，学会用马克思主义的观点、立场以及科学的方法来观察问题、认识问题和分析问题，培养大学生对各种热点问题辩证分析的能力，使其对国家的政策方针有更为深刻的认识、坚持正确的政治路线，逐步树立科学的政策观和形势观，无论是思想上还是行动上，都与党的路线、国家的政策保持一致。

三、“四个全面”战略思想融入高校思想政治理论课的探析

“四个全面”战略思想，不仅体现了整体推进与重点突出统一的辩证原则，也体现了阶段性与过程性统一的发展原则，还体现了目标与行动统一的认识论原则，完全符合历史唯物主义和唯物辩证法相统一的哲学原则。改革开放四十多年，“四个全面”战略布局不断推进，党的理论不断创新，进课堂、进头脑的任务也需要跟进。“进课堂”就是把教师掌握的创新成果和教材内容有机耦合，实现教学体系的转化。“进头脑”就是帮助大学生摆正价值立场。将“四个全面”渗透课堂教学的过程，也是探索、创新马克思主义原理教学方式的过程。

第一，关键点：教师把握“变”与“化”，强化立德树人与教书育人的深度融合。大学教师应及时地关注社会时事，跟进社会热点信息，做到与时俱进地更新思想，旨在把社会的“变”及时地转化为适应教学体系的课堂语言。马克思主义原理教学中往往有两种极端化表现：一种是一味迎合学生导致通俗化和趣味化，往往导致理论肤浅化、流于形式；另一种是搞“满堂灌”，往往教师唱独角戏，基本的教学互动都难以达到。这两种形式都不利于教学，而应展示课堂教学的艺术与逻辑之美，既说明道理、讲清理论逻辑，又引入丰富生动的生活实例，让学生“心动”学生才能“行动”，“真懂、真信、真学、真用”才能使理论信念升华为信仰。

新时代大学生主体面临信息多样化、价值取向多元化的特点，思想领域矛盾的日趋突出愈益突显马克思主义理论与社会实践相契合的迫切需要。在实现课堂效果提升方面，需要采取形式新颖与内容更新双结合的教学方法。一方面，教学内容及其资源的更新源自现实社会热点分析、多媒体的典型案例等资源；另一方面，教学形式多样化，除了说理教学法之外，课堂小组讨论法、专业结合法、调查汇报法等形式，都可以与以讲授为主的课堂教学法相结合进行。但不可否认，说理教学法是最主要的教学方法之一，它可以通过透彻的说理而达

到逻辑之美，给人以逻辑震撼力、强大的说服力。可见，“原理”课要做到受欢迎，通过各种教学艺术“以情动人”是必要前提，最根本的还是要“以理服人”，展示哲学原理本身的魅力，在教与学双向互动过程中，深化对社会政策热点的深层次把握，从方法论上解学生所“惑”，从世界观上祛除学生心中的“霾”，这样才能实现教与学“双赢”，切实提高教学的针对性和实效性。这样，就把社会生活的“变”与“化”做了无缝对接。

第二，出发点：大学生培育“知”与“行”结合的文化自觉。虽然课堂教学是对大学生进行教学的主要方式，但是教学的主旨在于指导课堂之外大学生的“知”与“行”相结合。教师要根据教学内容和实际需要，把“四个全面”有机地融入课堂教学，以培养学生分析和解决现实问题的能力，提高学生的思想政治觉悟。俗话说：“授之以鱼，不如授之以渔。”将马克思主义原理学以致用，教师要充分利用“四个全面”的热点资源激活课堂。在关注、争辩、讨论、思考现实的同时，马克思主义理论才能“润物细无声”，顺利完成从进教材、进课堂到进头脑的华丽“转型”，改变当今诸多高校思政课上学生与教师之间的博弈拉锯战。不能简单地以学生到课率、抬头率作为衡量一堂课好坏的标准，因为这些仅仅是上好思政课的最基本的必要条件，我们的目标在于使教学真正地入耳、入心、入脑，通过修正学生的世界观、人生观、价值观，进而影响他们的行为举动，理论必须掌握群众才能发挥作用，对于教学，这里的“群众”就是大学生，而这恰恰是当前诸多思政课教师的短板。马克思主义理论教学改革要着眼于解决教学进程中“理论怎样掌握学生”这一突出矛盾和问题，从实际出发，抓住学生的求知需求，换一种教学思维，“教师下来坐，学生上台演”，让他们主动“活动”起来，“真信、真懂、真用、真学”是衡量思政课教学成效的基本标准，“乐信、乐懂、乐用、乐学”才是我们思政课教学的最高目标。

第三，切入点：高校把提高教师的素养作为提升思政课教学的关键一环。高校对于思政课教师的需求量逐年增加，通过保障教师待遇和提供政策支持，促进高级人才的培育和成长。近些年以来，教师的理论素养问题一直是制约马克思主义原理教学效果的瓶颈。逄锦聚教授就曾提出“加强教师队伍建设，努力提高教师队伍的水平”的问题。他指出：“教材是教学之本，教师则是能否使用好教材、能否提高教学质量的关键。”① 教师的理论素养提高除了需要教师个人不断自我提升之外，尤其离不开高校的政策支持。因此，第一，高校可以鼓

① 逄锦聚．《马克思主义基本原理概论》编写体会和讲授建议［J］．思想理论教育导刊，2007（5）：19.

励高校教师充分利用学校现有资源，进行科学研究和教学研究，对研究成果给予奖励；第二，鼓励高校教师进行二次学习、深造，教师可以申请到国（境）内外访学、研究；第三，通过留岗、留薪等政策方式支持尚未获得博士学位的教师进行深造、提高学历水平；第四，定期组织教师去同类高校考察学习，拓展学术视野；第五，定期组织教师进行教研活动、读书心得活动，有条件的把活动成果以文字材料的形式进行刊发；第六，除了课堂教学外，鼓励教师开展讲座活动，有利于对所关注的领域进行深度研究。在国家教育政策的支持下，全国马克思主义学院蓬勃发展，各项政策的实施都极大地激励着从事思想政治教育的任课教师奋力前行。不可否认，理论素养的提高，不仅需要学校的政策支持，更需要教师个人的不懈努力。时至今日，在学科建设过程中，高水平人才引进和培养是首要问题，这仍然是一项有待完成的艰巨任务。

党的十九大报告充分肯定了中国特色社会主义事业近五年的成就，“五位一体”总布局和“四个全面”战略布局相得益彰，“四个全面”战略思想是独具中国特色的理论成果，在不断深化与拓展的改革开放中，充分凸显出其在思想政治理论课堂中的指导和引领作用。将“四个全面”战略思想融入马克思主义原理教学是时代发展的要求，不仅为马克思主义原理教学注入了实践活力，还是对国家战略政策的思想延展和大力推进；高校思想政治理论课教学急需在教学实践中不断添加教学新内容，探索课堂教学新方法。

（郝淑芹：曲阜师范大学马克思主义学院讲师）

05

思政课教学改革探索

“专题化+问题链”式教学改革初探

——以“概论”课教学为例

任松峰

摘　要：“专题化+问题链”式教学方法是对专题化教学和问题链式教学进行的一种综合创新，有利于充分发挥专题化和问题链式教学各自的优势和长处，以达到教学方法最优化、教学效果最佳的目的。推进“概论”课“专题化+问题链”式教学，有助于让教学内容实起来、课堂教学活起来和教学效果好起来。在思政课教学实践过程中，要推进“概论”课的教学改革任务，必须加强对“概论”课教材体系、教学体系、教学观念、教学方法和教学评价的研究。

关键词：思政课；教学改革；专题化；问题链

高校思政课教学在立德树人、培养中国特色社会主义事业合格建设者和可靠接班人的伟大工程中发挥着主渠道作用。习近平总书记在全国高校思想工作会议上明确指出，思想政治理论课是课堂教学主渠道的重要课程，要用好这个主渠道课程，思想政治理论课要坚持在改进中加强。为实现立德树人这一根本目标，围绕思政课教学质量提高问题，进行深入的理论研究和大胆实践创新，探索出思政课教学的新模式，具有十分重要的理论意义和现实意义。

一、“专题化+问题链”式教学概述

专题化教学是教学实践中常用的教学方式。它是指教师在充分解读教材的基础上，根据教学的实际需要，将授课内容分为若干个专题，然后分专题进行教学。对思政课进行专题化教学，是促进课程从教材体系向教学体系转化的重要手段。对思政课进行专题化教学改革，并不是撇开教材另搞一套，而是以教材体系为基础，以教学大纲为指导，根据教材和大纲要求掌握的重点、难点问题，结合师生关注的热点、焦点问题，重新组织、编排和提炼教学内容，在原有教材的基础上，拓宽领域、挖掘深度，打破原有教材体系的束缚，重新整合课堂教学内容，使之从教材体系向教学体系转化。

问题链式教学也是教学过程中常用的教学方式。它是指以问题为导向，引导学生自主学习、交流讨论、寻找答案，使学生掌握相关理论知识，进而培养学生提出问题和解决问题能力的教学方法。建构主义学派认为，学习是学习者通过交流、合作等互动活动以自己的方式主动建构知识的过程。基于建构主义的高校思政课问题链式教学法，具有启发性、自主性、互动性、针对性等特征，能够通过激发学生思维、提升教师能力、提高教学效果等，提升思想政治理论课的实效性。

当然，无论是专题化教学，还是问题链式教学，任何一种单一的教学方式都存在着一定的局限性与不足。比如，进行专题化教学，我们如何对“概论”（2018 年版）的 14 章内容进行专题性划分呢？每设立一个专题似乎又很难单独地解决一个问题。所以，单纯地运用一种教学方式进行教学，很难达到思政课教学的根本教学目标。为此，我们提出了以“专题+问题+互动”为基本环节的“专题化+问题链”式教学方法。这种教学方法就是对专题化教学和问题链式教学进行综合创新，有利于充分发挥专题化和问题链式教学各自的优势和长处，以达到教学方法最优化、教学效果最佳的目的。

“专题化+问题链”式教学，需要教师在深入研究学生和教材的基础上，结合教材和大纲的基本要求，把那些学生关切的现实问题，同时又是教材中的重点难点问题，即学生成长主题和教材主题，进行有机结合。以环环相扣的“问题链”引导教学，让教学沿着答疑解惑的认知路径层层递进、不断深入。以“专题+问题”引导教学，避免面面俱到的铺陈与罗列，以理论的逻辑力量吸引和征服学生。这既是一种教学方法，更是教育教学理念的更新。

二、“专题化+问题链”式教学之必要与可能

（一）“专题化+问题链”式教学的必要性

从教师来看，推进“专题化+问题链”式教学是提高教学效果的必要手段。俗话说，没有教不好的学生，只有不会教的老师。不少高校思政课教师往往都是从学生到老师，从家门到校门，从书本到课堂，从教材到课件，缺乏社会阅历，缺乏实际锻炼，缺乏对世情国情社情民意的调查、体验和理性思考，缺乏对复杂问题、敏感问题和焦点问题的深入研究，因为底气不足、功底不深、研究不透，所以在课堂上对错误观点不敢“亮剑”，对敏感问题不敢回应，对复杂问题不敢释疑，往往靠东拼西凑、照本宣科、埋头翻读课件的方式来疲于应付，与学生之间缺乏互动、交流、探讨，导致教师讲得索然寡味，学生听得昏昏欲

睡。以其昏昏，自然难以使人昭昭。

从内容来看，推进“专题化+问题链”式教学是优化教学内容的客观需要。根据教育部有关文件的要求，“概论”课程是6个学分，108学时，其中还包括了实践教学。很多学校在实际教学过程中，由于师资等各方面条件的限制，实际教学中并未上足108学时。同时，“概论”课的教学内容非常多，2018年版的“概论”课教材共14章，包括了毛泽东思想、邓小平理论、“三个代表”重要思想、科学发展观和习近平新时代中国特色社会主义思想的理论体系，内容非常丰富。要想把所有的问题都讲清楚、讲明白、讲深刻、讲透彻，既不现实，也没有必要。重点要讲授教材的难点、社会的热点和学生所关注的焦点。所以，如果任课教师仍然按照教学大纲的要求，每一章节的内容都平铺直叙，一教到底，从传播学的角度来说，这样的教学难以满足受众“求新、求异、求真、求实”的心理需求，学生的学习兴趣必然不高。俗话说，兴趣是最好的老师，无趣再加无味，这样的教学效果可想而知。

（二）“专题化+问题链”式教学的可能性

开展“专题化+问题链”式教学符合思政课程从教材体系向教学体系转化的基本要求。我院开展的思政课专题化教学改革本着“学马列要精，要管用”的原则，将思政课教材以专题的形式进行精准设计研究，重新整合分类。比如，在“概论”课教材中可以设置的专题：

1. 毛泽东思想——老祖宗不能丢
2. 邓小平理论——改革2.0版的重要组成部分
3. “三个代表”重要思想——党的建设的重要指针
4. 科学发展观——中共执政理念的新飞跃
5. 习近平新时代中国特色社会主义思想——马克思主义中国化最新成果
6. 实现中华民族的伟大复兴——新“三步走”战略
7. “五位一体”总体布局——建设中国特色社会主义的具体方略

整合后的专题既全面覆盖了“概论”课教材的主要内容，同时又重点突出了教材中的核心内容；在此基础上拓展深化了教材中没有涉及的相关知识；既保留了教材中的精华部分，又增添了思政课教学中与时俱进的内容，从而精选了课堂教学内容，提高了课堂教学效果。

开展“专题化+问题链”式教学促进思政课教师从面面俱到向专、精、深、新转化。高校思政课的课程内容涵盖面广、信息量大，知识跨度也很大，涉及政治、经济、文化、社会、法律等多门学科乃至社会生活的各个方面，授课教师不可能精通各方面知识和涉及各个领域。这就导致很多思政课教师在过去的教学中一本教材一教到底、面面俱到，难免有力不从心、疲于应付的窘境，这无疑大大降低了思政课的感染力和吸引力，严重影响了思政课的课堂教学效果。而实行专题化教学改革，则可以分专题由不同的授课教师进行授课，术业有专攻，每个授课教师根据自己所擅长的领域认领选择授课专题，充分发挥自己的专业优势，在各自研究的领域进行深入思考，以专题为导向进行深入研究，从理论和实践两个方面进行深入拓展，既可以有效整合原有教材的相关内容，又可以不断更新教材中没有而又需要的与时俱进的内容。这样坚持下来，不但可以大大激发教师的积极性和创造性，增强教师在课堂教学中的自信和底气，更能使学生受到不同教师学术背景和思维方式的训练和熏陶，同时不同风格和专题的老师在给学生的轮番授课中，还可以给学生眼前一亮、耳目一新的全新感受。这无疑也大大增强了学生的学习兴趣和学习效果。

（三）"专题化+问题链"式教学的意义

推进"概论"课"专题化+问题链"式教学，对让思政课成为学生真心喜欢、终身受益、毕生难忘的课程具有重要意义。具体来说，有以下三方面的意义。

第一，有助于让"概论"课教学内容实起来。通过一系列的教学专题设计，把"概论"课中的重难点、时政热点、学生关注的焦点问题尽可能地呈现出来，克服以往完全按照教材章节顺序、照本宣科地进行内容讲授，让学生听起来乏味，内容大而空，脱离实际、不接地气的不足，让学生真切地感受到所学的内容有用。

第二，有助于让"概论"课课堂教学活起来。如何让课堂讲授活起来、动起来，让学生主动地参与到课堂教学中，这是提高思政课教学效果的关键。"专题化+问题链"式教学，采用灵活多样的互动设计，比如研讨、辩论、情景剧、微视频制作等形式，让学生全员参与进来。在"概论"课的课堂教学中，教师是"导演"，学生是"主演"，由以教师为中心转向以学生为中心，有助于增强"概论"课课堂教学的亲和力。

第三，有助于让"概论"课教学效果好起来。"专题化+问题链"式一系列教学设计，让"概论"课教学的"配方"更加新颖，"工艺"更加精湛，"包装"更加时尚，让"概论"课"出味道"，让学生在"概论"课的学习中，真切地感觉到课堂有意思，都爱听、真相信，让党的理论、政策、大政方针能够真正"入耳、入脑、入心"，让思政课成为学生真心喜欢、毕生难忘、终身受益的课程。

三、“专题化+问题链”式教学之基本实践

“概论”课“专题化+问题链”式教学是思政课教学改革的有益尝试。那么，在实践过程中，如何推进这项教学改革任务呢？要重点做好以下工作，同时要边实践、边改革、边总结、边调整。

（一）加强对“概论”课教材体系的研究

2018年版“概论”课教材同2015年版教材相比较，在逻辑结构、内容设置等方面都存在很大差别。从总体来说，2018年版新教材主要分为三大板块：第一板块为毛泽东思想，第二板块为邓小平理论、“三个代表”重要思想、科学发展观，第三板块为习近平新时代中国特色社会主义思想。这三大板块之间具有严密的内在逻辑关系，体现了从“站起来”“富起来”到“强起来”的发展嬗变。所以，“概论”课教师在讲授过程中，一定要充分认识这一内在逻辑关系，紧紧围绕这一主题，向学生清晰展现这些重大的理论成果之间一脉相承又与时俱进的关系，精心确定好各章节中的重点与难点。

（二）加强对“概论”课教学体系的研究

为了便于教师对教材内容的讲授和学生对教材内容的学习与把握，结合教学大纲和教材中的重点、难点问题以及时政热点和学生关注的焦点问题，初步拟设定15个教学专题。教师在研究和准备每一个专题时，要充分研究和把握教材，大量参阅相关文献资料，对重大的理论问题、学生困惑的问题、理论上的难点问题进行攻关研究，使教学内容更加贴近学生思想，贴近客观现实，贴近时代特征。

（三）加强对“概论”课教学观念的研究

“概论”课教师在备课和讲授过程中，要改变教学观念，树立强烈的问题意识，以问题导向作为教学的出发点，由以教师为中心转向以学生为中心；由教师“教”和学生“学”转向基于学生“学”而教师设计“教”，变“要他听”为“他要听”，体现了以学生为本的教学新理念，从而明确了教学方法创新的方向、着力点，逐步形成了以教师为主导、以学生为主体，师生互动、共同参与、共同进步的教学态势。

（四）加强对“概论”课教学方法的研究

以往的“概论”课在讲授过程中，因为教学条件所限，采用大班制授课方式，教学方法单一，教学效果不理想。要彻底改变“满堂灌”的方式，教师在

课堂讲授过程中应采取专题式、启发式、互动式、案例式、研究式以及现场教学、激情教学等方法，深入思考，充分调动学生的积极性。同时，教师还要在教学中创新性地利用微电影、微视频、微小说、微博、微信等“微”手段，创造微课堂、微阅读、微讨论、微研究、微答辩、微测验等教学方式，将思政课教学化整为零，化大为小，化平面为立体，以符合“90后”大学生的特点。积极打造线上线下教学，课内与课外相结合的育人新模式。

（五）加强对“概论”课教学评价的研究

检验教学效果好不好，学生成绩考核是其中最重要的环节，具有导向、调节、规范、激励等重要功能。传统考试方式存在诸多问题，如考试内容重复述、轻理解；考试评价重结果、轻过程；考试范围重书本、轻实践；考试形式重课堂、轻课外。这严重制约了考试环节引导、鞭策等功能的发挥，导致思政课针对性和实效性欠佳。要切实提高教学效果，应牵住学生考核评价这一思政课改革的“牛鼻子”，将“单一终结性量化考试”提升为“综合过程性考核评价”。这体现了考核方式的过程性、开放性、立体性与激励性，引导学生参与综合性教育活动，使学习由被动变主动，实践由“知行分离”变“知行合一”。

当然，对“概论”课进行“专题化+问题链”式教学改革，其关键之处在于：一是关于教学专题厘定。如何结合“概论”课教学的重难点、时政热点、学生关注的焦点问题，对“概论”课的讲授内容进行系统讲授，确定好讲授的专题是重要的关键性问题。二是要进行问题链的设计。如何巧妙地设计“问题链”，让“问题链”里的系列问题成为名副其实的真问题、好问题是又一个关键性的问题。从根本上说，这需要深入研究学生和教材，只有准确把握学生所学所想，才能避免教学“目中无人”；只有深入研究教材，才能避免教学“剑走偏锋”。“问题链”中的系列问题既是学生关切的现实问题，又是教材中的重点难点问题，还是学生成长主题和教材主题的有机结合。

（任松峰：曲阜师范大学马克思主义学院副教授、硕士生导师）

思政课学绩考核方式改革探索与思考

辛宝海

摘　要： 为提高思政课教学实效性，我校对思政课学绩考核方式进行改革，在取得极大成效的同时，也发现传统的考核方式虽然有明显的缺点，但也并不是一无是处，不能全盘否定；新的考核方式，理论上很完美，实践中也出现很难落实或者产生新的弊端等问题。思政课教学改革任重道远，不可盲目冒进，需坚持理性、渐进原则。

关键词： 思政课；考核方式；改革；思考

为提高思政课教学的实效性，增强大学生对思政课的获得感，全国高校的同人都在进行探索，其中思政课学绩考核方式改革无疑是一个理论和实践的热点。其改革目标，是通过考核这个指挥棒激发教师“教”与学生“学”思政课的积极性，提高思政课教学实效，实现思政课“立德树人关键课程”的教育功能。我校思政课学绩考核方式改革是理论指导下的实践探索，其结论和结果具有学校特色，但这种探索对于解决共性问题也具有参考价值。

一、我校思政课学绩考核方式改革的探索

从目前学界对思政课学绩考核方式改革的研究成果来看，大家对于传统的单一的“一张试卷定成绩”考核方式的弊端具有共识，认为这种考核方式忽视学生的过程表现，忽视能力培养和价值观的塑造。在改革思路和具体改革方式方面也具有共识，即弱化期末考试在学生总成绩中的比重，引导学生注重平时的积累，平时成绩占有一定比例并且形式多样化（考勤、课程论文、实践教学等），有些学校甚至取消闭卷考试，思政课学绩只由平时成绩和期末开卷考试成绩构成。在考核技术上，有些学校借助信息技术实行网上学习、网上考试等。

在把握国内研究现状的基础上，结合我校思政课学绩考核实际，我校立足教学实践，通过积极探索，力图构建一个“过程、结果评价共存，知识、能力、

德行考查并重，课堂理论教学、社会实践教学统筹”的思政课学绩考核体系；并以考核方式为杠杆，带动思政课教学内容、教学手段、教学方法、学习方式等改革。经过4次任课教师教学研讨会，在改革思路上形成共识：将坚持理论研究与实地调研相结合，改革方案供给和学生需求相结合，改革统一推进和课程、教师实践差异化选择相结合的方法贯彻于教学改革方案设计、实践应用和理论总结中，力争在理论和实践良性循环中达到教师教育教学水平提高，师生教学投入同步增长，思政课教学针对性、实效性有实质提高的目标。

2015年7月前，我校思政课（不包括“形势与政策”课）学绩考核都是“一张试卷定成绩”——期末闭卷考试、集中流水阅卷、任课教师个人录入成绩。从2015年秋季开始，我校思政课学绩考核方式改革从三个方面入手：一是增加课堂教学考勤成绩，一般占到10分，注重考查学生学习态度，重视日常考勤；二是除“纲要”课外，增加实践教学成绩，一般占到10分，兼顾社会实践活动；三是四门本科思想政治理论主干课程在总的改革方向下弹性设计学绩考核方式。具体说来，2015—2016学年的第1学期，“基础”课总成绩=20%平时成绩+80%期末考试成绩，期末考试实行开卷考试；“纲要”课总成绩=20%平时成绩+80%期末考试成绩，期末闭卷考试试题只考两个题型，单选题和材料分析题各占50%。2015—2016学年的第2学期，“原理概论”课总成绩=20%平时成绩+80%期末考试成绩，期末闭卷考试，试题保留4个题型（单选、多选、简答、论述），遵守教务处不少于四个题型的要求；“概论”课总成绩=20%平时成绩+80%期末考试成绩，期末闭卷考试，试题只考选择题，80个单选题80分，10个多选题20分，使用读卡机阅卷。

二、思政课学绩考核方式改革实效

经过二轮改革实验，改革成效体现在以下5个方面。

第一，考勤占10分这一举措，极大提高了大学生的到课率和学习的积极性、主动性，到课率低的问题基本解决。

第二，增加实践教学学分，极大地促进了大学生有意识进行理论与实践、与社会现实的结合，部分同学提交的课程论文和社会实践报告具有比较高的质量，这充分显示出实践教学在思政课教育教学中大有可为，关键是找到有效调动教师和学生的参与积极性的方式、方法。

第三，“纲要”课和“概论”课使用读卡机阅卷（选择题），避免了合分错误、签名不规范、阅卷标准不统一等问题，显示了信息技术对于提高思政课教育教学质量具有良好的辅助作用。

第四，通过考勤和实践教学，增强了师生互动和相互了解，课堂教学针对性有了极大提高，翻转课堂等新的教学方式也有了探索，教师对教学投入有了提高。

第五，实践教学有了新举措。实践教学一般要求学生独立撰写出社会调研报告，马克思主义学院组织任课教师对调研报告进行统一评审，一、二等奖获得者，学院组织集体去临沂、莱芜红色教育基地实地考察。参加实地考察的师生普遍觉得理论学习和亲身体悟、理论与实践相结合是提高思政课教学实效性的必由之路。

三、对思政课学绩考核方式改革问题的思考

在思政课学绩考核方式改革过程中，我们也发现一些问题，这些问题偏离了改革的初衷，引发我们对改革的反思。

第一，开卷考试不利于学风建设。对于传统考核方式过分重视知识性要求的弊端，开卷考试承担了对传统考核方式进行“革命”的重任。但我校基础课开卷考试的效果很不理想。基础课在大一第一学期开设，期末考试结束后，就有几个学生向学院反映，认为开卷考试太简单、太容易过关，并且试题比较开放，与教材内容关联度不大，感觉学与不学一个样。还有个别同学说，早知这样，何必复习？这必然对后续开设的思政课学习和教学产生一定负面影响。同时，开卷考试降低了对基础课理论知识的要求，这与考研政治继续考选择题的要求相背离，基本理论知识欠缺可能成为将来大学生考研、工作的短板。

第二，降低思政课理论知识要求不利于大学生能力锻炼和德行培养。思政课教学目标有三个：知识、能力和德行修养，从反对“一张试卷定成绩”改革要求看，大部分改革都是试图通过降低知识目标要求来促进能力目标和德行目标的实现，增加平时考勤和实践教学学分就是这种思路的一种体现。但是，有知识不一定有能力，高分可能低能，但低分肯定是低能。知识要求的降低给大学生节省的时间也不会自然转化为德行培养时间，而知识是能力培养和德行养成的基础，一步登天也违反认知规律，当理论基础不牢时，能力锻炼和德行培养必然成为空中楼阁。即使短期内学生由于思政课考试压力减轻带来对德行培养活动的注意和强化，但缺乏理论支撑的、单纯态度的重视并不会为德行培养带来持久的动力，缺乏知识支撑的德行培养也会流于形式。更为重要的是，思政课培养的德行不仅仅是一种普通的个人层面的道德修养，而是一种包含政治认同、政治责任的政治德行修养，政治德行修养的养成和锻炼天生是需要理论知识支撑的，需要不断实践应用才能形成，是必须通过知识积累才能建构的。另外，没有思想政治理论知识支撑的能力到底是一种什么样的能力？所以，思政课学业成绩考核方式改革要防止以偏概全，全盘否定思政课传统的考核方式的合理性，这是从我校思政课考核方式改革中得出的经验。

第三，思政课考核方式改革成功推进必须顺应任课教师的理性反应。思政课考核方式的有效性依赖于考核主体——教师的理性反应。对于大部分思政课教师来说，参加教学改革增加部分劳动付出是可以接受的，但是，如果要充分调动起教师参与的积极性，势必要考虑正常的一般的情况：人都是理性的。如果单靠自觉、职业道德等软性约束去让思政课教师从事一项付出大于原来付出，而收益不变，或者收益既定，付出难以测量和评价，具有极大弹性的教学改革活动，改革成功推进的可能性必然大大降低，因为搭便车问题必然会出现，教学改革中“偷懒”行为就会发生。这些“搭便车”与“偷懒”行为的发生，使得改革通常达不到预期效果，改革的有效性、可持续性必然打上了问号。在与某些进行教学改革的学校老师的私下交流中，个别老师也表达了教学改革中“累的累死，闲的闲死”这种状况，这也部分验证了“搭便车”问题发生的极高可能性。如果不考虑教师的理性反应，只从主观愿望出发设计考核方案，只能是教学改革的乌托邦。

第四，实践教学难以落实，学生缺乏参与机会和积极性。自 2003 年开始，社会上就有了深化高校思政课实践教学的呼声。直到今天，实践教学依然是高校思政课教学改革的一大热点。出于安全、经费和教师精力的考虑，实践教学较难扩展，更多停留在写读书心得、实践报告等理论层面。同时，由于学生作业存在抄袭等问题，作业质量也不高，在缺乏严格考核机制的情况下，教师也不愿意花费太多时间，这使得实践教学成绩区分度不大，出现了成绩上的“大锅饭”，没有实现调动学生参与的过程性考查的目标。这种成绩上的“大锅饭”在降低优秀学生积极性的同时，对于差生倒成了一种变相福利，激励差生更加不重视学习，形成学习思政课的反向激励。

第五，强化过程性评价可能激发学生的功利主义。思政课教学的过程性评价就是把大学生参与思想政治教育活动赋分量化，建立学业成绩和实践活动的直接联系，消除大学生对思政教育活动的消极态度和抵触情绪，激励大学生积极投入思政教育活动，主动接受教育。从实践看，过程性评价取得了不错的效果，特别是考勤、课堂回答问题等形式，极大地调动了大学生参与教育过程的积极性。但这种功利性的考核方式在实践中极可能催生异化现象：学生故意做给老师看以获取高分。就像一场象棋比赛，当学生比老师棋艺高时，就可以打败老师。打一个不太恰当的比喻：本来是老师套路学生的，而老师反而可能会被学生套路。在这样扭曲的环环相扣的套路大战中，我们很难确定过程性评价教学效果到底有多显著，最起码不能对这样一种过程性评价方式过于乐观。当然，这是我们的理论推导，没有经过实践检验，不能下绝对的结论。但北大中文系钱理群教授所说的“精致的利己主义者”例子，表明是老师被打败了：一个学生投其所好，认真研读了他的作品，渐渐跟钱老建立起好感、私交，最后，事情陡然发生了变化，该学生找钱老做了推荐人，于是钱老恍然大悟，被这小伙子套路了，从此“没得啥联系了”，因为他的目标已经达到了。由此我们可以说：任何活动一旦加上了功利性因素，就可能被扭曲了本意。谁又能保证我们思政课实践教学的改革不会因为功利性走向扭曲和异化。为了分数造假——不要说大学生，中学生、小学生也可以轻车熟路，高校自主招生和中小学生评优评奖中的造假泛滥，说明了功利主义如果不能有效约束，必然产生广泛而巨大的危害。

再退一步，即使上述思想政治教育活动成功推进，也不能说就实现了教育目标，因为某些行为、活动并不能和思想观念、价值观念画等号——阶段性的表现如何能成为终身的标记？济南落马书记王敏的双重人格不仅说明行为和价值观念不能画等号，二者甚至可以完全背离！王敏喜欢看红色影片，常常独自坐在客厅一遍遍地看，每当看到片中的英雄人物奋不顾身，看到革命烈士壮烈牺牲，他都激动难抑、泪流满面。但王敏表示，自己看红色影片时的感动是真的，但第二天自己想做啥还做啥。因此，对思政教育活动表面上顺从和感动又如何具有长期的实效？所以，我们不能有盲目乐观和一改就灵的想法。

思政课过程性评价还存在的一个问题是评价标准不易确定，考核区分度不好把握。哪些活动可以列入评价体系？一次活动到底赋分多少？活动完成质量标准如何确定？对这些问题的回答在目前来看必然具有很大的随意性。而这种随意性可能带来教育导向的模糊和片面，但系统的、科学的评价指标体系又不是普通思政课教师能轻易完成的。这样，当教学改革面临理性的教师和理性的学生时，很可能陷入恶性循环：教师对学生实践成绩区分度低，学生的付出很难在成绩上体现出来，更多的学生应付作业和活动，作业和活动质量降低，教师更不愿意花时间，对作业批阅投入少，学生成绩无差异；学生普遍应付作业，作业质量进一步降低，形成一种劣币驱逐良币的逆向反馈，最终导致这种教学改革失效。

第六，构建思政课教学改革的理论分析框架势在必行。截至目前，尽管对思政课有众多的改革，但这些改革无论从理论分析上，还是实践检验上，可以说都没有达到理想的效果，而且这种不满意可以追溯到“两课”时代并且并不限于专业范围，连《瞭望》这种具有广泛社会影响力的时政类刊物都关注思政课教学效果。翻阅十几年前的有关思政课改革存在问题、问题成因、改革方案等资料，可以说，和今天并没有太大的区别，让人有轮回之感。为什么思政课教学改革会出现重复建设现象？为什么让人感觉进步不大？我认为，其中一个重要原因在于缺乏一个公认的设计、评价思政课改革的逻辑统一的分析框架，缺乏支撑理论研究和实践探索的理论基础，导致出现过分重视实践、就事论事的研究倾向。可以说，这是当前思政课教学改革研究中存在的主要缺陷。这种缺陷的影响，就像熊彼特在评价庞巴维克的贡献时说的那样，“这些讨论为实际的问题所控制……把科学降低到通俗辩论的水平……这些讨论目的在于‘即刻生产’，一种和没有机器的经济生产相类似的生产”，必然导致理论家“没有安心进行真正研究工作的时间”，妨碍科学研究的发展。思政课教学改革的理论基础到底是什么？我认为，思政课教师完全可以发挥自己所学专业，把所学专业的基础理论、分析工具应用于思政课教学改革的研究，进行开放式探讨、研究。从我所学的经济学专业视角，经济学中的理论人假设、制度变迁分析、成本收益分析等经济学工具和方法完全可以应用于对相关思政问题的研究，可以成为提升思政课教学研究水平的一个有益的视角。

经过两轮实践，我院思政课教师达成共识：传统的考核方式虽然有明显的缺点，但也并不是一无是处，不能全盘否定；新的考核方式，理论上很完美，实践中却出现很难落实或者产生新的弊端等问题，不可“一新就灵”。比如，实践教学中需要任课教师投入大量的精力进行方案设计、过程考查、作业批改，而不少老师不愿麻烦，就采取平均主义办法。在学院缺乏完善的体现教师教学投入的按劳分配方式的情况下，不能激励和约束教师的教学投入，只能是平均主义处理，这势必对投入大的老师的积极性产生负面影响，这必然产生劣币驱逐良币的逆向淘汰，很大程度上使得这种改革很难落到实处，没有达到预期目的。所以，在没有找到有效克服教师在实践教学中平均主义的缺陷之前，实践教学成绩不宜占据过大比重。

最终，我院于 2017—2018 学年秋季开始，思政课学绩考核方式确定为，思政课学绩 = 15%考勤 + 15%实践教学 + 70%期末考试成绩。其中，期末考试采取闭卷形式，题型不少于 4 个；期末考试试卷从试卷库中随机抽取；期末考试实行网络阅卷、双评；期末考试成绩直接由教务处导入教务系统，教师只负责录入考勤和实践教学成绩。

（辛宝海：曲阜师范大学马克思主义学院副教授、硕士生导师）

思政课教学改革路径研究

张明岗　张雅琪

摘　要：高校思政课是培育担当民族复兴大任的时代新人的主渠道，是提升新时代大学生德育素养的主阵地。而今，高校思政课教学改革面临诸多新情况、新问题，不利于提升思政课的实效性。基于此，在新时代谋划高校思政课教学改革路径，必须革新思政课教学目标，关注新时代大学生的主体需要，改革实践教学模式，努力将新时代高校思政课建设成为大学生真心喜爱、受益终生的课程。

关键词：思政课；教学改革

高校思政课作为培育大学生思想道德修养的主阵地，始终肩负着“立德树人，人文教化”的历史任务。进入新时代，高校思政课面对新科技革命的影响，新时代大学生自身特点等新变化，不仅面临更多的发展机遇，也面临更多挑战。习近平同志认为，要坚持把立德树人作为中心环节，把思想政治工作贯穿教育教学全过程，实现全程育人、全方位育人，努力开创我国高等教育事业发展的新局面。要提高新时代大学生对思政课的幸福感和获得感，必须创新高校思政课的教学改革路径，这是实现新时代高校思政课“入脑入心”的题中之义。

一、高校思政课教学改革的迫切性

高校思政课在高校思想政治工作中始终发挥着主心骨的作用，必须按规律办事，做到因时而进，因势而新。进入新时代，站在新的历史节点上，为顺应新时代国家人才培养目标的迫切要求，满足新时代大学生自身成长发展的现实需要，急需推动高校思政课教学改革。

（一）顺应新时代国家培养人才目标的迫切要求

人才培养作为高校的主要职能，一直备受国家、社会和学界的广泛关注。

它不仅关系到如何培养人，培养什么样的人等一系列根本问题，更关系到中华民族伟大复兴中国梦的实现。习近平同志指出，要培养担当民族复兴大任的时代新人。这一重要思想观点，不仅为新时代国家人才培养指明了正确的发展方向，也为思政课教学改革提供了科学的思想指导。为推进高校思政课教学改革，必须顺应新时代国家培养人才目标的迫切要求，培育以民族复兴为己任的时代新人为根本目标，不断为国家发展和社会进步培养更多高素质的创新人才。

（二）满足新时代大学生自身成长发展的现实需求

高校思政课坚持以“立德树人”为根本目标和任务，遵循大学生自身成长成才规律，并发挥“指导者”和“引路人”的重要作用。习近平同志强调，高校思政课要坚持在改进中加强，提升思想政治教育亲和力和针对性，满足学生成长发展需求和期待。进入新时代，由于大学生自身成长环境和信息获取方式发生变化，致使新时代大学生更加追求个性独立，更易接受新鲜事物，并富有强烈的竞争意识。因此，针对新时代大学生自身情况的新特点、新变化、新要求，必须加强高校思政课教学改革。通过转变长期以来大学生对思政课的刻板印象，建立思政课与新时代大学生思想实际和生活实践的联系桥梁，使其由被动接受转化为主动学习，以期满足新时代大学生成长发展需求。

二、高校思政课教学改革存在的问题

近年来，伴随着思政课课程设置和教材体系的不断更新完善，针对思政课的教材设置和内容体系的理论研究远远超过其教学改革的实践研究。基于此，在新时代谋划高校思政课教学改革，不仅要深刻认识到思政课的主要任务和发展方向，更要厘清思政课教学改革所存在的问题。

（一）既定的教学目标未能体现“教书”与“育人”相统一

确立教学目标是高校思政课教学改革的首要环节和核心问题。当前，高校思政课的教学目标在一定程度上存在“教书”与“育人”相脱节的情况，这不仅关系到核心价值观的培育和践行，更影响思政课教学改革能否顺利进行。

首先，既定的教学目标更加侧重理论知识的传授与评价。在高校思政课教学中，理论知识仅仅只是一种载体，关键在于理论知识所蕴含并传达出的价值观念和情感立场。当前，一些高校思政课的教学目标未能将知识传授与价值引领并重。无论是课堂教学还是实践教学都更注重考查大学生的知识目标与能力目标，而忽视了对情感价值层面的追求。比如，一些思政课教师更注重理论知识的讲解与考核，而忽略了其价值引导和思想情感的引领作用，把思政课上成了专业课，这无疑会导致思政课的学科定位不清，限制思想政治理论教学改革的发展创新。

其次，既定的教学目标未能发挥好思政课的育人功能。思政课的教学目标是将课堂知识转化为学生自觉的思维方式和价值观念并使其内化于心、外化于行。如果仅仅通过老师讲、学生听的知识传授，在多数情况下难以达到既定的教学目标。一方面，一些高校思政课的教学目标只是将一般性的教学目标直接运用于思政课教学中，并没有体现思政课的育人功能，这必然会导致思政课的教学目标过于泛化与虚化；另一方面，新时代大学生作为担当民族复兴大任的时代新人，作为培育和践行核心价值观念的主力军，他们的价值观念直接关系到民族和国家的未来发展。基于此，必须针对新时代大学生的自身特点，发挥好思政课的育人功能，担当起新时代大学生成长发展的“引路人”。

（二）现有的教学方法未能针对不同专业学生的现实需求

发挥思政课的实效性，关键在于最大限度地考虑学生的主体需求和情感认知。教育部部长陈宝生指出：“我们到高校调研，了解到思政课抬头率不高，人到心没到。原因是内容不适应需要，配方陈旧、工艺粗糙、包装不时尚。”① 那么如何提高思政课的抬头率，平衡好不同教育对象的需求差异，是思政课教学改革迫在眉睫的现实问题。

首先，不同专业学生更侧重于本学科专业知识的学习而忽视文化素养的提高。不同专业学生受到成长环境、知识背景和学习习惯等方面的影响，导致其思想认知与行为能力的选择与兴趣有所差异。有研究表明，不同专业学生对文化素养的重视与需求程度不同，如历史学、政治学专业的学生对文化素养和传统文化知识的重视较多，文化素养较高，反之理工科学生则较低。思政课教学若还是拘泥于传统教学模式，不能遵循大学生自身的思想品德发展规律和认知水平发展规律，只会对大学生思想政治素质的提高起到“拔苗助长”的效果。因此，必须遵循大学生自身成长的基本特征和发展规律，重视群体和个别差异，有针对性地进行思想政治教育引导，才能有的放矢，以期满足不同专业学生的需求。

其次，不同专业学生更重视眼前的现实利益而忽视精神层面的需求。从当前高校思政课的现状可以看出，许多学生受到功利主义、物欲主义的影响，对思政课的学习仍处于被动接受阶段，只看到成绩、学分等眼前的现实利益，而忽视了自身道德文化修养的提高。这种功利性、被动性的课程学习给思政课教

---

① 陈宝生部长：高校思政课抬头率不高 人到心没到［EB/OL］. 环球网，2017-3-12.

学带来了巨大挑战。如何使不同专业学生认识到道德修养是人生成长成才的关键一步，认识到精神追求对人生幸福的重要意义，是思政课教学改革必须面对的问题。加强课前对不同专业学生心理需求和现实需要的了解，了解其对马克思主义理论之惑和思想成长之惑，使思政课的教学内容更加贴近学生生活、贴合学生实际需求。

（三）传统的思政课实践教学未能展现良好的实效性

思政课实践教学包含了除理论之外，所有与实践相关的教学模式，是将课堂教学与课外教学相结合的一种教学方式。进入新时代，传统的思政课实践教学模式已经不能适应时代需求，急需开展思政课实践教学改革，使思政课堂“活起来”，以期培养新时代的建设者和接班人。

首先，实践教学在思政课的地位未能得到高度重视。思政课的实践教学存在于课堂内外，通过实地调研、现场观看、共同讨论、网上互动等多种形式进行，对于实现学生学有所获，激发学生学习兴趣有着重要价值。然而，目前许多高校的思政课实践教学仅仅处于初步探索阶段，重视程度远远不够。一方面，一些高校的思政课教学未能搞清楚实践教学的本质特征和发展方向，只是就理论而谈理论，内容单一、枯燥无味，与学生的实际需要相脱节；另一方面，许多高校缺乏专任教师和经费投入。高校思政课效能提升的关键是需要一批知行合一、特色鲜明、结构优化的师资队伍。没有优质的师资建设和大力的经费投入，致使思政课出现授课效率低、教学成效差等问题。因此，只有不断加强高校思政课实践教学并深化教学改革，才能发挥思政课的实效性。

其次，实践教学的组织时间和实施场所未能健全。传统的思政课实践教学多流于形式，存在走过场、重理论、轻实践的现象，不利于学生主体性的发挥和对思想政治理论的全面理解。当前，思政课实践教学要求理论教学与实践教学二者都不可或缺、相辅相成，那么如何分配和实施好思政课的理论教学和实践教学的学习时间、实施场所等都是我们必须解决的现实问题。为充分发挥思政课的教学实效性，应努力将理论课与实践课交替进行，在理论学习遇到问题时，思政课教师能够做到及时解答，又通过实践巩固理论并加强理论的针对性，从而更好地加深学生对思想政治理论的认知。思政课实践教学的实施场所更不能拘泥于传统课堂，就理论而谈理论，需要充分利用新媒体等网络平台，将线上线下课堂和实地调研充分结合，从而引导学生将理论运用于实践。

三、创新新时代高校思政课教学改革的实现路径

进入新时代，传统的思政课教学已经不能完全适应新时代大学生的现实需

要和主体发展需求。习近平认为，做好高校思想政治工作，要因事而化、因时而进、因势而新。

（一）明确思政课教学目标，提升学生获得感

新时代高校思政课教学目标，不仅关系到高校思政课能否实现其原有的课程功能和价值目标，更关系到新时代大学生自身获得感的提升。而今，一些高校的思政课存在“教书”与“育人”相脱节的问题，并未能发挥思政课的育人功能和价值目标。基于此，必须重视思政课原有的育人功能和价值目标，实现“教书”与“育人”相统一，全面提升学生获得感。

首先，坚定以“四个正确认识”为指导，革新思政课的教学目标体系。思政课教学目标的发展是根据党和国家不同时期的方针政策和育人使命而不断发展创新的。进入新时代，习近平指出，提高学生思想政治素质，要教育引导学生正确认识世界和中国发展大势，正确认识中国特色和国际比较，正确认识时代责任和历史使命，正确认识远大抱负和脚踏实地。“四个正确认识”作为新时代党和国家对高校思政课的新目标新要求，体现了知识目标、能力目标和价值目标相统一，为思政课教学过程提供了重要指导。在具体实践过程中，只有将知识传授与价值引领结合起来，并重视对新时代大学生价值观念的培育和践行，推动新时代大学生成为价值创造的主体，成为“走在时代前列的奋进者、开拓者”。

其次，提升思政课的育人功能，使思政教育融入新时代大学生日常学习与生活的每个角落。思政课教学肩负着学生价值观和人生观养成教育的责任，承担着引导学生积极向上、崇德向善的使命。习近平同志指出，高校立身之本在于立德树人。只有培养出一流人才的高校，才能够成为世界一流大学。培养政治性强、品德高尚的新时代大学生成为新时代高校思政课教学目标的必然要求。一方面，思政课教学目标应重视以文育人，促进社会主义核心价值观进教材、进课堂、进学生头脑。通过积极开展广泛的校园文化活动和社会实践活动，加深新时代大学生对核心价值观念的认知与践行；另一方面，思政课教学目标应针对新时代大学生的特点，运用新媒体技术实现全程育人、全方位育人，使思想政治工作的传统优势与信息化技术高度融合，增强新时代大学生对思政课的获得感。

（二）关注新时代大学生主体需要，满足学生新期待

进入新时代，高校思政课教学也必须因时而进、因势而新，改变传统思政课教学中以教师教授为主的教学模式，更加尊重学生主体性地位，关注学生主

体性需求，以期实现新时代大学生对思政课的新期待。习近平同志认为，改进思政课要“提升思想政治教育亲和力和针对性，满足学生成长发展需求和期待”①。因此，如何在思政课教学过程中体现学生主体性地位，成为新时代高校思政课教学改革的重中之重。

首先，充分了解新时代大学生的自身特点和现实需求。思政课教学要实现教学相长、教学互动，不仅要密切联系学生的思想实际和现实生活，更要关注新时代大学生的自身特点。尤其是“世纪宝宝”加入大学生群体，如何使思政课以不变应万变，适应新时代大学生的新特征新需要，满足其对思政课的新期待，是我们必须关注的现实问题。由于新时代大学生对新鲜事物的好奇心、现实问题的关注度以及网络等新媒体的运用都显著提升，而思政课的基本功能和目标就是提升学生的社会适应需要和个人发展需要，因此，思政课教师和学生辅导员必须形成齐抓共管的合力，积极引导学生开展各类实践活动，实现第一课堂和第二课堂的协同效应。另外，要优化新时代大学生的网络环境，并提升新时代大学生明辨是非的能力，使网络等新媒体平台发挥出更大的价值。

其次，充分激发新时代大学生的课堂参与度。由于新时代大学生有其自身的学习特点和主体情感，如果只是教师自说自话，学生各干其事，教师与学生交流不够，师生关系不和谐，那么学生的主体性和教师的主导性则无法相统一。因此，新时代高校思政课教学改革，不是简单地转变原有的“一言堂”“灌输式”“填鸭式”的教学模式和方法，而是注重新时代大学生主体地位和主体价值的发挥，引导新时代大学生主动参与课堂并共同研讨，激发学生的学习热情。具体而言，思政课教学要遵循学生认知发展规律和情感发展规律，既要满足现实需要，又要满足其情感期待。马克思主义的科学理论有高度的整体性和逻辑性，思政课教师应以深厚的理论功底和教学功底，实现理论与价值的相统一，使学生将核心价值观自觉内化于心、外化于行，从“实在获得感”上升为“价值获得感”，以期激发学生课堂的积极性和主动性。

（三）改革实践教学模式，适应学生新需求

思政课实践教学作为理论教学的补充，是将思政课的教学内容通过实践环节，真正实现入脑入耳入心入行。毛泽东同志指出，对于马克思主义的理论，要能够精通它、应用它，精通的目的全在于应用。如果你能运用马克思列宁主义的观点，说明一个两个实际问题，那就要受到称赞，就算有了几分成绩。被

① 习近平. 把思想政治工作贯穿教育教学全过程　开创我国高等教育事业发展新局面［N］. 人民日报，2016-12-09（1）.

你说明的东西越多，越普遍，越深刻，你的成绩就越大。因此，要理论联系实际，巩固思政课的教学成果，就必须重视实践教学模式，将课堂教学与课外教学相结合，以期适应新时代大学生的新需求。

首先，优化课堂实践教学方案，满足学生思想需求。思政课实践教学方案的设计与优化直接关系到思政课实践教学的成功与否。在课前，思政课教师要充分了解学生的思想实际与需要情况，并针对不同专业背景学生的特点，更新教学方案，优化教学设计。在导入环节中，通过设计具有深刻感染性的教学导入，将学生带入特定的情景中，不仅增加学生的学习仪式感，更使学生获得体验式学习的乐趣。在课堂实践活动中，开展的实践主题既要符合思政课教学大纲，又能联系学生实际情况，加强师生互动，调动学生学习积极性。在课后，为及时巩固教学成果，思政课教师应充分运用新媒体平台，及时跟进学生思想和行为动态，以针对学生个体情况加以指导与帮助。思政课教学方案的优化，以师生互动为核心，以反馈践行为目的。通过这种互动与反馈，更加有利于思政课教师及时了解学生思想动态并进行指引，充分体现全过程育人。

其次，开展实践性教育活动，满足学生践行需求。思政课实践教学的目标不仅要使学生明白是什么、为了什么，更要厘清该做什么。为此，通过广泛的社会实践活动，学生身体力行地践行社会主义核心价值观，提升各方面的能力与修养。一是组织学生开展社会调查。通过深入基层群众，深刻体会党中央政策的落实情况，加深对党的路线、方针、政策的理解。二是组织学生进行参观考察。通过参观博物馆、纪念馆和红色革命教育基地等，学习中华优秀传统文化和革命文化精神。三是建设校外思政课实践基地。通过加强校企合作，在合理利用社会有利资源的基础上，发挥大学生的自我创新性和能动性，以期满足学生的践行需求并提高践行能力。

没有突破就没有创新，没有创新就没有发展。思想政治教育理论课教学改革没有创新，就会变为黑格尔所说的“一炒再炒的冷饭”。而这种创新必须是立足实际的。创新新时代高校思政课教学改革路径，应立足于学生之本，更加注重教师引导，加强社会实践教育，以期形成全社会合力，共同推动思想政治教育理论课的吸引力和竞争力。

（张明岗：潍坊工程职业学院副教授；张雅琪：东北师范大学马克思主义学院 2019 级博士）

06

思政本科专业教学探讨

如今时代，教师何为？

——以“西方政治思想史”课程为例

邵 腾

摘 要：进入新时代，尤其是在复兴优秀传统文化的语境中，人文社会科学的大学教师应当何所作为，是一个重要教育问题。从“知”的层面看，大学教师应该致力于综合采纳来自优秀传统文化、马克思主义指导思想和诸家西学的有益资源，发展中国学问，并将之大众化普及。从“意”的层面看，大学教师应该在传授知识的同时，有意识地致力于青年学生德行尤其是公共德行的培育。从“情”的层面看，大学教师应该身体力行地关爱学生，致力于培育学生的人文情怀。

关键词：大学教师；认知；德行；情怀

本文所说的教师，是指大学教师，尤其是专擅人文社会科学的大学教师。当然，如此界定丝毫没有不敬基础教育阶段和自然科学领域教师之意。只因为笔者是这样一名大学教师，而在一篇探讨课程教学的文章中，只能在反观自身的意义上展开讨论。当然笔者要坦承的是，自己只是一名新入职三个月的“青椒”，刚刚获得博士学位，离开校园不久，在学问上还有漫漫征途，在教学上还有大片空白。而且笔者始终认为，教学是行动的事情，其需要实践远甚于需要理论。鉴于自身教学时日尚浅，尚谈不上对于教学有何研究，只能就自己所承担的课程谈一点初为人师的体会。

借用海德格尔那惯用的哲学话语，人们可以说，每一位教师事实上都自觉或不自觉地面临这样一个问题：“教师之为教师。”一经如此表述，“教师”的话语和身份、肉身和精神立即被拖进了存在论的语境中。在马克思看来，万事万物包括人在内，皆在某种对象关系中确证自己的本质力量，从而完成自身存在的他者证明。那么，按照这个思路，教师如何存在呢？那便是在课堂这样一个教学场域中，通过运用自己的观看、聆听、言说、思维、情感、意志等本质力量，与学生结成教与学的对象关系，在此关系中借由学生实现自身的存在。那这种本质力量的运用究竟是怎样的一种过程和活动？这般问来，“教师之存在”问题便被转化为了“教师何为”的问题。接下来，本文将借用人之精神的三个层面——知、意、情结构来探讨这个问题。

一、知：发明观念

如果说大学教师与基础教育阶段教师有何不同的话，最显著者在于大学教师担负着发明观念的重要职责。“发明观念”一语，取自唐纳德·坦嫩鲍姆（Donald Tannenbaum）的政治哲学教材，其本意概指古希腊自然哲学发展以来的西方政治思想家的观念活动。他们作为观念的发明者，运用自身智慧对特定时代的政治实践进行了审视，并提出了一系列堪称真知灼见的理念，不仅为后人留下了一笔笔宝贵的精神遗产，而且在很大程度上建构起了我们所在的政治世界和政治生活的样式。大学教师之发明观念，指大学教师全部工作中属于科学研究的部分，最终呈现为专著、论文和研究报告等形式成果的那一部分职责。

大学教师之所以应该成为观念的发明者，有着复杂的原因。

首先，大学是一个承担着多重功用的文化机构，除了基本的传道、授业和解惑，即教学之外，还有着学术研究的功用。与此相应，大学教师也是一个由多重角色复合而成的多面体，除了授课之外，还有科研工作者的身份。发明观念是大学教师这一身份话语的题中之义。

其次，学术研究与日常教学是一个相互关联、相互促进的关系。日常教学有助于深化对于所学知识的理解。笔者自学生转换为教师后，对此深有感触。以“西方政治思想史”课程为例，笔者曾自以为对其中的历史线索与思想逻辑、知识脉络与理论主张等基本内容是熟稔于心的，但是每每在备课的时候，也就是在内心里提前试讲的时候，总会萌生一系列此前从未想过的问题，这些问题的答案，也随之构成讲课时需要打通的必要环节。如此一来，笔者对于这门学科的理解大大加深了。从另一方面来说，学术研究对于日常教学有着巨大的、不可缺少的意义。大学课堂是照本宣科吗？这里的照本宣科不仅指念书本或课件，也指复述别人所言所说。恐怕不是这样的。笔者认为，大学课堂所教授的内容应该是教师眼中的客观知识，比如“西方政治思想史”课堂，就应该是笔者视野中的政治思想家和政治学说。但是要做到这一步，需要教师本身不停地思考和写作。人的观念就像一张刀片，越磨越锋利。只有不停地进行科研，教师才能不断更新知识储备，萌生新的观念，并以这些观念来重构课堂中的教学内容。唯其如此，陈旧的知识与崭新的观念之间的碰撞才能擦出最耀眼的光，进而点亮课堂乃至年轻学生们的头脑。所以，不仅教学相长，教研亦同样相长。

那么，如今，大学教师（人文社会科学领域的）应该怎样做一名观念发明者呢？科研技术、学术规范之类的问题，已经有很多人在著作中论述过了。不谋全局者，不足以谋一域。笔者在此想从一个宏观的视野出发来谈一下这个问题。

晚清以来，随着千古变局的降临，中国学术遭遇了一种极其复杂的境遇。首先是大大地衰落了。当然，这个衰落的时节也许还要推到更早的历史时期，在任剑涛教授看来，传统思想尤其是儒家学说早在晚明心学兴起之时便已不再能够为传统秩序提供合法性支持了。这种思想的凋敝到了晚清时代，显露无余，绵亘千年之久的科举制甚至被直接放弃。强势的西方流行的风潮涌入中国，不仅是器物，也不仅是技术，突然矗立在国人面前的，是一整套舶来的世界观、价值观和人生观。简言之，是一个文化体系。在体系化的西学面前，中国传统学术遭遇了尴尬的身份危机，以黑格尔为代表的一批西方思想家，甚至断言传统中国无哲学。有无哲学的问题，姑且不论。但毫无疑问的是，中国学术衰落已是不争的事实。如果说“现代”这一文化术语标志着我们当下生活于其中的观念、制度与行为的体系的话，那么我们可以不客气地说，我们对于现代社会的贡献实在少之又少，在很大程度上建构了现代物质生活的计算机、汽车、移动通信、因特网等重大的现代发明没有一项是我们的原创。诸如此类的情况，还有很多。总的来说，我们没有参与“现代”的生成，更没有引领“现代”的衍化。其次是再不能独善其身了。一百余年来，不仅西学在极大程度上重塑了中国学术，马克思主义的传入同样极大地改变了中国人的精神世界。特别是随着中华人民共和国的成立，马克思主义成为中国的指导思想。客观来看，古老的“中学”，新来的“西学”和“马学”，事实上已经构成了支撑中国学术的三大支柱，以至于今天的人文学者不管情愿与否，不管属于哪个学科，都不可避免地继承了来自这三个向度的精神遗产。

在这种情况下，当代大学教师作为观念的发明者，便不得不承担起贯通中、西、马三学的重任。这一点在根本意义上乃是所谓复兴传统文化的真实语境。对于这三者，不论我们提到哪一者，都已避无可避地包含了另两者。“一”也好，“二”也罢，其实都是“三”。因此在笔者看来，复兴传统文化的真实语义，事实上在于正式赋予了传统文化作为一种精神资源以参与建构现代中国的合法地位。因为在中华人民共和国成立后很长时间，传统文化是被忽视、甚至批判的。那么，当代人文社会科学领域的教师们，应该具备“一即是三”的历史意识，在学术研究中综合采纳来自三家的学术资源，以完成对特定论题的认知。但是，三分的格局不应是永恒持续的状态，在“一即是三”之后，我们还应努力实现“三即是一”的转变。这一转变，本质上既是坚持马克思主义为指导思想的真正含义，又是汲取人类精神文明优秀成果的真正含义，也是复兴传统文化的真正含义。要实现这一转变，争论孰高孰低、孰优孰劣、孰正孰误是没有出路的。在致力于解决中国现实问题的过程中，将三者同作为有益资源运用于实践，最终形成一门前所未有的、恢宏壮阔的新“中国学问”。这是大学教师作为观念的发明者应该思考和践行的重大问题。

除了发明新的知识，当代大学教师还有着另外的认知任务。中国有着至少几千年的文明传统，在漫长的历史时期内都走在世界前列。明清以来，随着外部世界的变迁，一个不争的事实摆在我们面前：就现代世界而言，我们更多的是一个跟从者和后学。洋务运动、新文化运动、改革开放……这些重大历史事件，在某种意义上是我们在一次又一次地叩询现代世界的奥秘。时至今日，我们通常自以为对现代世界已经有了透彻的了解，以为实现了经济的富足、技术的进步便似乎实现了现代化。但遗憾的是，现代意识的匮乏，协商能力的不足，民情之既激进又保守的奇幻场景……诸多与现代世界格格不入的景象，又显示着我们离现代国民还有不短的距离。因此，与发明新观念同等重要的，是对现代观念的普及。换句话说，现代中国的启蒙到今天仍是一个未竟的历史过程，启蒙任重道远。当代大学教师应该自觉承担起这种启蒙的重任，具体来说，在开拓学术前沿领地的同时，他们还应该致力于现代通识的普遍化。在此意义上，不断启蒙和普及通识便不仅是在“重复”，也是在“创新”，因而同样属于“发明知识”的范畴。

二、意：守望德行

在中国文化的语境中，德行是一个重要的道德哲学话语。在世界范围内，教师和官员、师生等也许是最容易被人加以道德评价的职业。对于大学教师来说，其本身便天然地包含着德行的语义。说大学教师要守望良知，是说他们不仅应该具有德行的知识，还应有着德行的行为，除了独善其身之外，还应做德行的传道者。需要指出的是，这里所说的德行，不仅指其一开始便映入人脑海的私人德行，还指其通常不被时人所充分理解的公共德行。本文所述的德行，侧重于后一种。换言之，本文所探讨的乃是大学教师在守望公共德行方面的作为。

为何要强调公共德行？这首先是一个极其古老的话题。中国传统儒家历来强调德对于公共生活的意义，提出了“为政以德”之类的重要观点。德行政治历来便是中国政治的主流传统之一。在西方，同样如此。雅典城邦、古罗马共和国在人类文明史上的兴起，除了卓有成效的制度建构因素之外，在民情方面的关键因素便是公民的德行。正是来自公民的热忱、参与、稳健、正义、自主等德行资源，真正支撑起了这些辉煌政治实践的大厦。同样地，也正是在内乱、战争、贫穷等的重重打击下，公民德行的日渐沦丧，在很大程度上使这些政治文明进程不可避免地走向了衰落。纵观人类政治文明史，不难发现德行即使不是国家或城邦的支柱，至少也是支持国家运转的核心要件之一。

不仅德行政治，公共生活所赖以正常运转的其他德行，也至为重要。近些年来，中国社会呈现出了多向度发展的态势，如今之人的精神状况已经变得愈加复杂，出现了一系列有待重视和改善的现实问题。发生在公交车上、歌厅、酒吧、餐厅等社会公共领域的种种恶性暴力事件，一次又一次提醒我们离现代国民的距离还有多远，公共德行如何是一个永不过时的话题，“如何”应是我们精神文明建设的重要领域。这一点事实上也与上文所述有关，我们不仅需要知识上的现代启蒙，也需要德行上的现代启蒙。在某种意义上，这属于一个教育问题。苏格拉底之“德行即知识”固然有将理性和伦理混为一谈的问题，却也部分真实地揭示了二者之间的关联。当然，这么说并不意味着将当代伦理问题归因于教育问题。严格说来，那主要不是教育导致的问题。但教育可以在解决这些问题方面发挥不可替代的重要作用。对于人文社会科学领域的大学教师来说，尤其如此。

那么，面对这个时代的德行现状，大学教师可以做些什么？或者说，大学教师可以就德行问题与新时代的大学教师们发生怎样的精神交往？笔者认为主要有以下几个方面。现代公共生活需要宽容。宽容即包容，是一种诚心接纳不同的价值、观念、行为方式的品质，也是一种即使有能力阻遏合理的他者却也在理性的指引下予以包容的能力。现代公共生活需要友好，即与人为善的德行；需要正义，即分清是非善恶的德行；需要节制，即克制自身激情和欲望的德行，需要尊重，即珍视自身和他人权利的德行……诸如此类的德行，实际上应是人文社会科学领域的大学教师在传授知识之外，着重灌注于课堂之中的人文精神。长期以来，我们的课堂注重知识学习，而缺少关于德行的理念，在某种程度上我们培育了大批有知识却缺少文化的人。因而在今后的课堂中，这是我们要加以改善的领域。我们的课堂应该将知识学习和德行传输统一起来，赋予知识内在精神和原则，以作为一个现代国民应具备的德行观统领知识教育。这意味着课堂教学的深度转向，也即以课堂为阵地，通过经年日久德行的熏染，将德行的光辉撒向全社会，以此来化解普遍存在于我们社会中的敌我意识、唯我观念、暴力取向等与现代公共生活格格不入的诸般二元化道德心理。当然，知识与德行的融合无法量化，是否应该成为大学教师的教学任务也有待商榷，只能说是大学教师应该自觉承担的教化人心之责。

三、情：传递情怀

教育的情怀，无关名利，无关地位，而是把教育当作一种安身立命的事业看待，以一个兢兢业业的匠人的态度，永怀初心，传道授业，笃实、勤勉、坚忍，从而成就教育的人生。教育是需要情怀的，它要求每一位以教师自居的人要放弃对高效速成的迷信，抵得住名利的诱惑，始终拥有着激情和创造力。情怀要贯穿教育事业的始终，如座右铭一般能融汇到具体的教育实践当中去，身体力行地把教育情怀实现到教育生涯中去。

教育是激情的艺术。我们常说“教学相长”，可见，教育不是一门死板的学问，而是需要时时创新的。但是到具体的教学实践当中去，我们的教育工作真的就是围绕着百十个学生、三尺讲台、一套课本，在高一到高三周而复始的轮回里展开的，实际上是枯燥乏味的。我们的日子实际上就是三楼到五楼的距离，我曾经这样形容我的工作。然而我们的教育对象——学生，却是一个个鲜活的个体，他们青春、朝气，有活力，比老师更容易接受新事物。如果我们作为教师不能够调整心态，不能够充满激情，那么我们面对新时代的学生必然会落伍，也必然感受不到幸福的。激情并非源源不断，还需我们日日保养，日日更新。读书是保持生命新鲜的必要的调和剂，无论是教育名著，还是随笔散文，总之，开卷有益。要像古人修身一样，把读书变成每天的必修课，从而让我们的内心丰盈起来。一个精神生活丰富的人，才能从琐碎、无聊、单调、平庸的生存境遇中摆脱出来。有思想，教育才能有激情，教育才能有灵魂、有主题、有方向。有激情，才能追求理想，才能坚守信念，才能守望教育。

教育是不渴望回报的付出。教育的影响力远远大于分数，远远大于眼前小小的获得，教育是一项长久的事业。自古以来的大教育家，都有圣人的至高情怀，无论是孔子在曲阜筑杏坛讲学还是朱熹在岳麓书院传道，对于中国文化的贡献不可谓不深远。如果把教育囿于功利的怪圈里，如果仅仅把眼光放在课本上的一两点知识，把无限精力投入到一分两分上，那么教育的价值意义就要大打折扣了。我们要培养的是有独立人格，有自由精神，有高尚灵魂的个体，而不是考试的机器。作为老师，始终要把言传身教放在第一位，用我们的认知去塑造孩子们的认知，用我们眼界去开拓孩子们的眼界，用我们的思维去碰撞孩子们的思维。其实这不是一种付出，这是作为教师安身立命的形式。

教育是欣赏与鼓励。教师要做在路边鼓掌的人，把奔跑的机会留给学生。从每个孩子身上发现优点，并把一个个优点放大，一个个缺点缩小，我想这是教育最原始的目的。无论是教育名著《五十六号教室》，还是教育大师魏书生的观点，莫过于教育是鼓励，是发现，是欣赏。一个孩子的成长，需要师长的正确的鼓励，发自肺腑的欣赏。一味地批评打击，过多的否定只会让孩子无所适从，效果恐怕也不打折扣。魏书生教最差的班，不断地告诉学生，你行，你能行，让学生建立自我认同感。

教育需要持之以恒的责任感和使命感。社会给教师的定位是人类灵魂的工程师，这便给教师赋予了神圣的使命。既为人师，不必在乎是处庙堂之高还是处江湖之远，既为人师，就要有所为，有所不为。教书不为稻粱谋，让教育回归最本来的面目。做一个教育者，不做教书匠。做一个授业者，不当知识的传输机。甘做平凡的教师，不做平庸的教师。做一个有情怀的教师，用我们的教育梦想，播种未来的花朵。

（邵腾：曲阜师范大学马克思主义学院讲师）

启发式教学在“中华人民共和国史”课实施的探索与思考

薛凤伟

摘　要：启发式教学是现代教育的重要思想和方法之一。在“中华人民共和国史”课中运用启发式教学可以激发学生的学习兴趣，培养学生的综合能力，营造和谐的教学氛围，实现师生教学相长。采用启发式教学，要注意发挥教师的主导作用，尊重学生的主体地位，实现设疑启发、比较启发、讨论启发、案例启发等多种方式的有效运用。

关键词：启发式教学；中华人民共和国史；课堂教学

“中华人民共和国史”（以下简称“国史”）作为思想政治教育专业基础课程之一，一直受到广泛重视。“国史”课程一般开设在大学一年级，是学生进行系统政治学习的入门课。对这些学生来说，“国史”课内容大多知识点琐碎，既缺乏系统理论的构建和支撑，又和现实衔接不足，传统的授课模式单调而乏味。因此，在教学中如何激发学生的学习兴趣，提升学习的自觉性和主动性，就成了每位老师不懈努力的着眼点。启发式教学作为现代教育的重要手段和方法之一，正好契合了这一需求，本文拟就启发式教学在“国史”课中的运用作一些初步探讨。

一、启发式教学的定性分析

何谓启发式教学？启发式教学是指在教育者的启发诱导下，通过启情设疑，使受教育者积极主动地在发问尝解中掌握知识、发展智能、陶冶性情、实现完美人格教育目的的活动过程。它究竟是一种具体的教学方法，还是一种教学指导思想？纵观国内外学者的研究和探讨，可谓众说纷纭。其实，他们从不同的视角研究了启发式教学的不同层面。作为微观层面的解读，启发式是一种教学方法，其依据是“启发”是动词形态，孔子在《论语·述而》中曾有经典性论断："不愤不启，不悱不发。"这里的"启"与"发"指的是教师的活动方式，而活动本身就是方法。作为教学方法的启发式是和注入式教学法相对的，近现代有不少学者都从教学方法的角度，强调提倡启发式，反对注入式，认为注入式只重学，不重思，只重灌输，不重学习兴趣和自觉性的调动和激发。蔡元培曾形象描述注入式教学"里谚谓之小僧之诵经，固已味同嚼蜡，倦此循环"。

随着时代的发展，启发式教学的内涵日益丰富，其适用的范围越来越广，其宏观层面的解读即作为一种教学指导思想也越来越多地得到人们的认可和接受。"启发式是原则，不是方法。""启发的思想是贯穿整个教学过程的，不论是教学方法的运用，还是教学内容的选择和组织，以及教学形式乃至考试等，都应有启发性；启发性不局限于教学方法，而且涉及教学内容等教学系统因素的方方面面。"不仅如此，它还适用于各学科各领域不同的教学内容，是一切教学方法的指导思想。不论什么教学方法，包括讲授法、问答法、演示法、自学辅导法、讨论法等，只要体现了启发式教学的基本要求，具备了启发式教学的精神实质，就可以称之为启发式教学。其实，无论是哪种层面的注解，其核心是"激疑启思，变教为导"，旨在充分发展学生在学习中的主动性与创造性。

二、启发式教学在"国史"课实施的作用

（一）有助于激发学生的学习兴趣

爱因斯坦曾说过，兴趣是最好的老师。所以要取得好的教学效果，如何激发学生的学习兴趣是一个关键的问题。鉴于大多数学生在中学时期学过一定的历史知识，"国史"课上老师宜采用启发式教学，通过组织学生查阅相关资料，再现具体鲜活的历史情境，设疑启发，课堂讨论等，使学生从"局外人"变为"局内人"，有利于激发学生的学习热情。例如在"国史"课庐山会议一章的教学中，采取让学生分别扮演关键人物，模拟再现当时庐山会议的情景的方式，学生参与的积极性就会比较高。当其准确具体地展示历史事件后，再设置一个讨论题："庐山会议的主题为什么会由'纠左'转向反右?"让大家讨论，这样本课的难点在学生激烈的争论中逐渐澄清。课后又让学生以"我看庐山会议"为题，撰写一篇小论文，使每个学生都有表达自己观点和见解的机会。事实证明，学生群策群力，集思广益，显示了前所未有的热情和兴趣，积极进行探究式观察和思考。

（二）有利于全面提升学生的综合能力

启发式教学思想指导下的教学，在教学设计上注重激发学生的学习动机，

在教学环节上有意创设问题情境，探究教学，学生在课堂学习中双管齐下，观察与思考并重，理论与操作并行，不自觉中学生自身的素质和能力得到大幅度的提升。以庐山会议一节的教学安排来说，整个过程中一是有利于培养学生查阅、收集和处理资料的能力。在确定情景内容或讨论主题后，学生需要到阅览室、图书馆或上网去查阅和有效地收集相关资料，需要对收集的资料进行选择、取舍、归纳、分类，需要在资料收集的基础上准确、简洁地提炼、改造和表述所需信息，这就可以初步培养学生收集和处理信息的能力。二是有利于锻炼学生口头表达和写作的能力。在课上讨论时，由于课堂时间有限，需要学生用清晰、简洁、流畅的语言表达自己的看法，这无形中锻炼了他们的口头表达能力。以“我看庐山会议”为题撰写小论文，需要谋篇布局，需要遣词造句，这无形中也锻炼了他们的写作能力。

（三）有利于营造平等和谐的教学氛围

教学过程是师生双方有目的、有计划地以教材为中介，通过教师的教与学生的学共同完成预定任务的统一活动过程。课堂教学中，教师和学生之间是双向交流的状态，为此，师生之间的协同合作是十分重要的。启发式教学突破了传统的注入式教学模式，教师的角色不再是单纯的知识的灌输者，而是适时地进行角色转换，和学生一起讨论，一起交流，成功塑造成一个教学活动的参与者和引导者。而对于学生来说，当代大学生在自主意识、信息储存以及思辨能力等方面较以往优势见长，且在网络化时代拥有与教师相媲美的信息源，完全有条件就相关问题与教师切磋交流，畅抒己见，二者之间是平等的关系。学习过程中，学生不再仅仅只是被动地学习、欣赏和模仿，更倾向于参与、表演和创造。双方配合默契，合作顺畅，所以说，启发式教学为师生营造了一个平等、理解、和谐、宽松、自由的教学氛围，在这样的氛围中，教师爱教、乐教、会教，而学生则爱学、乐学、善学，这不仅有利于知识的传授和能力的培养，而且有助于学生情感等非智力因素的养成。

（四）有益于教学相长

在“国史”课中进行启发式教学，师生之间的双边互动关系呈现出互惠性，有助于教学相长。就学生而言，学生的主体地位受到尊重，创造性得以激发，思维活跃，无论是对国史重大历史事件抑或是对重要人物的分析学习，通过与教师、同学间平等的探讨和交流，相互间取长补短，互相学习，有利于提高学生的综合素质与创新能力。就教师而言，同样受益匪浅。人生有涯而知无涯，教师也不是无所不知、无所不晓的，通过与学生的互动交流，可以发现一些原本不曾思索或思路不够清晰的问题，以便在今后的教学中有的放矢地去解决难点、疑点和盲点。同时，具备了一定专业知识的学生，发散性思维较强，可以从不同的视角去分析同一个事件，即便对于同一个问题也往往会得出不同的看法，而这些基于不同层次的视角与看法，可以大大地拓展教师的视野，从而不断地翻新其知识结构和层次，并提升其业务水平。

三、启发式教学在“国史”课中的具体运用

（一）设疑启发

读书有疑，方始是学，所有创造皆是基于“问题”的发现和解决。学生的探究思维和对知识的渴望，也往往从“问题”开始。当代大学生好奇心强，富有探索精神，这样的心理特点决定了其在遇到感兴趣的问题时思维会异常活跃，注意力高度集中，从而积极致力于学习。所以，在“国史”教学中教师非常注重设疑，然后激疑、导疑，把学生引向寻疑、思疑的轨道。如在“中共八大”新课导入时，教师根据学生的基础和教学所需设计了以下几个问题：中共八大是在什么样的历史背景下召开的？中共八大取得了哪些成就？中共八大为什么被认为是探索社会主义建设道路的重要里程碑？为什么中共八大刚召开一年多，其基本路线就被抛弃了？中共八大确立的基本路线在实践中未能坚持下去的原因是什么？中共八大对后来的改革开放有何历史性贡献？这一组问题的设计，起到引导和定向的作用，把此节课的重点难点和盘托出，使学生饶有兴趣地去探究；也可以在将学生带入历史事件的具体演进中，适时地在事件演化的关键点或转折处设置问题，引发学生思维的转换和探究。如在“整风和反右派”一节教学中，1957 年的开门整风和反右派斗争是性质不同的两件大事，但是在实际进程中又是搅在一起的。所以可在几个节点设疑：1957 年为什么进行开门整风？整风为什么会转向反右？反右派斗争为什么会扩大化？反右扩大化又带来怎样严重的影响？连环式的设问由浅入深，递进引导，可达到连锁破解的效果，倍显启发式教学的魅力。

（二）比较启发

比较启发是借助于类比思维进行启发的一种方式。它有两种表现，一是求同，二是求异。求同是认识事物的共性，从而发现规律；求异是认识事物的个性，从而发现特点，发现规律与发现特点都是发现事物的本质，都是思维中的创造。在课堂教学中运用比较启发可以使学生对不同事物的相似性和差异性进行思考，通过比较提高识别和鉴赏事物的能力，从而有助于温故知新，实现知

识的迁移。“国史”课教学中曾较好地运用了这一方式，如在“抗美援朝”一节的教学中，解决“为什么我们会在抗美援朝战争中取得伟大胜利？决定战争胜负的因素有哪些?”这两个问题时，首先让学生了解这是一场以弱胜强的战争。中国历史上以弱胜强的战争不少，拿1945年抗日战争和1950年朝鲜战争来比较分析，可得出这样的结论：战争胜败不完全取决于军队数量的多少，还要依据战争性质的正义与否、两国国情的差异、抗战路线的选择、人心向背的考量等综合因素来考量。这样在分析和比较的基础上，把事物的共同本质特征抽取出来，问题就迎刃而解了，这是求同思维的体现。而求异思维则在解决该章节中国领导人决策选择“中国要不要出兵援朝?”问题时发挥了作用。当美军悍然越过“三八”线，朝鲜民主主义人民共和国处境危急，我国安全受到严重威胁的情况下，中国是出兵参战还是袖手旁观？假如我国袖手旁观，将付出什么成本？根据美国的意图和能力，让它在朝鲜为所欲为对中国的利益究竟会造成多大影响？面对选择让学生依据时代条件和历史经验进行合理的假设，启发学生打破思维定式，转换不同情景，交给学生猜测、推断、反证，使之权衡利弊，两害相权取其轻，从而信服中共领导人做出出兵援朝决策的正确性。

（三）讨论启发

灯不拨不亮，理不辩不明。讨论启发比较符合过程启发式教学的目的，是提高教学效果、培养学生能力的有效环节。讨论启发的关键是围绕要完成的教学任务，根据学生的实际认知水平，精心设计讨论点，问题应具有代表性、典型性和启发性。如在讲如何认识和评价社会主义改造时，往往和之后的社会主义改革相联系。“辛辛苦苦三十年，一夜回到解放前”，你认可吗？梳理中苏同盟关系由结盟到蜜月到破裂再到对抗的发展变化轨迹之后，设置讨论题目：中苏两国缘何从友邦到死敌？再如“文化大革命”学完之后，讨论如何认识和评价中华人民共和国成立后毛泽东的功过是非等问题。这样的议题易于激活学生的思维，使他们各抒己见，相互碰撞，相互启迪，相互印证，集思广益，进而激发学生的学习智慧。

（四）案例启发

案例启发也是一种学生喜闻乐见的教学方法。“国史”课中有不少晦涩的理论知识需要理解和掌握，如果只是平铺直叙地进行理论描述，势必会令课堂出现刻板、沉闷的氛围，降低学生的学习积极性。如果运用一些生动典型的案例，使理论具体化、形象化，学生则很容易触景生情，受到启发，积极思考。比如用人民会社化运动步子迈得过大的例子启发学生从多方面思考急于过渡的危害及教训，激发其探寻在我国社会主义初级阶段如何进行社会主义建设的积极性，进而坚信中国特色社会主义理论的科学性。案例教学的实施，寓理于例，易于激活学生的思维，效果事半功倍。

总之，启发式教学是一门灵活的综合性教学艺术，它可质难设疑、激发情趣、引人深思，合理运用启发式教学有利于提升“国史”课的教学效果。在实际的教学过程中，采用启发式的国史教学不再仅仅是一种单向的知识传授过程，而是教师引导和学生自主学习相统一的互动对话过程，是人与人之间平等的精神交流，在这种双向沟通中，师生收获的不仅仅是知识与能力的积累和提升，还有精神成长的快乐。

（薛凤伟：曲阜师范大学马克思主义学院博士）

思政专业“纲要”课专题化教学之我见

吴雪玲

摘 要：针对具有良好专业基础的思政专业学生，“纲要”课专题化教学，既符合教学递进的教学规律，又可有效解决教学内容与教学课时之间的冲突，激发教师教学的积极性、主动性和创造性，是推动教材体系向教学体系转化的重要途径。“纲要”课专题化教学的实施，应当遵守教学大纲的规范和要求，依据教学目的、教学内容，围绕主题、主线和教学重点、难点来设计专题内容。打造专家型教师组专题教学队伍、课堂教学与课外拓展有机结合、科学处理教材体系与教学体系之间的关联，是“纲要”课专题化教学质量的有力保障。

关键词：“纲要”课；专题化教学；教学体系

依据中宣部、教育部相关规定，“纲要”课作为高等学校本科生必修的思想政治理论课之一，旨在突出和强化思想政治教育功能，故思政专业的“纲要”课教学，思想性、政治性、理论性要求较高，与历史专业本科教学以及高校一般专业课教学相比，在教学定位和教学深度上有其特殊性。

如何有效、高效完成教学任务，教学方法的选择非常重要。专题化教学是依据教学大纲和学生实际，以“专题”为单位设计教学内容，以教师主导和学生主体双向互动教学为运作形式，综合运用专题讲授、专题讨论、专题实践等教学手段进行备课和讲授，从而形成相对独立又前后关照、逻辑统一的教学方式。“纲要”课实施行之有效的专题化教学，有助于学生深刻把握“一个主题”“两个了解”“三个选择”，培养爱国主义情操，坚定政治信仰，增强使命感。

一、思政专业“纲要”课专题化教学之意义

自2005年始，我院思政专业大一新生开始设置“纲要”课。每年新生人数约300人，分为4个班，授课时间为5—18周，每周4学时，共计56学时。目前“纲要”课使用教材为高等教育出版社、人民出版社出版的马克思主义理论

研究和建设重点教材《中国近代史》，教学内容包括导论与十四章五十三节，共计610页。时间紧、任务重，开设专题化教学势在必行。

（一）可有效解决教材内容多与教学课时有限的矛盾与冲突

“纲要”课教材内容丰富，涉及知识面广，逻辑性和理论性很强。鉴于课时有限，如果按章逐节、面面俱到、罗列材料，恐难做到史论结合，实现历史知识与思想教育相统一的教学目的。专题化教学，可以改变常规教学以时间为序、以事件发展为线、以国内外为围的通史讲解方式，形成主线明确、重点突出、条块清晰、内容丰富、逻辑严密的理论教学体系。教师集中讲授关键史实、重大事件、重要人物，答疑解惑，使“重点更突出、目标更集中、针对性更强、效果更好”。

（二）可以激发教师教学的积极性、主动性和创造性

专题化教学，授课教师可以在坚持教学基本理论、原则和内容的前提下，充分发挥专业特长，打破时空界限，对教学内容进行总体规划与整合，灵活安排和使用教学资料，避免顾此失彼或者厚此薄彼。同时，对于专题内容的深入研究，以科研促进教学，可以改善知识结构，实现知识面横向的宽度与纵向的深度有机结合。教师对于教学内容更加熟悉，讲授更有心得，与学生沟通更加自信，从而实现教与学的良性循环，有效提升教学质量。因此，专题化教学也是推动教材体系向教学体系合理转化的重要途径。

（三）符合教学递进的教学规律，是衔接中学历史与“纲要”课的有力介质

对于大一学生而言，初中和高中已经系统学习过近代历史，对于这一历史时期的重要事件、人物和历史进程已经有了基本了解。特别是思政专业的学生，大多都是二本，甚至一本的优秀文科生，有着良好的专业基础。如果“纲要”课不能超越学生的知识储备，必然会降低其获得感，无法实现预期的教学目标。开展专题化教学，教师依据教学实际和学生实际，进行资源整合、重组或取舍，在学生了解“历史本真——是什么”的基础之上，重点阐述“历史因果——为什么”，既可以满足学生的求知欲望，也可以将通识教育转化为理想信念教育，体现和强化“纲要”课以历史为基础的思想政治教育功能，使学生的情感目标、认知目标和能力目标全面提升，全面实现教学的关联性与层次性。

二、思政专业“纲要”课专题化教学之实践

专题化教学的教学设计、专题设置与考核评定，必须符合“教社政”相关

文件规定的“纲要”课的教学目的、教学内容，遵守教学大纲的规范和要求，围绕“纲要”课的主题主线和教学的重点难点来设计，这是实行专题化教学的行动准则。

（一）教学设计的依据和要求

牢牢把握思政课的教学目的和“纲要”课的教学目的。高校思政课的教学目的，是帮助大学生树立正确的世界观、人生观、价值观，引导大学生坚定对马克思主义的信仰、对社会主义的信念，增强对改革开放和现代化建设的信心、对党和政府的信任。“纲要”课的教学目的，在于帮助学生“了解国史、国情”，“深刻领会历史和人民是怎样选择了马克思主义，选择了中国共产党，选择了社会主义道路”。“纲要”课的专题化教学内容体系，必须坚持正确的政治导向，从教学目的出发，整合资源，加以论证。

正确处理主题与专题之间、专题与专题之间的关系。“纲要”课“一个主题”，即“主要讲授中国近代以来抵御外来侵略、争取民族独立、推翻反动统治、实现人民解放的历史”。专题化教学的目的在于更集中、更明确、更突出地讲授教材内容，在更高的层次上体现教学大纲的要求。因此，授课教师必须围绕主题设置专题，在全面而系统地把握教材内容的基础上，以教学重点和教学难点作为依据，选择学生容易存疑的问题，精心设计具有针对性以及富有特色的专题题目和专题内容，系统阐释。原则上，专题内容应当覆盖教材的主要内容。同时，专题与专题之间，在内容上应当既相对独立、自成体系，又彼此通过共同主线相互关联，以确保教学内容体系的系统性、连贯性和完整性，顺利完成教学任务。

专题化教学必须确保理论的科学性和逻辑的严密性。与章节讲授法相比，专题化教学理论性更强，对于授课教师的理论素养要求更高。教师在备课和讲授教学内容时必须坚持和体现马克思主义的辩证唯物主义和历史唯物主义，用马克思主义的立场、观点和方法去观察和分析历史，理论联系实际，做到“历史叙述与理论阐释的统一，应在历史叙述的基础上，多开展有深度的理论阐释”①，通过揭示和发现社会发展的一般性规律，更好地服务于现实和未来。因此，“纲要”课的专题教学体系应当是理论的科学性和逻辑的严密性相统一，条理分明、论证有力，完整地呈现教材的主题与主线，使学生在联系、对比与思考中，逐渐培养分析与解决问题的能力，更好地实现教学目的。

---

① 盛林.《中国近现代史纲要》专题式教学思考［J］. 历史教学，2017（12）：8-11.

（二）专题拟定

"纲要"课的专题设置是开展专题化教学的重要环节。结合目前使用的教材内容体系和我院思政专业学生的实际情况，"纲要"课专题化教学的专题拟定情况如表1所示。

表1 "纲要"课专题化教学的专题拟定情况

		一	二	三	四	教学任务
导论		课程性质和基本内容；教学目的与基本要求；学习方法				学习目的教育与学习方法教育
专题一	西方列强入侵与中国社会性质的变化	鸦片战争前的中国与世界	鸦片战争与中国近代社会的开端	民族危机的加深与中国半殖民地半封建社会的形成		使学生了解近代中国的基本国情，认识西方列强与中国社会性质变化之间的关系以及近代中国的主要矛盾与历史任务
专题二	农民运动风暴的起落	太平天国革命	义和团运动			使学生理解农民阶级的政治理想，掌握农民阶级自觉探索救国道路的历史意义，并学会剖析其经验教训
专题三	地主阶级的自强与新政	洋务运动的兴衰	清末新政改革			使学生正确认识并比较分析晚清统治阶级为自救而发起的两场近代化运动，并探讨其失败原因
专题四	戊戌维新运动	甲午战争后的民族危机	维新变法运动的兴起和发展	百日维新和维新变法运动的失败		使学生深入了解民族资产阶级为国家独立富强而尝试的政治变革运动，并尝试分析戊戌变法失败的多重原因
专题五	辛亥革命	资产阶级民主革命运动的兴起	民主革命运动的发展	辛亥革命运动的胜利与失败		使学生了解旧民主主义革命失败的原因，认清资产阶级共和国方案不可能解决中国的出路问题 课下观看：《复兴之路》
讨论课		比较和评析旧民主主义革命时期各种政治力量对中国出路的探索，为之后深刻理解"三个选择"提供必要前提				

续表

		一	二	三	四	教学任务
专题六	中国共产党的诞生与中国革命的新局面	新文化运动与五四运动	中国共产党的诞生	中国革命的新局面		使学生深入了解新文化运动和五四运动以及马克思主义传播的历程、特点，深刻理解中国共产党的成立使中国革命的面貌焕然一新 课下观看：《建党伟业》
专题七	中国革命的新道路	国民党在全国统治的建立	中国共产党对革命新道路的艰辛探索	中国革命在探索中曲折发展		使学生全面了解中国共产党对中国革命新道路的探索，深刻体会“新道路”的现代启示 分析党内连续出现“左”倾错误的原因及其经验教训
讨论课		如何理解：中国共产党的成立是中国历史上开天辟地的大事变 深刻理解：选择马克思主义、选择中国共产党的历史必然性				
专题八	中华民族的抗日战争	日本对中国的侵略	国民党与正面战场	中国共产党与敌后战场	抗日战争的胜利与意义	使学生了解两个抗日战场之间的关系，深刻理解中国共产党是抗日战争的中流砥柱，以及抗战胜利的伟大意义与基本经验 课下观看：《抗日》
专题九	国民党在全国统治的覆灭与中华人民共和国的成立	和平民主与内战独裁的斗争	全民内战的爆发	中国新民主主义革命的伟大胜利		使学生清楚认识从争取和平民主到自卫战争的过程 正确认识和评价民主党派的历史作用 深刻理解中华人民共和国是中国人民的历史性选择 课下观看：《建国大业》
总结	中国革命胜利的原因、意义和基本经验。深刻体会近代中国两大历史任务之间的关系					

比较分析：

原教材共计导论和十四章五十三节内容，专题化教学将其整合为九个专题讲授课与两个讨论专题以及总结课。每个专题都附有教学目的、重点难点以及课后思考题。

在教学内容方面，专题二至专题五，化零为整，打破时空界限，将旧民主主义革命时期农民阶级、地主阶级、资产阶级维新派、资产阶级革命派的改良与革命活动加以归类整合，形成各自独立又相互关联的专题内容。通过历史阐述、理论分析与专题讨论，学生深刻认识到新民主主义革命取代旧民主主义革命是历史发展的必然。与原教材内容相比，专题六与专题七，从中共党史的视角，着力于阐述马克思主义传播的必然性，中国共产党成立给中国革命带来的新面貌以及中国共产党对中国革命新道路的艰辛探索。结合音像资料与专题讨论，更好地帮助学生理解“三个选择”。与原教材内容相比，专题八更加集中地展现中国共产党是抗日战争的中流砥柱。专题九通过讲述各方政治力量的博弈，更好地帮助学生理解谁是和平民主的罪魁祸首，谁能够真正带领中国人民求得民族独立和人民解放，完成反帝反封建历史任务。

在实际教学中，每个专题都加以细化至三到四级标题，构成一个比较完整的教学内容体系。通过教学实践，可以体会到：专题化教学有效解决了“纲要”课时间紧、任务重之间的矛盾，针对思政专业学生专业基础较好的优势，有机整合教材内容，灵活使用教学资源，可以更好地引导学生积极思考、参与课堂教学，通过听、看、思、议，夯实专业基础，培养辩证思维方式，增强综合分析能力，学会质疑、敢于批判，实现教与学双向交流。

（三）考核方式

“纲要”课“考核形式与评价从总体上说要与教学的指导思想、目的要求和重点难点等相一致”。① 考核包括平时考核和期末考核。根据教育部指示，自2018级开始，取消“清考”制度，切实加强学习过程考核成绩在课程总成绩中的比重。故平时成绩与期末成绩的比重可由原先的3∶7调整为4∶6。

平时考核包括出勤率、课堂表现，以及课外作业。期末考试为笔试，包括主观性和客观性命题。客观性命题旨在考查学生对基本知识的了解程度，主观性命题重在考查学生理论联系实际的综合分析能力。

三、思政专业“纲要”课专题化教学之反思

专题化教学是对“纲要”课常规化教学的一种创新。专题的设置应当依据教材、学生实际的变化而变化。教材内容的修订、学生数量和质量的变化、学生关注的热点难点、学术前沿的最新成果以及教师队伍的变化等，都会影响到

① 王令金，殷振忠，王育松，等．《中国近现代史纲要》教育教学研究［J］．山东教育学院学报，2007（6）：27-35.

专题内容的设置。因此，及时总结专题化教学的经验，审视和反思其教训，亦是专题化教学体系必要的环节之一。

（一）更新教学观念，打造专家型教师组专题教学队伍

“纲要”课的思想政治功能具有鲜明的时代性，教材两到三年就会修订一次，党和国家的最新政策、时政内容与最新研究成果会及时补充到教材中去。为了与时俱进，及时反映时代精神，实践专题化教学，必须打造一支具备现代化教学观念的专家型师资队伍。

教师是专题化教学的关键条件和决定因素，更是学生身心健康成长的指导者和引路者，教师教学观念的更新，切实影响教学的质量和实效。针对具有良好专业基础的思政专业学生，“纲要”课一定要改变传统的应试教育模式，引导学生有效学习，注重学生能力培养，帮助学生树立正确的历史观、国家观、社会观。因此，“纲要”课专题化教学，必须提升教师队伍的综合素养和业务水平，逐步实现教师队伍的的专家化，“建设专兼结合、结构合理的思想政治理论课教学人才体系”。要积极响应教高函〔2018〕8号《关于狠抓新时代全国高等学校本科教育工作会议精神落实的通知》，“制定教授给本科生上课的专门管理规定，确保教授全员给本科生上课”，为“纲要”课专题化教学提供有力的学术支撑。

有条件的学校，可以成立“纲要”课教师组专题教学队伍。教师组授课，可以融集体智慧与个人专长于一身，实现备课资源的优化组合。教师组成员彼此之间也可相互借鉴，取长补短。同时，专题化教学内容的合理分配，也会保障教师有充裕的时间和精力完善备课，提升教师的业务水平和解析能力，更好地解读和处理教材。在教学目标的指引下，探索、思考和实践专题化教学的最佳方式。不同的教学风格，不同的思维方式，还可以展现教师们的风采和人格魅力，开阔学生视野，避免学生听觉、视觉疲劳，更好地发挥专题化教学的优势。

（二）课堂教学与课外拓展相结合，是实现专题化教学的有效路径

除课堂讲授外，“纲要”课专题化教学还可以借助多样化的教学手段，应用多种教学资源，丰富教学内容、活跃教学方式。

我院每年都有参加中央党校、省委党校等各类思想政治理论培训学习的名额，学院每年暑期组织思政课教师通过红色文化旅游的方式参观革命历史纪念馆，到兄弟院校交流观摩教学科研工作；不定期邀请知名专家学者举办学术讲座、报告会。通过开展诸如此类的考察培训活动汲取宝贵的教学资料和教学

经验。

对于学生，除课堂讲授外，可以开展一至两次主题讨论课或者辩论课，学生自拟题目，自由发言，教师点评；组织学生参加社会实践和社会活动，有效利用地方资源，如沂蒙红色文化，增强学生的体验感悟；使用信息技术改造传统教学，利用多媒体教学手段，观看教学录像，播放历史文献片《复兴之路》《抗战》，电影《建党伟业》《建国大业》等；为学生提供与“纲要”课相关的网站，开发在线开放课堂，推进优质资源共建共享，实现课堂外优质资源对课堂教学的补充；开通网络论坛，实现教学课件、重难点问题等教学资源共享，方便学生自主学习、课下交流；我院还为学生指定4本课外阅读书，学生自由选择2本，撰写读书笔记；鼓励基础好的学生积极参与学术会议，撰写学术论文，等等。

多种教学手段、教学资源的有机结合，可以提升课堂教学的广度和深度，发挥专题化教学的最大功效。

（三）恰当处理教材体系与教学体系的关联，将教材体系转化为教学体系

教材体系与教学体系二者之间彼此联系、相互依存，前者是基本要求和指向，后者是具体表现和实现途径。教材体系集中体现着教学思想、培养目标和教学内容，为一课之本，是专题化教学的基础和依据，所有教学资源必须以此为核心。

教材体系转化为教学体系，重在解决如何教、怎么学以及将课程目标、教学内容转化为学生知识、信念、品德和修养的过程。教材体系的功能能否得以发挥以及发挥的程度如何，主要取决于教学体系的构建和运用。其中，教师处理教材的能力会直接影响教学效果。

作为马克思主义理论研究和建设工程重点教材，《中国近代史》具有权威性、规范性和适用性，“纲要”课的专题化教学应当是在把握教材的基础之上，对教材进行超越、拓展和延伸，而绝不能以任何理由对教材的基本内容、基本观点进行规避和削弱。

“观察历史的中国是观察当代的中国的一个重要角度。不了解中国历史和文化，尤其是不了解近代以来的中国历史和文化，就很难全面把握当代中国的社会状况，很难全面把握当代中国人民的抱负和梦想，很难全面把握中国人民选择的发展道路。”① “纲要”课教师应当具备强烈的富有时代气息的问题意识，

① 习近平．习近平致信祝贺第二十二届国际历史科学大会开幕［N］．人民日报，2015-8-24（01版）．

敏感地把握住社会热点问题，服务现实、面向未来。拟定专题时，可以通过师生互动或者问卷调研，了解学生普遍关注或者存在疑惑的热点、难点问题，合理纳入，有效回应。通过问题设计、问题阐释、问题拓展诸环节，增强教学的针对性与实效性、说服力与感染力，即“增加课程难度、拓展课程深度，切实提高课程教学质量”。

教材体系向教学体系的成功转化，是一项极具创造性的工作。只有不断完善和修订“纲要”课专题化教学的教学体系，淘汰“水课”、打造“金课”，才能赋予教材内容崭新的生命力。

（吴雪玲：曲阜师范大学马克思主义学院副教授、硕士生导师）

思政专业实践教学体系改革探究

——以山东省为例

肖　芳　孟煜丰

摘　要：当前高校思政专业原有的实践教学体系难以满足国家培养高素质教师队伍的需求。为适应我国高等教育转型的新形势，凸显思政专业自身特色，更好地与当前多元化的就业形式相对接，必须对实践教学体系进行改革，转变教育理念，改革课程体系，加大对实践教学的投入，完善实践教学评价体系。思政专业肩负着培养“大国良师”之重任。

关键词：思政专业；实践教学体系

高等院校作为培养社会发展人才的重要基地，必须将人才培养目标与国家和社会的需求紧密结合起来，进行实践教学体系的改革。思政专业作为与社会现实联系紧密的专业之一，在培养具备扎实的马克思主义基本理论、思政专业知识以及较强的教学和科研创新能力的中学思想政治课骨干教师、教学名师方面以及培养能够在党政机关、企事业单位从事思想政治教育工作的应用型人才方面责任重大，思政专业只有紧随时代发展趋势，有步骤、有规律地进行实践教学体系的改革，才能为国家和社会培养出“大国良师”。

一、高校思政专业实践教学体系改革的必要性

当今社会对应用型人才需求的不断增长，推动着我国高等教育由地方本科高校向应用技术类高校的转型升级。同时，日趋多元化的就业形式也对思政专业的人才培养体系提出更高的要求，国家和社会对大学生的创新精神和实践能力的重视，使得各高校思政专业实践教学体系的改革迫在眉睫。

（一）中国高等教育转型的要求

进入新时代以来，经济的高速发展特别是产业结构的升级，对具有实践动手技能的应用型人才的需求越来越大。我国高等教育的使命是培养为社会发展

而服务的专业人才。但就目前来看，高等教育所培养出的人才往往是理论素质较高，但实践动手能力较差，很难满足社会快速发展的需求。习近平总书记指出："党的十八届三中全会吹响了全面深化改革的号角，也对深化我国高等教育改革提出了明确要求。现在，关键是把蓝图一步步变为现实。全国高等院校要走在教育改革前列，紧紧围绕立德树人的根本任务，加快构建充满活力、富有效率、更加开放、有利于学校科学发展的体制机制，当好教育改革排头兵。"① 因此，教育部出台了一系列的政策来推动中国高等教育的转型发展，进而为国家的发展提供高素质、专业化、创新型的应用型人才。地方本科高校向应用型高校的转型实际上就是通过加强实践教学的比重，培养学生的实践能力和创新精神。但是，由于当前各高校思政专业的实践教学体系仍然存在诸多问题，因此要想成功实现转型，必须进行实践教学体系的改革。

（二）与多元化就业形式相对接的要求

当前的中国正处于转型阶段，转型期的中国所创造出的就业形式是多种多样的，多样化的就业形式对人才素质的要求也向着多元化、复合型方向发展。所谓复合型人才，既要求有扎实的理论知识基础，又要有较强的动手实践能力；既要有较强的创新思维，又要有较强的适应能力，这样的人才需求无疑是对高校传统人才培养模式的一种新挑战。思政专业传统的人才培养目标仅局限于培养能够在党政机关、学校、企事业单位从事思想政治工作的专门人才；人才培养模式仅注重对学生进行马克思主义理论和基本道德素质的培养，忽视了学生实践技能的培养，导致培养出的学生远不能适应社会发展的需要。因此，各高校思政专业必须进行实践教学体系的变革，加强对学生实践能力的培养和训练，促进学生的全面发展。

（三）与应用型人才培养目标相契合的需要

随着经济的发展和产业结构的升级，"社会对人才的需求标准也由'唯学历论'转变为'唯能力论'"。高校作为向社会输送优秀人才的主力军，必须着眼于社会发展的新形势，关注社会发展的变迁，不断地根据社会的需求来调整本校的培养目标。因此，当前社会对于应用型人才的需求直接决定了高等院校的培养目标：培养具备创新精神和实践能力的应用型人才。为此，各高校必须对现有实践教学体系进行改革，正确认识实践教学在培养应用型人才中的重要性，加强实践教学的比重，特别是思政专业作为一个实践教学不突出的专业，

① 本书编写组. 习近平总书记教育重要论述讲义［M］. 北京：高等教育出版社，2020：48.

更要积极进行实践教学体系的改革，以造就能够满足社会需要的应用型人才。

（四）凸显自身学科特色及专业特色的要求

“所谓特色，指的是某事物的质的优越性，即该事物的优势和特质。”思政专业是从属于马克思主义理论一级学科下的二级专业，是以马克思主义理论为基础，与国家经济、政治和社会生活联系紧密的一门理论性和应用性兼顾的专业；政治性和应用性是思政专业自身鲜明的特色。但是，当前思政专业所培养出来的人才普遍存在“只会背，不会用”的问题，即思政学科专业理论知识基础扎实，但实际教学能力、理论联系实际能力较弱。这样的人才培养质量不利于体现思政专业自身的应用性和实践性。因此，各高校的思政专业必须加大力度改革自身的实践教学体系，加强对学生实践教学能力的训练，以更好地凸显出马克思主义理论学科和思政专业自身的应用性、实践性特色，引导社会形成对思政专业的正确认识。

二、高校思政专业实践教学体系建设的现状及问题

高校转型势在必行。近年来，根据国务院和教育部有关文件精神，各高等院校为实现向应用型高校的转型进行了一系列改革。现主要以山东省四所高等师范院校为例，对当前高等师范院校思政专业的实践教学体系进行调查研究。

（一）山东省高等师范院校思政专业实践教学体系建设的现状

随着社会对应用型人才的需求不断增长，山东省内各高等师范院校的思政专业从教学理念、课程体系、评价体系等多个方面对现有的实践教学体系做出了调整，以培养具有创新精神和实践能力的应用型人才，取得了一定的成果，如对实践教学的重视程度有所提高、实习基地有所增加等，但在取得成绩的同时仍有一些问题存在，而且也一直有许多新问题暴露出来，阻碍着实践教学体系的进一步发展。

（二）高校思政专业实践教学体系建设存在的问题

1. 实践课程体系设置的不合理

科学合理的实践课程体系是提高学生教育教学技能的前提。但是，目前不少高等院校思政专业实践课程体系的不合理设置，导致学生在形成良好实践技能方面存在障碍，具体表现为：理论课程学分占总课程学分的比例大，而实践课程占学分的比例较小；培养学生对中学教材和课程标准的把握能力，增强学生文学和艺术修养以及训练学生教学基本功等方面的课程开设不到位，如中学政治课的教学艺术与技巧、思政课的新课程标准及教材分析、当前中学思想政治教育现状、“三字一话”教学基本功训练、文学艺术鉴赏课等；以及实践环节设置单一、创新性不足，仅包括社会实践、教育实习和毕业论文等内容；培养

学生创新能力的实践环节较少（见表1至表3）。

表1　山东省内四所高等师范院校思政专业实践教学所占学分情况

学校名称	总学分数	实践教学学分	实践教学学分比例（%）
A大学	157	17	10.83
B大学	187	20	10.69
C大学	160.5	20.5	12.77
D大学	146	16	10.95

表2　山东省内四所高等师范院校实践教学环节设置情况

<table>
<tr><td rowspan="6">实践教学平台</td><td rowspan="2">通识实践教学模块</td><td>军训</td><td>1学分</td><td>考查</td></tr>
<tr><td>创新实践</td><td>2学分</td><td>审查</td></tr>
<tr><td rowspan="4">专业实践教学模块</td><td>课程论文（设计）</td><td>2学分</td><td>考查</td></tr>
<tr><td>教学见习</td><td>2学分</td><td>考查</td></tr>
<tr><td>教育实习（含模拟实习）</td><td>10学分</td><td>考查</td></tr>
<tr><td>毕业论文（设计）</td><td>6学分</td><td>考查</td></tr>
</table>

表3　山东省内四所高等师范院校专业核心课程设置情况

院校名称	开设课程	未开设课程
A大学	毛泽东思想概论、中国特色社会主义理论体系概论、普通逻辑学、社会学、伦理学、马克思主义哲学、中国近现代社会发展史、中国政治思想史、法学基础、政治学、科学社会主义、西方马克思主义、中共党史、国际政治概论、经济学原理、西方经济学说史、当代中国外交概论、马克思主义原著选读、马克思主义政治经济学、外国哲学史、当代西方政治制度、当代中国政治制度、国家公务员概论、经济法学、世界政治经济与国际关系、社会科学研究方法、现代科学技术概论、马克思主义发展史、中国哲学史、现代西方哲学、文化学概论、思想政治教育学原理、比较思想政治教育学、中国共产党思想政治教育史、思想政治学科教学论、微格教学与模拟授课、中学政治教学技能训练、中学政治教学案例分析与教学设计、教育管理与班主任工作、普通话口语艺术、普通心理学、教育见习1、教育见习2、教育见习3、教育实习、毕业论文（设计）	中学政治课的教学艺术与技巧 中学思政课课程标准及教材分析 当前中国思政课教育现状分析 钢笔字、毛笔字、粉笔字的实训课程 文学艺术鉴赏课

续表

院校名称	开设课程	未开设课程
B 大学	马克思主义哲学原理、中国近代史、法学概论、毛泽东思想概论、思想品德修养、逻辑学、政治经济学、中国传统经典文献导读、中国特色社会主义理论体系概论、中国近现代政治思想史、中国哲学史、中共党史、政治学原理、科学社会主义理论与实践、社会学、伦理学、马克思主义原著选读、马克思主义发展史、国外马克思主义概论、社会调查原理与方法、美学、西方政治思想史、西方经济学、当代西方社会思潮、公共关系学、当代世界经济与政治、自然科学概论、思想政治工作热点问题、执政党建设专题研究、党的文献选读、学术研究与论文写作专题、教师职业道德、思想政治教育学原理、比较思想政治教育学、思想政治教育学科教学论、微格教学、中学新课标解读、课程论文（设计）1、课程论文（设计）2、教学见习、教育实习（含模拟实习）、毕业论文（设计）	中学政治课的教学艺术与技巧 中学思政课教材分析 当前中国思政课教育现状分析 钢笔字、毛笔字、粉笔字的实训课程 文学艺术鉴赏课
C 大学	马克思主义哲学、政治经济学、中国哲学史、法学概论、逻辑学、欧洲哲学史、中共党史、西方政治思想史、中国政治思想史、国际共运史、国际政治学、科学社会主义、当代资本主义、马克思主义经典著作导读、社会学、社会调查方法、伦理学、政治学、管理学、领导科学、电子政务、当代西方政治制度、公文写作、行政能力测试与申论、现代礼仪与口才实务技巧、学术规范与论文写作、公共关系学、当代世界政治经济与国际关系、当代社会思潮、发展与教育心理学、教育学概论、教师职业道德与专业发展、现代教育技术、教师口语（普通话）、思想政治教育方法、思想政治教育史、思想政治教育学原理、思想政治教育教学论、政治学科课程标准与教材研究、劳动教育实践（一）、劳动教育实践（二）、实习指导、科研方法与科研训练、教育见习与实习、毕业论文	中学政治课的教学艺术与技巧 当前中国思政课教育现状分析 微格教学 钢笔字、毛笔字、粉笔字的实训课程 文学艺术鉴赏课

续表

院校名称	开设课程	未开设课程
D 大学	马克思主义哲学原理、政治经济学、政治学、毛泽东思想概论、社会学、邓小平理论和“三个代表”重要思想概论、法学概论、社会主义理论与实践、中国传统文化概论、伦理学、逻辑学、公共关系学、公共关系礼仪、西方经济学、当代西方哲学、公共行政管理、世界政治经济与国际关系、中国近现代政治思想史、外文专业文献阅读与翻译、中国哲学史、西方哲学史、宗教文化概论、经典著作选读、西方政治思想史、科学技术与社会、劳动合同法学、思想政治教育学原理、思政学科教学论、思想政治学科课程标准与教材分析、思政学科教学技能综合训练（微格教学）、教育实习、毕业论文	中学政治课的教学艺术与技巧 当前中国思政课教育现状分析 钢笔字、毛笔字、粉笔字的实训课程 文学艺术鉴赏课

2. 现有师资队伍难以满足实践教学的需要

实践教学的师资队伍是决定实践教学体系建设能否顺利进行的关键，没有一支良好的实践教学师资队伍，很难达到实践教学的目的。通过调查发现，当前山东省内四所高等师范院校在师资队伍建设方面存在着较多问题，在相当大的程度上影响了实践教学的效果，具体表现为：第一，师资队伍结构不合理。在整个师资队伍中，理论课教师占据了教师人数的大部分比重，而从事学科教学论和对学生进行实践教学技能训练的专业教师则仅有一小部分。以 B 大学为例，思政专业共有教师 32 人，其中从事学科教学论课程讲授和学生教学技能训练的教师中仅有 2 人是专业教师，数量过少，师资结构明显不合理。第二，教师质量不稳定。主要体现在：一方面，高水平教学名师的缺失；另一方面，现有的实习指导教师缺乏中学教学的实践经验，对于基础教育现状的把握不到位，因此教师在对思政专业学生进行实习指导时的针对性不强，影响着教育实习的效果。第三，教师进修缺乏制度和经费保障。学校在高校实习导师继续学习和持续发展方面的支持力度不够，缺乏相应的制度、经费保障。

3. 实践教学训练基地少且其支持力度较弱

“将军难打无兵之仗”，实践教学体系建设的顺利进行需要有足够的实践教学训练基地作保障。一般来说，实践教学训练基地主要有两种：一种是校内教学技能实验室，另一种则为校外实习基地。但从调查的情况来看，不少高等院校对于实践教学的重视程度不够，导致其对教学实践训练基地的投入也就相对少。首先，校内方面。有些高校的思政专业在培养中学政治教师的过程中，认为只要有一间教室、一块黑板、一支粉笔、一台多媒体设备即可。因此，在校内并未建立专门的政治教学技能实训室，已有的实践教学条件和设备也远不能满足学生实践训练的需要。其次，校外方面。思政专业的实习基地不仅少，且其支持力度较弱。具体来说，思政专业的实习基地多为各地的中学，实习导师一般由高校教师和中学教师共同担任，但根据调查发现，相当一部分中学教师对于实习生的指导不到位，中学教师的指导作用并未得到充分发挥；学生在实习中学能够真正自主备课、上课的机会并不多，实习课时非常少。以某高校为例，当前思政专业校内仅有一个微格教室，规模较小，仅可容纳一百名左右的学生同时上课；而校外的实习单位也相对较少，只限于某市的几个中学，在这种条件下培养出来的人才是难以满足国家和社会需要的。

4. 实践教学评价体系不成熟

教学评价是教学过程中必不可少的一个环节，也是评估教育质量的一个重要标准，在教育过程中起着引导激励、诊断改进与监督检查的作用。通过调查发现，当前实践教学的评价体系主要存在以下问题：其一，评价主体单一。传统实践教学的评价主体往往只有高校导师，评价的结果容易受到主观印象和人情因素的影响，导致评价与学生的实际能力有所偏差，不利于学生客观地认识自己和进一步总结提高，教学评价的客观性和公正性难以保证。其二，评价标准不一致。这一问题突出表现为：在不同的实习中学进行分散实习的学生所得到的实习评价没有一个较为统一的对比标准，再加上各中学水平良莠不齐，不少实习单位在对实习生进行评价时也只是“走过场”，缺乏科学的评价手段和认真严谨的态度，导致实习评价的科学性和可靠性大打折扣。其三，评价指标不健全。评价指标主要包含对学生教学技能的掌握、教学方法的运用等方面的考查，未涉及对学生的实习态度、职业精神、职业道德等方面的考查。最后，评价方式的单一化，过于看重终结性评价，而忽视了形成性评价，过于重视结果，忽视过程，导致实践教学评价的作用难以完全发挥。

5. 实践教学保障体系不健全

实践教学的开展，必须要有一定的经费、学时、制度做保障。长期以来，由于受到“重理论，轻实践”的传统教学理念的影响，各高校没有充分认识到实践教学的重要性，导致对实践教学的投入不足，实践教学的保障体系不健全。首先，从经费方面看，近年来，虽然各高等师范院校都加大了对实践教学的投入力度，经费短缺的状况有所改善，但仍然无法满足逐年增长的实践教学体系建设对支持经费的需要；其次，从学时方面看，实践教学的学时在总学时中所占比重较小，学生能够得到专业实践技能训练的时间不能保证；最后，从制度方面看，其一，各高等师范院校在高校教师“进中学”观摩学习以增加其中学教学实践经验方面的相关鼓励、支持制度较为缺乏，且对于教师的持续发展和学习没有相应的制度保障。其二，实践教学管理的各项规章制度不完善，实践教学的教学大纲、考核标准、规范要求等不健全。

上述问题的存在直接影响着实践教学活动的顺利进行以及良好实践教学效果的获得。究其原因，主要是各高校长期受“重理论，轻实践”的传统教学理念的影响，没有充分认识到实践教学的重要作用，进而导致实践教学课程体系设置的不合理、师资队伍的不健全、实习基地的缺乏以及实践教学评价体系的不成熟等诸多问题。总而言之，只有从更新教学理念入手，才能够进一步解决实践教学体系中所存在的诸多问题，进而为国家和社会培养高素质、专业化、创新型的应用型人才，造就“大国良师”。

三、高校思政专业实践教学体系创新路径研究

鉴于现行的实践教学体系存在的诸多问题，各高等师范院校思政专业要想培养出高素质、专业化、创新型的中学政治教师，必须从转变教育理念、完善课程体系、加大经费投入、优化评价体系等多个方面对当前思政专业的实践教学体系进行改革。

（一）实践教学体系改革的依据

党的十八大以来，以习近平同志为核心的党中央高度重视教师队伍的建设，强调教师的地位“特别重要”。其中，党的十八大报告指出：“要全面实施素质教育，深化教育领域综合改革，着力提高教育质量，培养学生社会责任感、创新精神、实践能力，推动高等教育内涵式发展。”① 党的十八大报告对各高等师范院校的人才培养质量提出了更高要求，同时也表明实践教学体系的改革已成为思政专业的当务之急。党的十九大报告进一步要求：“加强师德师风建设，培养高素质教师队伍，倡导全社会尊师重教。”② 除此之外，为加强教师队伍建设，培养大国良师，中共中央、国务院于2018年1月颁布了《关于全面深化新时代教师队伍建设改革的意见》，将教育和教师工作提到了前所未有的政治高度，目的就是要培养、造就党和人民满意的高素质、专业化、创新型教师队伍。“高素质”“专业化”“创新型”的教师就代表着教师必须要有高尚的师德品质、

① 教育部课题组. 深入学习习近平关于教育的重要论述［M］. 北京：高等教育出版社，2013：130.

② 习近平. 决胜全面建成小康社会 夺取新时代中国特色社会主义伟大胜利［N］. 人民日报，2017-10-28（1）.

扎实的教学基本功和基本技能、渊博的理论知识，具备创新精神。这一新目标无疑给高等师范院校思政专业现有的实践教学体系带来了新的挑战，促使各思政专业必须对现有的实践教学体系进行改革，以培养“高素质、专业化、创新型”的“大国良师”。

（二）更新教学观念，树立“学以致用”的人才培养理念

“任何教育行为都是不可能离开教育观念的，不管我们是否意识到，它都实实在在地，并顽强地、无孔不入地渗透在我们的教育行为中。”① 在思政专业教学过程中，理论学习和实践训练是密不可分的两部分，从某种程度上来说，二者是“知”与“行”的关系。“知是行之始，行是知之成”，要加强学生对理论知识的掌握，必须把实践训练与理论学习结合起来，加强学生的实践训练，使学生真正做到“学以致用”。但是，长期以来，思政专业“重理论，轻实践”的观念并未从根本上得到改变，实践教学仍然被看作是理论教学的附属品，在实践教学改革过程中许多高校还存在对实践教学的重视程度不够、外部保障不足、缺乏科学的实践教学评价体系等诸多问题。要想转变这一局面，必须摒弃“重理论，轻实践”的传统理念，树立“学以致用”的人才培养理念，正确认识实践教学的地位和作用，加强实习基地建设，加大实践教学的经费和制度等方面的投入，构建全面科学的实践教学课程体系和评价体系，切实提高思政专业学生的创新精神和实践能力。

（三）构建科学全面、独具自身特色的实践课程体系

目前，思政专业在课程体系方面存在的问题主要有以下两个方面：实践课程的学分少、学时短、种类少，实践课程缺乏学校自身特色。因此，为解决以上问题，使实践课程体系能够更好地为培养应用型人才服务，必须要构建科学全面、独具自身特色的实践课程体系。首先，适当地减少理论性课程，把学分、课时分配到实践性课程上，增设能够促进大学生创新精神和实践技能发展的实践课程。如中学思想政治课课程标准与教材分析、讲课与说课训练、微格教学、大学生创业实践等。如此，既能够解决实践课程数量不足的问题，同时也能避免实践训练环节的单一性。其次，注意挖掘本地区的优秀文化资源，因地制宜地开展实践教学，打造具有地方特色的实践课程。以 B 大学为例，B 大学坐落于孔子故里山东曲阜以及海滨城市山东日照，有着丰富的儒家文化资源和海洋文化资源，并且山东省内也有沂蒙山区、孟良崮战役遗址等多处“红色文化”

① 叶澜．更新教育观念，创建面向 21 世纪的新基础教育［J］．中国教育学刊，1998（2）：6-11.

资源基地。因此，在进行实践教学的过程中，可开展以“重归孔子故里，学习传统文化”为主题的社会实践活动，并在此基础之上，结合独有的儒家文化资源，开设专门的特色实践课程，如“孔子与儒家文化”“中国传统经典文献选读”等，也可借助革命老区丰富的“红色文化”资源，组织学生参观革命基地，对学生进行爱国主义教育；还可开展“海洋文化进课堂”的活动，将海洋文化资源与实践课程相结合，以增加学生对海洋文化的了解，促进学生的全面发展。

（四）加强实践教学师资队伍建设

当前，各高校现有的师资队伍存在结构不合理，质量水平不高，实践教学的专业人才少，教师在持续发展和学习上缺乏足够的经费支持和制度保障等多种问题。这些问题的存在导致现有的师资队伍难以满足新时代培养“大国良师”的需要。因此，只有加大力度进行实践教学师资队伍的建设，才能保证师资力量能够适应新时代进行实践教学体系改革的要求。具体来说，实践教学师资队伍的建设首先应加强对现有教师实践教学技能的培训力度，增加对现有教师持续发展和进修的支持力度，加大相关的经费投入，建立相应的制度保障；其次，积极引进实践教学专业人才。各高等师范院校不仅要将教师“送出去”，鼓励教师“进中学”学习观摩，增加高校教师对基础教育实践前沿情况的了解和掌握，同时还应引进中学的教学名师、教学骨干担任思政专业的实践教学指导教师，以弥补高校实践教学师资力量的缺乏。

（五）创设全程化、全覆盖的教学实践能力培育体系

所谓全程化、全覆盖的教学实践能力培育体系是指以学生教育教学实践能力和高尚师德品质的养成为目标的全学段、全面化的实践教学体系。相对于传统的实践教学体系来说，“全程化教学实践能力培育体系”是一个全方位的、系统的教学实践能力培养与训练的过程，它是将教学实践能力和高尚师德品质的培养贯穿于大学四年的学习之中的一种实践教学体系，旨在多领域、连续性、综合性地培养思政专业学生的教师基本素养和教育教学能力。这一体系并不只是单纯地传授理论知识或训练实践技能，而是引导学生将理论和实践相结合，在形成高尚师德品质、掌握扎实的教育理论知识和专业知识的同时，也能形成较高的教育教学能力。全程化、全覆盖教学实践能力培育体系共包括四个环节，并以校内和校外实践基地的有效结合为依托，环环相扣，逐层递进。

首先，在大一阶段，学生除了接受教育科学知识和专业学科知识等理论知识的学习之外，还将开始接受教学基本功和教学技能的训练，如粉笔字、钢笔字、毛笔字还有普通话的训练，并定期举办粉笔字书写大赛、普通话朗读比赛等与教学基本功有关的活动，以更好地督促学生进行教学基本功的自觉训练；

另外还可以组织思政专业学生观摩中学政治教学的优质课、公开课等，让学生对于思政课教学有一个大体认识；同时，开展一些师德教育主题活动，如举办以师德为主题的演讲活动，让学生围绕师德的培养、作用等发表自己的想法和建议，潜移默化地使学生树立良好教师职业道德的意识。

其次，大二阶段，要使学生在继续接受理论学习的同时，开始进行模拟实习、教育见习。模拟实习主要包括小组备课、小组试讲、个人总结反思三个阶段，要求学生在老师的指导下，尝试进行备课、撰写教案、制作 PPT、模拟上课等教学环节。除此之外，在模拟实习的同时，还将组织学生到中学进行教育见习，到真正的课堂当中去观摩中学政治课，感受中学政治课实际的课堂氛围、师生之间的互动以及接受高尚师德的熏陶，等等。在大二阶段，还将组织学生寻找身边的“最美教师”，通过品德高尚的教师的榜样示范作用来培养学生良好的师德品质。教育见习和模拟实习能够帮助学生获得从事教育教学的实际体验，激发起学生充实自身理论素养和从教技能的紧迫性和主动性，帮助学生更好地将理论知识与教学实际相结合，从而为大三阶段的教育实习做好准备。

再次，到了大三阶段，学生对教育科学知识和思政学科专业知识有了比较系统、全面的掌握之后，便需要投入实际的教学情境当中进行教育教学的训练。学生需要进入中学（初中、高中）进行教育实习或者是顶岗实习，教育实习或顶岗实习可以是学校组织集体实习，也可以是学生自主分散实习，自己联系实习单位。在实习过程中，学生们将在高校导师和中学导师的双重指导之下，根据自己在学校中所学习到的理论知识和教学技能、教学基本功等来进行实习，从而获得教师教书育人、教育教学的真实体验，同时也有助于学生践行理论知识，做到“学以致用”。同时在学生实习的过程中，组织学生开展“向最美教师致敬”的活动，让学生向具有高尚师德的中学教师学习，并且要求学生通过访问这些师德高尚的教师，进而制订出自己的师德养成计划。另外在本学年的最后，还将开展本科生教学技能比赛（讲课比赛、说课比赛），对学生的实习成果进行验收。

最后，大四阶段是全程化、全覆盖教学实践能力培育体系的强化阶段，在这一阶段，学生们将进行毕业论文的写作。由于思政专业主要是向社会输送优秀的、具有高尚师德的中学政治教师，因此在毕业论文写作这一部分，思政专业教师应引导学生加强对师德培养以及基础教育阶段政治课教学等方面的研究，鼓励学生就中学政治课的教育教学进行科学研究，从而为学生将来从教、进行教育研究、形成高尚的师德修养打下良好的基础。

（六）构建全面科学的实践评价与反馈机制

教学评价历来是实践教学过程中的一个薄弱环节，主要存在评价主体的单一性、评价标准的不一致、评价指标的不健全等问题，这种不科学的评价体系直接影响着学生实践技能的形成和人才培养质量的提高。因此，为实现应用型的人才培养目标，思政专业的实践教学评价体系必须做出相应的调整，构建起全面科学的实践评价与反馈机制。首先，评价主体要确保多元化，实行三方评价，评价主体由学生、实习中学（用人单位）以及高校的实习指导教师三方面组成，以确保实践教学评价的客观性和公正性。其次，评价指标要实现全面化，改变以往把学生对实践相关理论知识的掌握作为评价学生的唯一指标，坚持全面性原则，将学生在实践过程中所表现出的教育教学能力，教师职业道德品质，参与教育实习的态度，学生在课前、课上、课后的相关工作是否到位等纳入实践教学评价指标体系中，尤其要把对学生师德品质的评价放在首要位置，给予学生正确的评价引导，帮助学生形成高尚的师德品质。最后，评价方式要注重多样化，传统的实践教学评价体系实行“一课定终身”，通过听学生在教育实习中的某一节课来决定学生实践训练的最终评价，这种单一的评价方式是形式化的、片面的，不能够准确、全面地反映学生的实际水平和能力。因此，应采取终结性评价与形成性评价相结合的方式，重视学生在实习过程中品德、能力、态度等方面的努力和进步，通过关注学生的实践过程，帮助学生形成积极的学习态度和科学的探究精神，以促进学生的全面发展。

（七）强化实践教学体系的外部保障

丰富的实践教学资源是保证实践教学顺利进行的外部保障，它包含各种有形的和无形的因素，包括经费、物力、制度等各方面的资源。强化实践教学体系的外部保障必须从丰富、充实实践教学资源着手。具体来说，主要有以下三个方面：第一，强化经费保障。加大对实践教学经费投入的力度，从不同方面增设实践教学活动的专用经费，特别是对高校教师的持续发展、学生实践活动等方面的经费投入更要足够，以更好地提高师生参与实践教学技能训练的积极性，保证实践教学活动的顺利开展。第二，加大物力投入。物力投入，就是指训练设备、实训教材、校内实践技能训练室（微格教室、教师教学技能实训室）等应合理配置，并在数量充足的基础上保证质量，同时高校应选择办学质量高的中学作为师范生的教育见习、实习基地，加强与实习中学的沟通、联系，在推动实习学校的发展和建设方面给予实实在在的帮助，进而得以建立长期、稳固的实习基地。第三，加强制度保障。一方面，要加强鼓励、支持教师持续发展的相关制度的制定，从制度上保障高校教师的持续发展，鼓励高校教师到中学去观摩学习，从而增加高校教师的中学教学实践经验，提高教师对基础教育教学实际情况把握的准确度，以更好地指导学生实践教学技能的训练；另一方面，要修订、完善实践教学组织、运行、管理方面的各项规章制度，既要修订已有的规章制度，去除不合时宜的条款、条文，增加新的适应新形势的内容，又要根据当前应用型人才培养目标的要求，出台一些新的规章制度，加强对实践过程的指导和监督，为实践教学体系的建设提供制度保障，保证实践教学的顺利进行。

实践教学体系改革是思政专业教学改革的一个重要组成部分。只有通过实践教学，才能帮助学生把理论知识应用到实践中去，真正使学生做到学以致用，提高学生的动手能力和解决问题的能力。因此，各高等师范院校的思政专业应准确了解当前国家和社会的需要，充分认识到实践教学在应用型人才培养中的地位和作用，积极制定科学合理的实践教学体系改革方案，改革旧有的实践教学体系，探索构建思想政治教育实践教学新体系，致力于提高学生的创新精神和实践能力，培养满足国家和社会需求的应用型人才。

[肖芳：曲阜师范大学马克思主义学院副教授、硕士生导师；孟煜丰：曲阜师范大学学科教学（思政）硕士研究生。]

提高马克思主义理论专业硕士生马克思主义理论素养的价值分析

孙迪亮

摘 要： 马克思主义理论专业硕士生是马克思主义理论教育和马克思主义理论学科建设的重要依托对象。提高马克思主义理论专业硕士生的马克思主义理论素养，从宏观方面讲，关系到马克思主义理论学科的优化建设和马克思主义理论专业学位点的内涵发展，关系到高校思想政治教育和意识形态工作的实效；从微观方面讲，关系到马克思主义理论专业硕士生的自身发展及其顺利就业。当前，重视提高马克思主义理论专业硕士生的马克思主义理论素养，具有无可置疑的重要性和紧迫性。

关键词： 马克思主义理论专业硕士生；马克思主义理论素养；价值

马克思主义理论专业硕士生是马克思主义理论教育和马克思主义理论学科建设的重要依托对象。近年来，随着马克思主义理论学科建设的逐步深化和国家对高校马克思主义理论教育的日益重视，客观上对马克思主义理论专业硕士生的马克思主义理论素养提出了更高要求。马克思主义理论专业硕士生的马克思主义理论素养包括三个层面的基本内涵：一是知识素养，表现为学习掌握马克思主义理论知识的程度（包括广度与深度）；二是能力素养，表现为运用马克思主义的立场观点方法去分析、解决问题的能力的强弱；三是情意素养，表现为是否对马克思主义理论具有深厚情愫和坚定信仰。长期以来，我国对马克思主义理论专业硕士生的培养，存在着重理论知识的单向灌输、轻理论素养的全面提升的问题，再加上近年来马克思主义理论专业硕士生就业形势严峻，在很大程度上弱化了他们对马克思主义理论的潜心研读，这就导致很多硕士生“有学历学位、缺理论素养”，其马克思主义理论素养实难恭维。正如著名学者梅荣政教授所言：“有的博士快毕业了还说不清什么是马克思主义基本原理，甚至对什么是马克思主义？什么是反马克思主义？马克思主义究竟是一个还是有多个？

如果马克思主义只有一个，为什么世界上有各种各样的马克思主义说法？缺乏清晰的认识。”① 这样的现实状况，有损于马克思主义理论专业人才培养目标的真正实现和马克思主义理论学科的优质发展。在此情势之下，多维分析和高度重视进一步提升马克思主义理论专业硕士生的马克思主义理论素养，无疑具有极为重要的现实意义。

一、优化马克思主义理论学科建设的重要因素

近些年来，尤其是2005年马克思主义理论学科被确立为一级学科以来，党和国家高度重视马克思主义理论学科的建设和研究。衡量马克思主义理论学科建设成效的一个重要标准，就是看马克思主义理论专业人才的培养质量。而马克思主义理论专业研究生作为马克思主义理论专业人才的一个重要组成部分和后备军，他们的马克思主义理论素养之强弱，无疑会体现出人才培养质量之高低。只有不断提高他们的马克思主义理论素养，才能适应党和国家对马克思主义理论学科建设的新要求和对马克思主义理论专业人才培养的新期待。

（一）有利于夯实马克思主义理论学科建设的人才基础

学科建设最核心的产品是学科人才，“培养什么样的人才，怎样培养这样的人才”是学科建设的重要出发点和根本落脚点。② 在马克思主义理论学科建设中，培养高素质的马克思主义理论专业人才，不仅是重要内容和目标，也是重要条件和手段。

经过十多年的蓬勃发展，马克思主义理论一级学科建设在理论和实践上都取得了诸多成就，特别是在物质投入、研究队伍、研究成果的规模与数量方面发展迅速，但在人才培养上仍然存在许多突出的问题。张澎军教授曾指出：“马克思主义理论一级学科建设和研究要后继有人，关键是能不能凝聚一批人，培养出真正的马克思主义者。”③ 他还认为，马克思主义理论学科建设在培养马克思主义者的过程中占有举足轻重的地位，而目前马克思主义理论学科建设急需人才的支撑。这里所谓的“人才”，无疑也包括了作为马克思主义理论学科建设重要后备人才的马克思主义理论专业硕士生。当然，此处所指的硕士生绝不是

---

① 梅荣政．对马克思主义理论学科建设的几点建议［J］．思想理论教育导刊，2015（3）：76-80.

② 康秀云，郗厚军．试论马克思主义理论学科人才培养供给侧改革［J］．思想政治教育研究，2016（2）：18-23.

③ 张乾元．“马克思主义理论学科建设与人才培养”研讨会述论［J］．思想理论教育，2007（5）：92-96.

徒有“硕士生”这一虚名的硕士生，而应该是真正的、合格的硕士生，他们不仅达到研究生学历、顺利获取硕士学位，更应该具备应有的、较高的马克思主义理论素养。这样，他们才可能成为马克思主义理论学科建设所需的人才队伍中的合格成员。反之，一个不具备系统的马克思主义理论知识、较强的马克思主义理论运用能力以及深厚的马克思主义情意的硕士生，是难以成为马克思主义理论学科建设的后备人才和支撑力量的。

（二）有利于优化马克思主义理论学科建设的社会氛围

党和国家对于马克思主义理论学科的高度重视，既是由它在国家意识形态领域的指导地位决定的，也在很大程度上取决于马克思主义理论自身的科学性和真理性。鉴于马克思主义是党和国家的指导思想，同时也是一个科学的理论体系，因此，马克思主义理论学科不仅具有很强的政治性、意识形态性，而且更应显示出其应有的学理性、社会导向性。目前，学界和政界所热议的马克思主义理论学科的“导航计划”，无疑也是对马克思主义理论学科的社会导向性的现实回应。通过这种学理性和社会导向性的充分展示，才能进一步提高马克思主义理论学科的社会影响力。马克思主义理论学科具有良好的社会影响力，无疑能为加强和深化马克思主义理论学科建设提供合适的舆论环境与社会氛围，因此，必须把提升学科的社会影响力作为学科建设的重要任务切实抓好。①

马克思主义理论学科的社会影响力应该有多方面的表现，其中之一就是本学科的人才培养质量。而马克思主义理论专业硕士生具备较强的马克思主义理论素养，无疑是马克思主义理论学科人才培养质量高的重要标识。首先，这有助于提升马克思主义理论学科的学术影响力。马克思主义理论学科的学术影响力，有赖于马克思主义理论专业人才潜心学术研究，提高自身的学术研究能力，创造出具有国际影响力的学术研究成果。马克思主义理论专业硕士具备较强的马克思主义理论素养，奠定了其日后从事马克思主义理论学术研究的能力基础，无疑也为增强马克思主义理论学科的学术影响力准备了基础条件。其次，这有助于提升马克思主义理论学科对于中国特色社会主义理论与实践的影响力。中国特色社会主义理论与实践的发展，离不开马克思主义理论的正确指导和马克思主义理论学科的科学发展。具备较高马克思主义理论素养的马克思主义理论专业硕士生，契合了中国特色社会主义理论与实践建设的人才需求，能够在中国特色社会主义事业发展中发挥自身的聪明才智，这当然也有助于增强马克思

① 顾海良．提升马克思主义理论学科的影响力［N］．人民日报，2012-04-06（07）．

主义理论的影响力和感召力，从而助力马克思主义理论学科建设。如果马克思主义理论专业硕士生的马克思主义理论素养低下甚或缺失，势必有损马克思主义理论学科的社会认可度和美誉度，甚至会造成对马克思主义理论学科的负面评价和冲击干扰。

二、推动马克思主义理论专业学位点内涵发展的题中之义

马克思主义理论专业学位点是马克思主义理论学科建设的重要影响因素。近年来，伴随着马克思主义理论学科的深化建设，马克思主义理论专业学位点也得到了长足发展。据统计，截至2016年，全国共有马克思主义理论一级学科博士学位授权点41个、二级学科博士学位授权点78个、一级学科硕士学位授权点191个、二级学科硕士学位授权点212个。若从数量规模看，马克思主义理论学科已经发展成学位点最多的哲学社会科学学科之一。在此情况下，提升马克思主义理论专业硕士生的马克思主义理论素养，对于推动马克思主义理论专业学位点的内涵发展具有尤为重要的意义。

（一）有助于真正实现马克思主义理论专业学位点的人才培养目标

人才培养目标是指引一个专业学位点发展方向的“北斗星”，在很大程度上决定着该专业的课程设置、师资队伍、教学内容与方法、培养模式等方面，决定着人才培养的具体方向。在国务院学位委员会关于马克思主义理论专业学位点建设的相关文件中，无论是一级学科学位点还是二级学科学位点，无论是博士生的培养还是硕士生的培养，都提出了具有“坚定马克思主义信仰”和“较强的马克思主义理论功底”，能够用“马克思主义立场、观点和方法分析研究当代现实问题”等明确要求。显然，有较好的马克思主义理论素养，是对马克思主义理论专业学位点的人才培养目标的硬性要求，自然也是马克思主义理论专业硕士生的必备素养。

具体来看，马克思主义理论专业硕士生应具有的知识素养、能力素养、情意素养三层内涵，与马克思主义理论专业学位点所通常设定的人才培养目标，具有很强的契合性。比如，国务院学位委员会、教育部在《关于调整增设马克思主义理论一级学科及所属二级学科的通知》（学位〔2005〕64号）中明确指出：“在研究生教育中，培养德智体全面发展、政治素质高、理论方向正确，具有比较高的马克思主义素养和理论功底，并能用马克思主义立场、观点和方法分析研究当代现实问题的硕士研究生和博士研究生。”这一目标设定，显然包含着对马克思主义理论专业硕士生的知识素养、能力素养、情意素养等要求。因

此，提高马克思主义理论专业硕士生的马克思主义理论素养，对于实现马克思主义理论专业学位点的人才培养目标具有举足轻重的意义。只有从知识、能力、情意等方面切实提高马克思主义理论专业硕士生的马克思主义理论素养，使之真正成为马克思主义理论知识扎实、马克思主义理论运用能力高超、马克思主义信仰坚定的高素质人才，才能真正实现马克思主义理论专业的人才培养目标，助推马克思主义理论专业学位点的内涵发展。

（二）有助于促进马克思主义理论专业学位点建设由数量多到质量高的跃迁

近些年来，我国研究生学位点的数量日渐上升，但很多学位点的建设往往只注重数量规模的扩大，而忽视了人才培养质量的提高，甚至导致有些学位点“金玉其外，败絮其中”，数量上“繁荣昌盛”、质量上“凋敝败落”的现象。针对此现状，国家开始将学位点建设的重点转移到提升质量上来，强调以“服务需求，提高质量”为主线进行研究生教育改革。国务院学位委员会主任委员刘延东在国务院学位委员会第32次会议上曾强调指出，坚持以提高质量为核心，主动作为，真抓实干，推进学位授权体系调整优化，探索研究生培养模式改革，构建学位质量保障体系。

近十多年来，马克思主义理论专业学位点建设取得了长足发展，其数量规模如今已经相当可观，但也存在重数量、轻质量的突出问题。因此，为适应国家关于学位点内涵建设的总要求，当前马克思主义理论专业学位点也必须实现由数量多到质量高的跃迁，确保“又好又多”“保质保量”的发展，把主要精力放在加强自身内涵建设上来。加强马克思主义理论专业学位点的内涵建设，关键因素就是人才：一方面是由学科带头人和硕士生导师所组成的学术梯队，另一方面是作为后备人才的马克思主义理论专业硕士生和博士生。鉴于目前全国高校和科研院所的马克思主义理论专业研究生培养以硕士生为主，因此，提高马克思主义理论专业硕士生的培养质量，对于优化马克思主义理论专业人才培养的整体质量和马克思主义理论专业学位点的内涵发展，尤为重要。而马克思主义理论专业研究生的马克思主义理论素养，无疑是衡量其人才培养质量的首要乃至主要指标。在此意义上说，马克思主义理论专业硕士生具备较高的马克思主义理论素养，是马克思主义理论专业人才培养“质量高”的内在要求和重要表现，是马克思主义理论专业学位点内涵建设的题中之义。

三、加强高校思想政治教育和意识形态工作的必然需求

高校是党和国家意识形态建设的重要前沿阵地，高校思想政治教育是党和国家思想政治工作的重要组成部分。马克思主义理论专业作为一个政治性和意

识形态性很强的专业，理应承担起支撑高校思想政治教育和意识形态工作的光辉使命。正如2013年8月19日习近平在全国宣传思想工作会议上强调指出，高校应把“马克思主义作为必修课，成为马克思主义学习、研究、宣传的重要阵地”①，切实把马克思主义理论学习好、研究好、宣传好。而增强马克思主义理论专业硕士生的马克思主义理论素养，对于加强高校思想政治教育和意识形态工作具有十分重要的意义。

（一）助推高校“青年马克思主义者培养工程”的重要动力

近十年来，党和国家对培养青年马克思主义者高度重视，高校“青年马克思主义者培养工程”（以下简称“青马工程”）成为高校思想政治教育和意识形态工作的重要依托。2007年10月，共青团中央发布的《“青年马克思主义者培养工程”实施纲要》强调指出：实施青年马克思主义者培养工程事关党的事业后继有人，事关青年的健康成长。就目前来看，青年大学生是“青马工程”的主要培养对象，马克思主义理论专业硕士生作为其中的一员，自然也不例外。何况马克思主义理论专业硕士生的专业属性，决定了他们本身就应该成为青年马克思主义者。而提高他们的马克思主义理论素养，将更加有助于他们成为名副其实的马克思主义者，成为实施“青马工程”的成功标杆。

此外，“青马工程”的具体实施作为一项复杂的系统工程，需要社会各界的合力参与。高校实施“青马工程”，“应依托中央马克思主义理论研究和建设工程推进工作，把青年马克思主义者培养融入高校办学的科学理念和指导思想以及育人实践中去”。② 马克思主义理论专业作为“青马工程”的重要依托，其专业建设和人才培养的标准自然也应随之更高、更严。马克思主义理论专业硕士生马克思主义理论素养的高低，更是展现“青马工程”实施效果的重要指标。马克思主义理论专业硕士生要成为一名合格的青年马克思主义者，就必须要有较高的马克思主义理论素养。唯有如此，才能为其他大学生提供仿效的对象，成为助推高校“青马工程”实施的现实动力。

（二）提高高校思想政治教育实效性的重要因素

马克思主义理论专业硕士生作为高校思想政治教育的重要实施对象，其马克思主义素养的提高，本身就是高校思想政治教育实效性的重要表现。不仅如此，提高马克思主义理论专业硕士生的马克思主义理论素养，还能够对高校思

① 习近平谈治国理政：第1卷［M］. 北京：外文出版社，2018：154.

② 王向阳. 高校实施“青年马克思主义者培养工程”的若干思考［J］. 煤炭高等教育，2009，27（4）：86-89.

想政治教育起到很好的辐射带动作用，这样说的理由在于：高校马克思主义理论专业与高校思想政治教育之间存在着千丝万缕、不可分割的联系，前者能够为后者提供必要的专业支撑、理论支撑和人才队伍支撑。具备较高马克思主义理论素养的合格的硕士生，能够充实到高校思想政治教育的人才队伍中去，承担起开展高校思想政治教育的现实任务，进而提高高校思想政治教育的活力和实效。在这个过程中，不仅实现了一个马克思主义理论专业硕士生的自我价值，也有助于彰显马克思主义理论专业的实践价值。

（三）加强高校意识形态工作的重要条件

高校作为新思想、新文化、新知识的集散站，历来是国家意识形态工作的重要前沿阵地。马克思主义必须占领高校意识形态领域的高地，从而确保其承担起培养“又红又专”的社会主义事业建设者的重大使命。在完成这一使命的过程中，马克思主义理论专业作为以研究、宣传马克思主义理论为主要任务的专业，自然应承担起更多的责任，它所培养的硕士生的马克思主义理论素养的高低，自然也成为确保本专业能够担此重任的重要验证标准和重要现实条件。首先，有利于在学生中发挥群体效应，创造良好的校园氛围。学生之间的日常交往，相互影响着他们对马克思主义理论的认知以及马克思主义“三观”的确立。具备较高马克思主义理论素养的马克思主义理论专业硕士生在学生的群体交往中，可以潜移默化地引导和改变同龄群体对马克思主义的态度，为身边人、同龄人树立正确榜样，从而有助于巩固马克思主义在高校意识形态领域的主导地位。其次，能够为加强高校意识形态工作提供人才保障。从现实来看，有相当数量的马克思主义理论专业硕士生毕业后进入高校从事思想政治工作，他们的马克思主义理论素养，直接影响着高校意识形态工作的成效。无数事实证明，一个具有较高马克思主义理论素养的硕士生在进入高校工作后，能够时时处处显示出对马克思主义理论的热爱与维护，能够在事关政治方向和根本性原则的问题上坚持正确立场，能够自觉运用马克思主义理论并增强其在实际工作中的吸引力和感染性，这无疑能够为高校意识形态工作注入新的生机和活力。

四、实现马克思主义理论专业硕士生顺利就业的基础条件

近年来，随着高校毕业生人数的逐年增加，其就业形势相当严峻。此前，硕士生作为学历较高的专业人才，在就业竞争中具有较为明显的优势。但随着近年来硕士生招生数量的不断扩大，其就业优势已日渐模糊，就业压力亦与日俱增。特别是随着市场经济的不断发展，用人单位愈加重视所录用人才所能带

来的经济效益和即时利益，而马克思主义理论专业本不是能够迅即产生经济效益的技术性专业，这就导致社会上有些人对马克思主义理论专业的认可度不高、期望值较低，甚至出现了所谓的马克思主义理论专业“无用论”和“过时论”，致使马克思主义理论专业硕士生面临更大的就业压力。在此情况下，提高马克思主义理论专业硕士生的马克思主义理论素养，就成为保障其顺利就业的必然选择。

（一）有助于增强马克思主义理论专业硕士生的就业竞争力

消除社会上对马克思主义理论专业的偏见和误解，改善外部就业环境，对实现马克思主义理论专业硕士生的顺利就业固然重要，但外因是事物变化的条件，内因是事物变化的根据，要想从根本上缓解马克思主义理论专业硕士生所面临的就业压力，主要还是应该从其自身出发，不断提高其综合素质。一个被社会和用人单位看好的马克思主义理论专业硕士生，不仅仅应系统掌握马克思主义理论知识，还应该具有良好的政治素质和道德品质，以及较强的能力素质和心理素质，这些素质综合起来将决定马克思主义理论专业硕士生的就业竞争力。其中，马克思主义理论素养无疑是马克思主义专业硕士生就业竞争力的一个重要影响要素。“认真学习马克思主义理论，是我们做好一切工作的看家本领。”① 对于一个专修马克思主义理论专业的硕士生而言，如果连起码的马克思主义理论素养都不具备，必然有“不务正业”之嫌，很难设想他会得到社会认可并顺利就业。

（二）有助于拓宽马克思主义理论专业硕士生的就业门路

随着我国经济结构和产业结构的不断调整，人才需求日益呈现出多元化的趋向，人们的就业渠道更加宽泛，就业形式日趋多元化。所谓就业形式多元化，是指劳动者打破传统就业制度下僵化的就业方式，根据自身的特点和需要，采用多种形式实现就业，主要包括流动性就业、阶段性就业和弹性就业等。② 适应人们就业形式的这种总体变化，马克思主义理论专业硕士生也不可能偏安一方，其就业形式也会趋于多元化，不可能再仅仅局限于高等院校、党政机关、科研院所，而是必然渗入企事业单位、自由职业等领域。他们不仅要成为一名有竞争力的谋职者，还要成为一名有创新力的创业者。而无论是做一名谋职者还是创业者，提高自身的马克思主义理论素养都是大有裨益的。具备较高的马

---

① 习近平谈治国理政：第1卷［M］. 北京：外文出版社，2018：404.

② 王晓东. 就业形式多样化面临的问题及对策思考［J］. 劳动保障世界，2003（1）：28-29.

克思主义理论素养，决定其作为谋职者的“砝码重”，即可以力胜群雄，成为众多谋职者中的佼佼者；作为创业者的“路子稳”，即可以准确把握创业先机，合理谋划创业方案。易言之，马克思主义理论专业硕士生具备较高的马克思主义素养，对于他们谋职或创业均有益处，有助于拓宽他们的就业门路，增强他们的就业能力。

（孙迪亮：曲阜师范大学马克思主义学院教授、博士生导师）

07

思政课教学校本特色

儒家优秀文化融入思政课教学的路径探索

张立兴

摘　要： 发挥设学孔子故里地域文化优势，以教学改革课题的研究为引领，以提高教师儒学修养为重点，以“基础”课为突破口，以积极改进教学方法为关键，以丰富多彩的实践活动为强化，将儒家优秀文化融入思政课教学，丰富了教学内容，提升了教学质量。

关键词： 儒家文化；融入；思政课教学

儒家文化是中国传统文化的核心，是中国社会延续几千年的主流意识形态，它渗透于炎黄子孙的血脉。“春秋有月读千年”，时至今日，儒家文化依然影响着天下华人的思维方式、价值判断、人生态度和处事原则，它在增强文化认同、提升文化自信、增强民族凝聚力等方面依然发挥着不可忽视的重要作用。我校设学儒家文化发祥地——孔子故里，在研究传承孔子、儒家优秀文化方面有着得天独厚的优势和丰富深厚的资源。如何将儒家优秀文化转化为思政课教学的资源？如何在思政课教学中实现马克思主义的“顶天”与儒家优秀文化的“立地”，树立大学生的文化自信？这些问题值得我们认真思考。经过自觉的思考，我们积极行动，大胆尝试和探索，找到了融合的路径。

一、以教学改革课题的研究为引领

2005 年我校马克思主义学院成立后，为贯彻落实中共中央国务院“16 号文”精神，丰富教学内容，改进教学方法，切实提高思政课教学的实效性，我们组织全院教师就“如何发挥地域优势，弘扬儒家优秀文化，改进思政课教学”进行了一场专题研讨，在研讨达成了共识后，我校教学督导建议我们围绕研讨专题申报校级教学改革课题。2006 年我院申报的“弘扬儒家文化，改革思政课教学”课题被立为校级教学改革项目，学校给予资助，给全院教师以极大的鼓舞。经过三年的理论研究与实践探索，2009 年我院申报的“儒家文化传承与高校思政课教学创新研究”获山东省省级教学改革立项，研究成果2014年获得校级教学成果一等奖，省级教学成果三等奖。洋溢着儒家优秀文化气息的“‘思想道德与法律基础’教案”，2010年获教育部“精彩教案”。“儒家优秀文化融入思政课教学研究”获2014年山东省高校思政课教学改革招标重点课题，研究成果获2018年山东省教学成果二等奖。“中华传统文化融入思政课教学研究”获2018年教育部思政课教学方法改革择优推广项目立项。十多年的坚持，十多年的努力，我们的课题从校级到省级，再到教育部择优推广，不断升级不断深化，由此而生的深切感悟是，课题引领为我们凝练了方向，搭建了平台，凝聚了队伍，树立了目标，激发了活力。

二、以提高教师儒学修养为重点

将儒家优秀文化融入思政课教学不是说说就能做到的。当时，我们遇到了一个现实问题，就是由于个人学科背景的差异，不少教师平时对儒家经典接触不多，深入研读的更少，儒学修养不足。因此，不少教师对儒家优秀文化融入思政课教学或多或少有一定的畏难情绪，中老年教师有，青年教师也有。如何提升教师儒学修养以推进教学改革便成为重点任务。我们采取了一系列措施：一是更新观念。通过举办教师教学改革恳谈会、集体备课会，让广大教师认识到对世界推崇的儒家文化，不能听多了“博大精深”，就觉得这文化离我们很遥远，实际上它与我们的生活息息相关——在我们给孩子讲的故事里，在儿童背诵的诗句里，在学习习惯的养成里，在待人接物的原则里，在事业规划的运筹里，在婚丧嫁娶的仪式里，在家庭幸福的秘诀里……其实我们无处不接触，无时不体会。同时，对越来越受重视的儒家文化传承，我们不能听多了“紧迫危机”，就认为仿佛这传承是一种沉重的责任或是难以承载的负担，事实上它与我们的教育默默相契，从一个汉字的起源，一个传统节日的来历，一副对联的巧思，一栋建筑的设计，一条兵法的妙用……其中的智慧，其中的真善美，其中的大义，其中的丰富，其实已经带给我们太多的快乐和收获。以此不断消除教师的畏难情绪。二是“恶补”常识。本着“缺什么补什么”的原则，我们鼓励和激励广大教师放下架子，与学生一起听我校本科生必修的校本课程“孔子与儒家文化”、硕士研究生指定选修课“论语赏析”，初步掌握儒家文化的基础知识。三是配发经典读物。我们为教师统一配备了孔子研究院杨朝明教授编著的《论语诠解》《孔子文化十五讲》，南怀瑾先生的《论语别裁》等作为教师自修的必读书目。四是专家辅导。我们邀请孔子研究院院长杨朝明教授作为我们的指导教师，定期为我们就“经典与前沿”“马克思主义与儒学”等作学术报告和问题解答，提升教师的学术涵养。五是现场体验。利用开学前的集体备课时间，赴孔庙、孔府、孔林、孔子研究院实地考察，现场教学。通过一系列的学习，一点一滴地积累，逐渐地丰富了教师传统文化知识，夯实了教学改革的基础。

三、以“基础”课为突破口

众所周知，本科思想政治理论课的主干课程有“基础”“原理”“概论”“纲要”四门，还有一门“形势与政策”。在将儒家优秀文化融入思政课教学改革的实际操作过程中，我们越来越发现，由于历史和现实、教师年龄与学科背景的影响与制约，要将儒家优秀传统文化同时铺开，渗透进所有的课程，同步进行改革，有些“力不从心”。于是，我们及时地转变思路，对遇到的困难进行了理性的反思，对课程改革进行了新的论证，最终形成了战术上新的共识——“避免四面出击，实施重点突破”。我们首先选择了一门与儒家优秀文化传承在教学内容上比较贴近、结合方式上比较灵便、学生接受上比较自然的课程——“基础”课，以这门课为重点，集中力量，实施单科突破。“基础”课教研室组织教师在教材体系向教学体系转化过程中，将儒家优秀文化中的“学而不厌、诲人不倦，见贤思齐、从善改过，修己安人、君子人格、为政以德、有耻且格、尚志养气、行道取义、一以贯之、尚中和贵”等思想和理念渗入教学，经过几年的努力，形成了独具特色的“基础”课教案。2009 年，经过教学改革后的“基础”课，被评为山东省省级精品课程；2012 年，我们撰写的字里行间洋溢着儒家优秀文化气息的“‘思想道德修养与法律基础’教案”，获山东省高校思想政治教育教学优秀成果一等奖。随着成果及经验的推广，我院其他课程也积极创造条件，逐步深化教学改革，将儒家优秀文化融入教学。

四、以积极改进教学方法为关键

在思政课教学与儒家优秀文化结合、渗透、优化的过程中，我们积极探索课程教学方法的改革。一是以专题讲座为主要形式，力求教师围绕自己承担的专题对教材潜心研究，对需要结合的儒家优秀文化进行深入挖掘利用，力求将专题讲得深、讲得新、讲得活、讲得清、讲得透，增强感染力和吸引力。二是采取专家带团队的模式，我们对每一个专题，都安排一个对本专题有着深入研究、有自己研究成果的博士或副教授以上职称的教师作为该专题的专家，实施专家专题负责制，由专家统一组织本专题教师钻研教材，精选专题与儒家优秀文化的结合点，实施集体备课，然后相互听课，及时评课，共同提高。三是积极尝试儒家的教育方法，采用启发式、研究式、体验式、讨论式教学方法，结合学生日常生活，切中学生心灵诉求，用学生熟悉的语言，谈学生关心的问题，激发学生学习思政课的兴趣和热情，提高教学教育效果。

五、以丰富多彩的实践活动为强化

在实施思政课教学改革的过程中，教师们积极实施课堂内外、校园内外结合，以丰富多彩的实践活动强化儒家优秀文化的教化育人功能。如有的教师利用母亲节、中秋节、重阳节等传统节日，在课堂上以“一句感恩的问候”“可爱的父亲母亲”为题组织学生课堂演讲，引导青年学生从感恩父母做起，由家及国，不断提升道德修养，培育家国情怀。同时，我们积极倡导和鼓励教师与学工处、团委以及自己授课的院系团委、学生会联系与合作，利用自己的知识和能力，参与指导大学生社会实践活动，将教学延伸到课堂之外、校园之外。如有的教师积极参与指导学生社团组织的“《论语》千人诵读”“国学知识大赛”；有的教师积极参与团委组织的大学生“儒家文化齐鲁行”活动，参与指导大学生走进厂矿企业和社区，为周边群众讲解“儒学经典”，走近中小学，为中小学生讲授儒家文化故事；有的教师积极参与指导和组织学生社团深入鲁南监狱，为服刑人员作儒家文化报告，开展心灵辅导讲座，写入了国务院人权白皮书。

十几年探索，几多艰辛几多感慨，几多甘甜几多欣慰。在全体同人的共同努力下，我们的改革尝试取得了一定的成效。当然，我们也深深地感到，闻道就道已属不易，而弘道，即将儒家优秀文化中所提倡的一些开智养正、立德树人的理念内化为行动，身体力行地加以践行，在一个浮躁的社会里更是不易，需要耐得住寂寞，顶得住诱惑，但我们一直“爱我所爱，无怨无悔”地在追求，“虽不能至，然心向往之”！

（张立兴：曲阜师范大学马克思主义学院教授、硕士生导师）

中华优秀传统文化是中国特色社会主义植根的文化沃土

张咸杰

摘　要：中国特色社会主义必须植根于中华优秀传统文化的沃土，这既是对过去认识和实践经验的总结，也指明了今后建设中国特色社会主义的努力方向。社会主义思想因素是中华优秀传统文化的有机组成部分，民族特色是中国特色社会主义的本质属性。中华优秀传统文化是中华民族智慧的结晶，其中所蕴含的方法、理念具有超越时空的价值，是建设中国特色社会主义的智慧源泉。继承和发展中华优秀传统文化是建设中国特色社会主义的历史任务，是中国共产党人实现理论自觉、文化自觉的标志。

关键词：中华优秀传统文化；中国特色社会主义

中华优秀传统文化与中国特色社会主义的关系是社会主义建设中始终没有解决好的问题，这也是导致中国特色社会主义建设历经曲折的原因之一。中国特色社会主义必须植根于中华优秀传统文化的沃土，这既是对过去认识和实践经验的总结，也指明了今后建设中国特色社会主义的努力方向。

中华优秀传统文化是中国特色社会主义植根的文化沃土，这个命题可以概括为三个层面，首先是国人的精神、日常生活层面。中华传统文化以道德伦理为主要内容，是中华民族共有的精神家园，其优秀成分至今在国人生活中仍发挥着巨大的影响。面对价值观多元化的时代挑战，加强国人对中华优秀传统文化的认同和践行是当务之急。其次是文化建设层面。中华优秀传统文化包含着中华民族最基本并且最富有生命力和活力的文化基因，是建设文化强国的主要来源与依据之一。如何古为今用、推陈出新是当代文化建设面临的主要课题。最后是中国特色社会主义层面，也是最高层面。中国特色社会主义是理论、制度和道路的有机统一，中国特色社会主义必须扎根于中华优秀传统文化不仅包括上述两个层面，更重要的在于中华优秀传统文化必须有效融入中国特色社会主义的理论、制度和道路当中，成为中国特色社会主义的本质要素。

一、社会主义思想因素是中华优秀传统文化的有机组成部分，民族特色是中国特色社会主义的本质属性

传统观点认为，空想社会主义是科学社会主义的理论和实践的逻辑起点，而空想社会主义是西欧在16世纪初到19世纪中期伴随着资本主义的萌发、发展而产生的学说。实际上，人类进入私有制社会以来，由于存在压迫、剥削等不公正不合理现象，人类始终没有放弃对理想社会的追求，在对理想社会的设想中就包含丰富的社会主义思想因素。对于中华民族来讲，这种设想和追求绵延不绝，社会主义思想因素也表现出鲜明的民族特色。到了近代，由于闭关锁国，屡遭侵略，中华民族错过了工业化、现代化的机遇，传统文化中所包含的社会主义思想因素未能实现跨越和转型，成为设计未来社会的有机营养成分。十月革命给中国送来了马克思列宁主义，它之所以不仅被先进的知识分子接受，而且被广大工农群众认同，除了理论本身的科学性、革命性外，还在于它包含几千年来中华民族对美好生活的向往，契合中国人民的价值观念、思维定式和审美意趣，否则它就不会在中国大地上屡经劫难而旗帜不倒，具有如此顽强的生命力和吸引力。只不过近代以来在亡国灭种的危险面前，在文化自卑的心理状态下，在军事、科技和经济优先发展的策略中，我们难以对传统文化中的社会主义思想因素足够重视。

传统文化中所包含的社会主义思想因素不仅源远流长，而且从内容到形式都是丰富多彩的。从内容看，具有社会主义思想因素的传统文化涵盖了经济、政治、文化、社会、伦理等领域，在儒家、墨家、道家等诸家学说中都有表现；从形式看，既存在于比较系统的理论阐释中，也见于文学描绘、宗教教义、起义口号等材料和活动中；从审美层次看，既有阳春白雪，也有下里巴人。

马克思、恩格斯所创立的社会主义学说主要是基于西欧国家资本主义和无产阶级运动发展的实际，因而抽象概括出的只能是最基本的共同原则。具体到各个社会主义国家，要发展和巩固本国的社会主义，只能由熟悉本国情况的共产党人来进行，他们在将马克思主义本国化、具体化的过程中，除了要结合本国的国情外，还要照顾到本国的历史传统，也就是要立足于本国的优秀传统文化，搞好优秀传统文化与马克思主义的衔接与融合。因此，越是善于挖掘中华优秀传统文化中的社会主义思想因素，中国特色社会主义就越能够深深扎根于中国大地，就越具有凝聚力和感染力，中国特色社会主义就越能够为广大民众所认同，中国特色社会主义就越能够在世界上产生广泛的影响。

二、中华优秀传统文化是中华民族智慧的结晶，其中所蕴含的方法、理念具有超越时空的价值，是建设中国特色社会主义的智慧源泉

中华人民共和国的历史发展证实，当我们能够理性、客观地对待传统文化，善于批判性地继承优秀传统文化时，文化建设就能取得成就，社会主义就能顺利发展；反之，社会主义建设就会遭遇挫折。毛泽东的矛盾论是毛泽东在运用马克思主义指导中国革命和建设的实践过程中形成的，他在辩证法思想上取得如此成就，运用如此娴熟，离不开他善于吸收和发扬中国传统文化中丰富的辩证法思想。《关于正确处理人民内部矛盾的问题》《论十大关系》等著作既是建设中国特色社会主义的纲领性文件，也是继承和发展中华优秀传统文化的典范。

在建设中国特色社会主义的进程中，会面临许多困难和挑战，这些困难和挑战有些是西方国家在资本主义发展过程中未曾出现过的，即使出现过，由于我国的社会主义性质及所处时代，我们也很难采用完全相同的办法去解决。在解决这些困难和挑战时，中华优秀传统文化是前人留给我们的宝贵遗产，表现出西方传统文化及资本主义文化所不具有的某些特点和优势，只要善于运用和创新，就能够以最小的代价预防和解决前进过程中出现的各种问题，避免走西方国家和某些社会主义国家所走过的弯路、老路，将中国特色社会主义事业胜利推进。

拿社会主义核心价值观的基本内容——自由来讲，中华优秀传统文化所蕴含的自由观同西方自由观相比特色鲜明，在解决人类所面对的各种问题时有着独特的价值。西方自由观更注重物质自由，在这种自由观支配下，带来的是对自然的过度索取、生态的失衡、人类生存环境的恶化，带来的是社会关系的过度利益化、金钱化、人际关系的紧张及冷漠化。中华传统自由观更强调人的内心自由、精神自由，强调人的道德主体性，表现出不为物欲所累、不为金钱所缚的特点，而且中华传统文化在追求自由的同时，更注重人与自然的和谐、人际的和谐和身心的和谐，因而也就更有助于解决市场经济本身的弊端及当前社会发展中出现的诸多问题。西方国家在解决社会发展过程中出现的各种问题时，宗教文化发挥着重要的作用，这在相当程度上缓解甚至消除了资本主义及其市场经济的危机或风险。在建设中国特色社会主义的过程中，要防止从一个极端走向另一个极端，从过去的全面否定资本主义到过度迷信资本主义的经验和道路，导致不得不再次重复资本主义发展进程中出现的挫折甚至悲剧。从中华优秀传统文化中吸取智慧就是要实现中国特色社会主义又好又快地发展。

三、继承和发展中华优秀传统文化是建设中国特色社会主义的历史任务，是中国共产党人实现理论自觉、文化自觉的标志

中国特色社会主义建设承担着实现中华民族伟大复兴的历史任务，当前国与国之间的竞争是综合国力的较量，“文化软实力”是综合国力竞争的重要因素，因此，提升国家的“文化软实力”也就成为推动中华民族伟大复兴的必然要求。近代以来，随着民族危机的加深，包括知识分子在内的国人对中国传统文化产生了浓厚的自卑心理，视传统文化为民族衰落的原因，国家发展的包袱。中华人民共和国成立后，在相当长的时期内我们想当然地把中国传统文化与马克思主义对立起来，从根本上讲，还是近代以来文化自卑心理的延续。直到经济全球化的今天，面对西方国家经济、科技、军事的优势，文化自卑心理在国人中间仍不同程度地存在。在这种心理支配下，就很难全面准确地把握中国传统文化的精髓，对待中华优秀传统文化很容易采取功利主义、实用主义、机会主义的态度，也就是说无法做到文化自觉。中国特色社会主义理论体系作为马克思主义中国化的最新成果，作为马克思主义与中国实际相结合的产物，既包括与中国社会实践的结合，也包括与中华传统文化的结合，中国共产党人对待中国传统文化的自觉性将直接决定马克思主义与中华传统文化结合的有效性，也就是说将会影响到中国特色社会主义理论体系所能达到的理论自觉程度。在中国特色社会主义道路上文化自觉和理论自觉是相互促进、相互制约、密不可分的。

随着中国经济实力的增强、经济全球化的深入及国人价值观的多元化，人们越来越认识到，漠视传统就是丢掉根本，中华民族就无法生存和发展，中国特色社会主义就没有未来。对待中华传统文化中国共产党人已经达到初步的文化自觉。要将中华优秀传统文化融入当代文化建设，使其成为中国特色社会主义的有机组成部分，仅仅做到继承是不够的，必须实现中华优秀传统文化的现代性转换，这样才能真正将其融入当代中华民族的血脉，成为国人认同和建设中国特色社会主义的精神家园，只有到那个时候，中国共产党人才是真正实现了文化自觉和理论自觉。

无论是提出社会主义核心价值体系还是社会主义核心价值观，都表明了中国共产党人追求文化自觉和提升国家“文化软实力”的努力。价值观是文化的核心，价值观建设是文化建设的根本。在核心价值体系与核心价值观中就包含丰富的中华优秀传统价值观。从最核心的价值观着手，从促进中华优秀传统价值观与人类优秀价值观相互融合的层面来推动中国特色社会主义文化建设，表明中国共产党人对中国特色社会主义的认识和把握达到了新的高度。

（张咸杰：曲阜师范大学马克思主义学院讲师）

传统文化融入思政课教学的表述问题思考

陈文殿

摘　要：传统文化融入思政课教学，要坚定表述立场的政治方向性，以马克思主义引领传统文化，以传统文化滋养马克思主义理论教育；要突出表现气质的民族性，讲好中国故事，传播好中国声音，阐释好“中国特色”；要提升表述风格的大众性，以通俗易懂的方式增强亲和性；要体现表述方式的时代性，依据当代精神，突出当代特点，以增强学生的文化认同、民族认同和国家认同。

关键词：传统文化；思政课教学；融入；表述问题

优秀传统文化教育与思政课教学存在着不可分离的关系。立德树人，以文化人，以文育人，高度的文化自觉，坚定的文化自信，是思想政治教学和传统文化教育的共同任务。一方面，实施中华优秀传统文化传承发展工程，是建设社会主义文化强国的重大战略任务，对于传承中华文脉、全面提升人民群众文化素养、维护国家文化安全、增强国家文化软实力、推进国家治理体系和治理能力现代化，具有重要意义。另一方面，作为思政课教学的重要资源，优秀传统文化对思政课教学具有滋养作用，表现为在立德树人上的滋育功能、以文育人的支持功能、时代语境上的相向功能、文化内涵上的涵养功能。

当前，随着我国经济社会深刻变革、对外开放日益扩大、互联网技术和新媒体快速发展，各种思想文化交流、交融、交锋更加频繁，迫切需要提升思政课教学的时效性和实效性，迫切需要深化对中华优秀传统文化重要性的认识，进一步增强文化自觉和文化自信，为此，思政课教学需要充分深入地发掘中国传统文化的优良资源。思政课教学要增强学生传承和弘扬中华优秀传统文化的责任感和使命感，要实现立德树人，以文化人，以文育人的目的和目标，传统文化融入思政课教学，要具有世界的眼光、开放的意识、宽容的精神、平和的心态，要具有方向性，保持民族性，强化大众性，体现时代性，使中华优秀传统文化“活”起来，具有凝聚力、向心力与精神动力。

一、传统文化融入思政课教学要坚定表述的方向性

传统文化融入思政课教学，目的和目标在于推进与提升马克思主义基本原理课堂教学的实效性，同时增强学生传承和弘扬中华优秀传统文化的责任感和使命感，为新时代中国特色社会主义伟大事业提供不竭的凝聚力、向心力与精神动力。因此，传统文化融入思政课教学，要以马克思主义为指导，以马克思主义引领传统文化；要坚守中华文化立场，以传统文化滋养马克思主义。在高度的文化自觉、坚定的文化自信中落实立德树人，使思政课课堂教学成为培育马克思主义信仰和增强民族文化感受力的相互促进过程。

（一）以马克思主义引领传统文化，以传统文化滋养马克思主义教育

主体文化修养及文化践行，要培养高度的文化自觉和坚定的文化自信，要培育文化的时代先进性和政治方向性自觉。1997 年，费孝通在《反思·对话·文化自觉》中论述了“文化自觉”的问题，指出“当代中国文化必须经过文化自觉的艰巨过程，才能在这个已经在形成中的多元文化的世界里确立自己的位置，经过自主的适应，和其他文化一起取长补短，共同建立一个有共同认可的基本秩序和一套各种文化能和平共处、各舒所长、联手发展的共处守则”。① 1998 年，费孝通关于北京大学一百周年校庆的纪念文章的题目就是《完成“文化自觉”使命，创造中华现代文化》。必须坚持马克思主义，牢固树立共产主义远大理想和中国特色社会主义共同理想，培育和践行社会主义核心价值观，不断增强意识形态领域主导权和话语权，推动中华优秀传统文化创造性转化、创新性发展，继承革命文化，发展社会主义先进文化，不忘本来、吸收外来、面向未来，更好构筑中国精神、中国价值、中国力量，为人民提供精神指引。

传统文化融入思政课教学要有正确的政治立场和政治方向、高度的文化自觉、坚定的文化自信，要以马克思主义引领传统文化，以传统文化滋养马克思主义。传统文化融入思政课教学要坚持“二为”方向。思想政治课教学，目的和目标在于推进与提升马克思主义基本原理课堂教学的实效性。一要牢牢把握社会主义先进文化前进方向。坚持中国特色社会主义文化发展道路，立足于巩固马克思主义在意识形态领域的指导地位，巩固全党全国人民团结奋斗的共同思想基础，弘扬社会主义核心价值观，培育民族精神和时代精神，

---

① 费孝通．反思·对话·文化自觉［J］．北京大学学报（哲学社会科学版），1997（3）：15-2，158.

解决现实问题、助推社会发展。二要牢牢掌握意识形态工作领导权。意识形态决定文化前进方向和发展道路。推进马克思主义中国化、时代化、大众化，建设具有强大凝聚力和引领力的社会主义意识形态，使全体人民在理想信念、价值理念、道德观念上紧紧团结在一起。坚持马克思主义在我国哲学社会科学领域的指导地位。我国广大哲学社会科学工作者要自觉坚持以马克思主义为指导，自觉把中国特色社会主义理论体系贯穿研究和教学全过程，转化为清醒的理论自觉、坚定的政治信念、科学的思维方法。坚持以马克思主义为指导，是当代中国哲学社会科学区别于其他哲学社会科学的根本标志，必须旗帜鲜明，加以坚持。在我国，脱离了人民，哲学社会科学就不会有引领力、吸引力、感染力、影响力、生命力，不坚持以马克思主义为指导，哲学社会科学就会失去灵魂、迷失方向。

总之，当代中国的文化自觉，是文化的中华民族自觉和社会主义自觉的统一。文化自觉是文化自信的基础。我们的文化自信，是建立在对中国特色社会主义文化的科学认识基础之上的，是对自身文化价值的充分肯定和文化生命力的坚定信念。这种自信是中华民族的文化自信和社会主义的文化自信的统一。应该站在社会形态更替的高度来审视马克思主义和中国传统文化的关系。马克思主义与中国优秀传统文化，一个是中国革命和社会主义建设的思想理论指导，一个是中华民族的精神血脉和中华民族的文化之根。① 应该用历史唯物主义观点处理马克思主义与中国传统文化的关系，反对蔑视以儒学为主导的中国传统文化的文化虚无主义，中国的马克思主义可以从中国传统文化的精髓中得到思想资源、智慧和启发，也要防止以高扬传统文化为旗帜，反对马克思主义、拒斥西方先进文化的保守主义思潮的沉渣泛起。既要反对“以儒反马”“以儒化马”“以儒淡马”，也要防止“以马否儒”“以马代儒”“以马反儒”。毛泽东的整个人格特征，也就是在他身上所表现出来的那种坚毅顽强的性格，那种深邃开拓的思维方式，那种求真务实的工作作风，那种生动风趣的语言风格，都在相当大的程度上反映出了中国优秀传统文化和传统哲学对他的深刻影响。

（二）坚持以文化人、育人为中心，筑牢立德树人时代使命

传统文化融入思政课教学，要坚持以人民为中心。以人民为中心是社会主

① 陈先达．马克思主义和中国传统文化［N］．光明日报，2015-07-03（1）．

义文化的本质。“国势之强由于人，人材之成出于学。”① 习近平总书记在北京大学师生座谈会上的这一引述铿锵有力，掷地有声。社会主义大学只有坚持人民的主体地位，坚持人民性，“为谁培养人”才有了根基。坚持扎根中国大地办社会主义大学，“怎样培养人”才有科学的路径。坚持为了人民、依靠人民、共建共享，注重文化熏陶和实践养成，把跨越时空的思想理念、价值标准、审美风范转化为人们的精神追求和行为习惯，不断增强人民群众的文化参与感、获得感和认同感，形成向上向善的社会风尚。

传统文化融入思政课教学，要坚持“三贴近”原则。毛泽东把孔子《礼记·中庸》中的“知、仁、勇”“三达德”，改造成“德、智、体”全面发展的教育方针，“古称三达德，智、仁与勇并举。今之教育学者以为可配德智体之三言”②。传统文化融入思想政治课教学，要始终把贴近实际、贴近生活、贴近群众作为工作的重要突破口，把满足人民日益增长的精神文化需求作为出发点和落脚点，不断提高全社会文化生活质量，做到文化发展为了人民、文化发展依靠人民、文化发展成果由人民共享。我们积极为文化工作者深入实际、深入生活、深入群众创造条件，引导和激励他们立足现实生活，适应时代特点，在人民的历史创造中进行文化的创造，在推动社会的进步中成就自己的文化进步。

传统文化融入思政课教学，是立德树人的需要。引导学生完善人格修养，关心国家命运，自觉把个人理想和国家梦想、个人价值与国家发展结合起来，坚定为实现中华民族伟大复兴的中国梦不懈奋斗的理想信念。传统文化融入思政课教学，坚持中华优秀传统文化教育与培育和践行社会主义核心价值观相结合。要坚持历史唯物主义和辩证唯物主义的立场、观点和方法，深入挖掘和阐发中华优秀传统文化讲仁爱、重民本、守诚信、崇正义、尚和合、求大同的时代价值。传统文化融入思政课教学，“对中国人民和中华民族的优秀文化和光荣历史，要加大正面宣传力度，通过学校教育、理论研究、历史研究、影视作品、文学作品等多种方式，加强爱国主义、集体主义、社会主义教育，引导我国人民树立和坚持正确的历史观、民族观、国家观、文化观，增强做中国人的骨气和底气”③。

传统文化融入思政课教学，加强中华优秀传统文化教育，是培育和践行社

① 习近平. 青年要自觉践行社会主义核心价值观——在北京大学师生座谈会上的讲话［N］. 人民日报，2014-5-5（2）.

② 毛泽东. 毛泽东早期文稿［M］. 长沙：湖南出版社，1990：59.

③ 习近平. 在中共中央政治局第十二次集体学习时的讲话［N］. 人民日报，2014-01-01（1）.

会主义核心价值观，落实立德树人根本任务的重要基础。世界多极化、经济全球化深入发展，国内经济社会转轨转型，深刻变革，现代传播技术迅猛发展，世界范围内各种思想文化的交流、交融、交锋更加频繁，社会思想观念日益活跃。青少年学生思想意识更加自主，价值追求更加多样，个性特点更加鲜明，社会上一些不良思想倾向和道德行为，对青少年学生健康成长产生了不容忽视的影响。加强中华优秀传统文化教育，对于引导青少年学生增强民族文化自信和价值观自信，自觉践行社会主义核心价值观具有重要作用。

二、传统文化融入思政课教学要坚守表述的民族性

文明特别是思想文化是一个国家、一个民族的灵魂。无论哪一个国家、哪一个民族，如果不珍惜自己的思想文化，丢掉了思想文化这个灵魂，是立不起来的。只有坚持从历史走向未来，从延续民族文化血脉中开拓前进，我们才能做好今天的事业。文化自信是一个国家、一个民族发展中更基本、更深沉、更持久的力量。树立文化自信要培育对中华优秀传统文化的亲切感，提高对中华优秀传统文化的感受力，增强对中华优秀传统文化的理解力和理性认识能力。

（一）正确处理传统文化的内容和形式的关系

任何国家的文化可以因为历史时段取舍不同，但都不可能完全脱离母体文化而发展。民族化作为一种内在形式，一是符号系统，二是表达方式。作为人工符号，人类语言积淀和浓缩着文化信息，因而在符号系统的变换中，就同时打上了本位文化的符号特征的烙印。形式与内容是分不开的，民族性存在于内容和形式的统一之中。民族性是形式，又不仅仅是形式。它不仅体现在形式中，也体现在内容中。而且只有不仅体现在形式中，同时也体现在内容中的民族性，才是真正有生命力的。民族化，是文化的基本属性与个性特征。从“民族性”与“时代性”的双重维度才能更为完整、准确地认知、把握中国文化传统，并在此基础上推进马克思主义与中国文化优良传统之间从“内容”到“形式”的深度结合。只有处理好文化的内容和形式的关系，才能在高度的文化自觉、坚定的文化自信中落实立德树人，使思政课课堂教学成为培育马克思主义信仰和增强民族文化感受力的相互促进过程。

阐释好“中国特色”，要传承弘扬中国智慧，要打造中国话语体系。话语体系的问题，说到底是文化主体性和理论原创性的问题。讲好中国故事，传播好中国声音，阐释好“中国特色”。传统文化融入思政课教学，还要处理好文化的内容和形式的关系。人类文化和文明发展进步的过程表明，一种文化与异质文

化的交流和碰撞、冲突和融合，是保持文化生命力、实现自我更新和自我发展的重要机制，是文化演进发展的一种带有规律性的现象。① 中国共产党在领导人民进行革命、建设、改革的伟大实践中，自觉肩负起传承发展中华优秀传统文化的历史责任，是中华优秀传统文化的忠实继承者、弘扬者和建设者。传统文化融入思想政治课教学，要按照立足中国、借鉴国外，挖掘历史、把握当代，关怀人类、面向未来的思路，着力构建中国特色哲学社会科学，在指导思想、学科体系、学术体系、话语体系等方面充分体现中国特色、中国风格、中国气派。

立心识势为民族而致用，转知成智为新时代而资用。习近平总书记深邃地洞察中国历史文化。习近平总书记指出："宣传阐释中国特色，要讲清楚每个国家和民族的历史传统、文化积淀、基本国情不同，其发展道路必然有着自己的特色；讲清楚中华文化积淀着中华民族最深沉的精神追求，是中华民族生生不息、发展壮大的丰厚滋养；讲清楚中华优秀传统文化是中华民族的突出优势，是我们最深厚的文化软实力；讲清楚中国特色社会主义植根于中华文化沃土、反映中国人民意愿、适应中国和时代发展进步要求，有着深厚历史渊源和广泛现实基础。"② 这四个"讲清楚"，深刻阐释了中国特色社会主义根植于中华优秀传统文化，中华优秀传统文化助力着中国特色社会主义的辩证统一关系。在新的时代条件下，继承和弘扬中华优秀传统文化要有新内涵。要弄清楚、讲清楚，首先就必须深入学习基本典籍。古人云："欲成一代经纶手，须读数本紧要书。"文化是民族的血脉，是人民的精神家园。文化自信是更基本、更深层、更持久的力量。中华文化独一无二的理念、智慧、气度、神韵，增添了中国人民和中华民族内心深处的自信和自豪。

欲流之远者，必浚其泉源。在5000多年文明发展中孕育的中华优秀传统文化，积淀着中华民族最深沉的精神追求，代表着中华民族独特的精神标识，是中华民族生生不息、发展壮大的丰厚滋养，是中国特色社会主义植根的文化沃土，是当代中国发展的突出优势，对延续和发展中华文明、促进人类文明进步，发挥着重要作用。

（二）坚守中华文化立场，领会秉承领袖精神风范

传统文化融入思政课教学，坚守中华文化立场，领会秉承领袖精神风范。毛泽东思想、中国特色社会主义理论体系的形成和发展使马克思主义最终渗入我们民族的精神，与传统文化的有机营养融为一体。以毛泽东思想、中国特色

① 吴潜涛．推动优秀传统文化的现代性转化［N］．人民日报，2015-07-15.
② 习近平．在全国宣传思想工作会议上的讲话［N］．人民日报，2013-08-21（1）.

社会主义理论体系为指导的中国社会主义新文化，是中西文化碰撞到一定阶段的成果。这是中西文化融合重构的现代性成果，它既不是马克思主义在中国文化土壤里的简单移植，也不是文化传统的简单复归，而是一种中西合璧的新创造，是中国文化发展史上的一次历史性的飞跃。

传承创新中华优秀传统文化，要把握中华优秀传统文化的精髓。毛泽东同志强调了马克思主义的中国化必须要赋予民族特色，具备民族性。毛泽东同志娴熟地运用中国古典哲学的许多范畴和语言，来阐发马克思主义哲学的逻辑内涵。1964 年，毛泽东同志在对中央音乐学院的一封来信所作的批示中，曾经提出“古为今用，洋为中用”的口号，反映了他在对待中外古今文化问题上的基本态度。他指出：“我们这个民族有数千年的历史，有它的特点，有它的许多珍贵品。”作为中华民族的儿女，我们应该继承这份珍贵的历史遗产。他还指出，“今天的中国是历史的中国的一个发展”，“中国现时的新文化也是从古代的旧文化发展而来”，离不开原有的习惯、情感和语言；作为马克思主义的历史主义者，“我们必须尊重自己的历史，决不能割断历史”。毛泽东的哲学著作保留了比较浓厚的民族特色。在哲学论著的撰写中，他运用大量生动的比喻和形象的描述，通过类比和象征，使深奥的哲学理论清楚明白、易于理解，既具有广大人民群众喜闻乐见的形式，也具备了中国文化的传统特色。他对神话传说、成语典故、民间谚语等思想资料和古代语言的运用，做了大量的工作，有许多精辟独到的思想。他认为传统文化只有与民族的特点相结合，经过一定的民族形式，才有用处，决不能主观地公式地应用它。

要传承和弘扬中华文化基因，只有坚持从历史走向未来，从延续民族文化血脉中开拓前进，我们才能做好今天的事业。党的十八大以来，习近平总书记的一系列重要讲话、文章、访谈等，形成了独具个性的风格，人们爱听、爱读、爱看，海外媒体纷纷称之为“习式风格”。文化自信是一个国家、一个民族发展中更基本、更深沉、更持久的力量。在新时代要推动中华文化实现创造性转化和创新性发展。在这方面，习近平总书记率先垂范。习近平总书记的文章、讲话、著作等，给人一个最为深切的感受就是，他善于用典，常常古为今用、推陈出新，不断激活优秀传统文化，赋予其鲜活的当代价值与意义。习近平总书记多次倡导，推动中华文明创造性转化和创新性发展，激活其生命力，让收藏在博物馆里的文物、陈列在广阔大地上的遗产、书写在古籍里的文字都活起来。习近平总书记以清新质朴的话语打动了无数人，上下五千年，纵横数万里，对经典名句信手拈来、运用自如，展现了高超的思想能力和高度的文化自信。用典过程，其实就是在打造一张张中华文化的金质名片，向世界讲述着一个个精彩的中国故事，这正是“让书写在古籍里的文字活起来”的生动范本。

中华文化源远流长，积淀着中华民族最深层的精神追求，代表着中华民族独特的精神标识。习近平总书记指出：“站立在960万平方公里的广袤土地上，吸吮着中华民族漫长奋斗积累的文化养分，拥有13亿中国人民聚合的磅礴之力，我们走自己的路，具有无比广阔的舞台，具有无比深厚的历史底蕴，具有无比强大的前进定力。”传统文化融入思政课教学，要提高国民素养，提升文化自觉，坚定文化自信。

三、传统文化融入思政课教学要突出表述的大众性

传统文化融入思政课教学，要做到“三贴近”，贴近实际、贴近生活、贴近学生。对其中适于协调现代社会关系和鼓励人们向上向善的价值理念、主要命题、思想精华、道德基因等做出新阐释，使中华优秀传统文化为弘扬社会主义核心价值观做出贡献。将传统文化融入思政课教学，努力提高思想政治教育的针对性、实效性。

（一）拓新拓宽大众化途径，着力于课堂教学功效

有的放矢，必作于细。课堂教学，是传统文化融入思政课教学的重要途径，是传统文化贯穿国民教育的重要方式。围绕立德树人根本任务，遵循学生认知规律和教育教学规律，把中华优秀传统文化全方位融入思想道德教育、文化知识教育、艺术体育教育、社会实践教育各环节，贯穿于启蒙教育、基础教育、职业教育、高等教育、继续教育各领域。国民教育是一种带有鲜明民族特色和强烈时代精神的公共教育，具有民族性、时代性等重要特点。因此，国民教育的含义还可以从如何加强国民对国情的认识、对国家的认同，以养成国民的爱国主义和民族自尊心、自信心、自豪感等方面来理解。国民教育在优秀传统文化传承中具有基础性作用。文化是由人创造的，也是由人传承的，如果优秀传统文化不对人发生作用，不能深入人心，不能成为人的精神追求、精神力量、精神财富，传承就失去了实际意义。优秀传统文化只有内化为人的文化素养，外化为人的实践行为，实现知行合一，才能培养符合时代要求的新人。党的十八大报告在阐述文化建设时强调了“人民思想道德素质和科学文化素质全面提高”的目标；党的十七届六中全会通过的《中共中央关于深化文化体制改革、推动社会主义文化大发展大繁荣若干重大问题的决定》强调了“以科学的理论武装人，以正确的舆论引导人，以高尚的精神塑造人，以优秀的作品鼓舞人”，这些要求揭示了文化传承、创新、发展都必须作用于人，要内化为人的文化素

养，以提高人的素质为目的。

必须善于把优秀传统文化融入国民教育。学校教育要分学段有序推进中华优秀传统文化教育。发挥国民教育在优秀传统文化传承中的基础性作用，关键是要通过国民教育传承优秀传统文化所蕴含的基本精神。比如，我国传统文化中蕴含着“自强不息”的精神追求。我国传统文化中蕴含着一种浩大刚正、大义凛然的“浩然之气”。我国传统文化中蕴含着“和实生物”“和而不同”的崇和精神。① 大学阶段，使大学生广博地学习，要详细地求教，要“博学之，审问之，慎思之，明辨之，笃行之”（《中庸·第二十章》）。传统文化融入思政课教学，精髓贯穿国民教育，要提高阐释研究水平。要深入阐发文化精髓，加强中华文化研究阐释工作，深入研究阐释中华文化的历史渊源、发展脉络、基本走向，深刻阐明中华优秀传统文化是发展当代中国马克思主义的丰厚滋养，深刻阐明传承发展中华优秀传统文化是建设中国特色社会主义事业的实践之需，深刻阐明丰富多彩的多民族文化是中华文化的基本构成，着力构建有中国底蕴、中国特色的思想体系、学术体系和话语体系。

国民教育重在传承优秀传统文化所蕴含的基本精神。深入学习中国古代思想文化的重要典籍，理解中华优秀传统文化的精髓，强化学生文化主体意识和文化创新意识；深刻认识中华优秀传统文化是中国特色社会主义植根的沃土，辩证看待中华优秀传统文化的当代价值，正确把握中华优秀传统文化与中国化马克思主义、社会主义核心价值观的关系。引导学生完善人格修养，关心国家命运，自觉把个人理想和国家梦想、个人价值与国家发展结合起来，坚定为实现中华民族伟大复兴的中国梦不懈奋斗的理想信念。

（二）提升文化素养，培养话语的生活亲和力

传统文化融入思政课教学，要做到“三贴近”（贴近实际，贴近学生，贴近生活），使传统文化教育达到“三进”效果（进课堂，进教材，进头脑），使思政课教学达到“三入”效果（入耳、入脑、入心），还需要提升表述话语的大众性、通俗性和亲和力，做到既不失其理论真谛，又不失其精神品质。关于马克思主义中国化，毛泽东同志指出，要落到实处，就离不开人民大众，需要大众化，就要使马克思主义具有为“中国老百姓所喜闻乐见的中国作风与中国气派”。

第一，要运用通俗易懂的大众性表达风格，突出语言表述的生活性，增强语言表述的吸引力、感染力。话语是意识形态的外化形式，是价值取向的符号化表达。习近平总书记的系列重要讲话，道理深刻，语言朴实，切合实际，通

① 王东虓，杨云香．把优秀传统文化融入国民教育［N］．人民日报，2012-12-10.

俗易懂，不仅实现了中国特色社会主义理论体系的通俗化和大众化，同时也是继续推进这项工作的典范。比如“独享”与“搭车”（习近平总书记的“一带一路”金句）。经济学中有个词叫“搭便车”，其本义是指不承担任何成本消费或使用公共物品的行为。在国家与国家之间，也存在“搭车”现象。但与一般意义上的“搭便车”不同，经济全球化时代的“搭车”行为，已不再是简单的获利和给予，而是一种互惠互利的共赢。近年来，中国经济快速增长，为全球经济稳定和增长提供了持续强大的推动力。中国同一大批国家的联动发展，使全球经济发展更加平衡。中国始终坚持互利共赢的开放战略，欢迎各国搭乘中国发展的“顺风车”，实现共同发展。习近平总书记不仅对这些中华优秀传统文化的精髓有精准的阐释，而且赋予了新的时代内涵，闪烁着新时代的思想光芒。而这些华章佳句，又和习近平总书记朴素的大众化的语言，鲜活地融合在了一起，真正实现了“让古籍里的文字活了起来”。传统文化融入思政课教学，要推进表述话语的感性化、日常化，在“润物细无声”中进行思想政治理论教育。思政课教学，要改善话语体系，提升优秀传统文化教育和思想政治理论教育的感染力，提高话语表达的生活化和时代性，增强思政课教学语言的亲和力。

第二，要发挥传统文化表述“喻”和“寓”的特点，具有高雅的深刻性，增强表述的“动之以情、晓之以理”效果。与佛教、基督教相比，儒家讲“动之以情、晓之以理”，是一套情理交融的中和的人文教化系统。子曰：“质胜文则野，文胜质则史，文质彬彬，然后君子”（《论语·雍也》），“兴于诗，立于礼，成于乐”（《论语·泰伯》），诗教、乐教是很受孔子重视的。今天我们应该着重发展弘扬好孔子的诗教、乐教精神。传统文化融入思政课教学，要运用“借言赋意”的表达方式，以马克思主义基本原则、立场、观点和方法为尺度，对中国传统文化中既有的某些独具民族特色的概念、范畴的本真词义加以借用，并依时代性主题转换而赋予其崭新内涵，使之在具有浓郁民族风格与形式的同时也富有时代气息与特征。

第三，要创新传统文化融入思政课教学的表述方法与手段，创新讲授模式，避免照本宣科、平铺直叙。尊重学生主体地位，营造师生平等互动的氛围。要“溯源开新”，基于马克思主义基本原则、立场、观点和方法，对中国传统文化中具有独特内涵的价值理念进行深层发掘与全面揭示，由此创造出既符合马克思主义思想精髓和内在本性，又体现中国价值的具有世界意义和影响的新理念和新范式。要根据学生的心理特征和实际需要，要有利于内容的表达，形成共振共鸣，不断增强思政课教学的话语效果，增强对中华优秀传统文化的认同感。正是绵延五千年的文化精神滲润，潜移默化、润物无声地培养高尚的道德追求，涵养良好的社会风气，弘扬真善美，贬斥假恶丑，着力展现社会大爱，传递人间温暖。

四、传统文化融入思政课教学要体现表述的时代性

文化是最需要创新的领域，理论创新富有鲜明的时代性。传统文化融入思政课教学，既要实现民族性自觉，培育文化自觉的民族主体性，还要在融入思政课教学的过程中实现传统文化的承续弘扬与时代转化。从历史上看，我们党在理论创新中顺应时代发展潮流，根据中国具体国情，大胆探索，勇于创新。传统文化融入思政课教学，要坚持中华优秀传统文化教育与时代精神教育和革命传统教育相结合，要大力弘扬以爱国主义为核心的民族精神，要积极弘扬以改革创新为核心的时代精神，继承和弘扬革命传统文化，增强文化认同、民族认同和国家认同。

（一）立足当代中国现实，结合当今时代条件

传统文化融入思政课教学，要具有时代性。时代性，就是顺应历史潮流，突出时代特点，领会时代精神。理论的生命力在于创新。创新是哲学社会科学发展的永恒主题，也是社会发展、实践深化、历史前进对哲学社会科学的必然要求。理论创新只能从问题开始。从某种意义上说，理论创新的过程就是发现问题、筛选问题、研究问题、解决问题的过程。马克思指出，“主要的困难不是答案，而是问题”，“问题就是时代的口号，是它表现自己精神状态的最实际的呼声”。顺应历史时代潮流，要关注现实，注重时代性，培育时代精神。必须顺应时代与形势的发展变化、顺应实践主题的发展变化，通过科学判断和分析变化着的时代和实践主题，不断对时代课题和实践主题做出逻辑应答。

传统文化融入思政课教学要以时代精神激活中华优秀传统文化。要领略文化时命，要根据时代特点、时代精神、时代要求，实现传统文化的现代转化和创新发展，并将传统文化融入思政课教学。中国特色社会主义文化，源自中华民族五千多年文明历史所孕育的中华优秀传统文化，熔铸于党领导人民在革命、建设、改革中创造的革命文化和社会主义先进文化，植根于中国特色社会主义伟大实践。传统文化，是指由前人创造、形成并一直对后人产生影响和作用的思维方式、价值观念、道德规范、行为方式和风俗习惯等。发展中国特色社会主义文化，就是以马克思主义为指导，坚守中华文化立场，立足当代中国现实，结合当今时代条件，发展面向现代化、面向世界、面向未来的，民族的、科学的、大众的社会主义文化，推动社会主义精神文明和物质文明协调发展。因此，对待中华优秀传统文化，要坚持“古为今用”“去粗取精、去伪存真”，要“有

鉴别地加以对待，有扬弃地予以继承”，以强大的现实生命力回应好时代的挑战，解决好当代中国的现实问题与现实需求。要坚持文化为人民服务、为社会主义服务，不忘本来、吸收外来、面向未来。为此，我们必须对中华优秀传统文化的内涵进行当代解读，以马克思主义为指导，按照时代的新进步、新进展，对中华优秀传统文化的内涵加以补充、拓展、完善，增强其影响力和感召力，使古老的优秀传统文化与社会主义的先进文化相契合，与改革开放的时代相适应，在不断地创造性转化和创新性发展中焕发出强大的文化生命力。要坚持有鉴别地对待、有扬弃地继承，不能厚古薄今、以古非今，要把弘扬优秀传统文化和发展现实文化有机统一起来，在继承中发展，在发展中继承，使中华民族最优质的文化基因内化于人们的思想和行动，在新时代的深刻变革中，焕发出跨越时空的永恒魅力和持久生命力。

传承中华文化，绝不是简单复古。辩证取舍、推陈出新，摒弃消极因素，继承积极思想，“以古人之规矩，开自己之生面”，实现中华文化的创造性转化和创新性发展。① 中华优秀传统文化是浩瀚的中华传统文化遗产中先进性精华的集合体。它是中华传统文化中的优秀成分，凝结着中华民族最深层次的精神追求，包含着中华民族最根本的精神基因，呈现着中华民族独特的精神标志，支撑、促进着中华民族历经风险磨难、饱尝艰辛困苦而永葆旺盛生命力。深入挖掘中华优秀传统文化蕴含的思想观念、人文精神、道德规范，结合时代要求继承创新，让中华文化展现出永久魅力和时代风采。

（二）明辨文化是非，警惕其消极因素渗入

传统文化融入思政课教学，要增强文化自觉，坚定文化自信，警惕中国传统文化消极因素的渗入。要弘扬科学精神，以科学理性精神为基础的中华文化，应以实事求是为基本原则，尊重事实，服从真理，真正以实践作为检验真理的标准。以科学理性精神为基础的中华文化，应善于甄别和抵制各种非科学的东西，如迷信、盲从、蒙昧主义、威权主义等。挖掘提炼中华优秀传统文化，有针对性地实现其现代性转化、创造性转换和创新性发展，是继承和弘扬中华优秀传统文化的着力点和关键环节。任何民族、国家的文化都是一个矛盾的复合体，中国传统文化也不例外。它既有精华，也有糟粕；既有优良传统，也有不良传统。即使是精华、优良传统，也受到历史条件和阶级的限制，不可照搬、照抄、全盘继承。事实上，精华与糟粕，常常是交织在一起的。人们对精华与糟粕的认识和区分也是相对的，存在着把糟粕当精华或把精华当糟粕的可能。坚持辩证唯物主义和历史唯物主义，秉持客观、科学、礼敬的态度，坚持古为

① 习近平. 在文艺工作座谈会上的讲话［N］. 人民日报，2015-10-15（2）.

今用、推陈出新，运用“批判继承”的方法来审视中华传统文化，通过去粗取精、去伪存真来提炼中华优秀传统文化，不复古泥古，不简单否定，不断赋予其新的时代内涵和现代表达形式，不断补充、拓展、完善，使中华民族最基本的文化基因与当代文化相适应，与现代社会相协调。

传统文化融入思政课教学，要增强文化自觉，坚定文化自信，要明辨文化的参照与借鉴，要警惕西方国家的诱导和“示范效应”的影响。在文化观念上，推崇西方价值观，一味向西方的文化标准看齐，对本民族的文化缺少自信乃至遗弃；在文化市场上，充斥、热捧的是西方的文化产品，本国的文化产品遭受冷落，文化产业难以形成气候；在话语、行为上，流行的是西方话语，追捧的是西方生活方式，本民族的传统日渐瓦解。所有这一切，造成的结果是：文化传统在被破坏，母语在流失，价值体系在动摇，文化主权面临严重威胁。这样的发展状况，必然带来整个民族精神的扭曲发展和社会的畸形发展。亨廷顿在其《文明的冲突与世界秩序的重建》一书中曾用“文化上的精神分裂症”来形容那些文化上无所依归的民族的精神状态，不管其用意如何，这种状况确实是存在的。从文化上的分裂走向民族精神和心理上的分裂，将是一个国家、民族发展的最大悲哀。要增强文化自觉，必须注意对这些经验教训的总结，善于参照、借鉴。在文化发展过程中，看清别人走过的路，可能更有助于走好我们自己的路。

总之，文化说到底是养成、浸润、生成、升华。大学应围绕立德树人目标进行文化建设，大学应营造浓郁的文化氛围。传统文化融入思政课教学，要坚持科学的历史观和文化观，要批判文化激进主义与文化保守主义，坚持历史必然性与价值性的统一、民族性与时代性的统一、继承性与创造性的统一。列宁指出：“马克思主义这一革命无产阶级的思想体系赢得了世界历史性的意义，是因为它并没有抛弃资产阶级时代最宝贵的成就，相反地却吸收和发展了两千多年来人类思想和文化发展中一切有价值的东西。”① 要批判历史虚无主义与文化虚无主义，反对和避免自由主义与复古主义。思政课教学应发挥传统文化的功能，应发掘传统文化的资源，同时将传统文化融入思政课教学，要切实纠正只从时代性（“全盘西化”派）或者民族性（“国粹”派）一个方面来评断中国传统文化的偏颇。

（陈文殿：曲阜师范大学马克思主义学院教授、硕士生导师）

---

① 中共中央编译局. 列宁全集（第39卷）[M]. 北京：人民出版社，1986：332.

08

思政课教师社会实践研修

勿忘昨日苦难，珍惜今天幸福

——东北考察归来话感想

任松峰

2018 年 8 月 18 日至 26 日，我参加了学院组织的暑期社会考察活动。整个社会考察活动，安排紧凑而合理，感觉很辛苦，也很快乐，收获颇丰，感触良多，最深刻的印象可概括为“震惊”和“震撼”两个关键词。

一、震惊：日本军国主义对中国犯下滔天罪行

本次社会考察的目的地是东北三省。众所周知，东北地区是中国近现代史上遭受帝国主义列强染指最早的，也是最为严重的地区之一。先是沙皇俄国而后是日本，均觊觎已久，或蚕食或鲸吞。日俄战争后，日本在东北地区的侵略野心进一步膨胀。以 1931 年九一八事变为标志，日本逐渐吞并了整个东北三省，将其变为侵华的基地与大本营。在整整十四年的侵华战争中，东北地区是遭受日本侵略最为严重的地区。在这十四年间，日本帝国主义在东北地区烧杀抢掠、无恶不作，建伪满洲国，掠夺我资源，戕害我同胞……每每回想起这段历史，内心久久不能平静；每每在课堂上讲到这段历史，常常让人愤慨不已。

本次考察的第一站，是位于沈阳大东区的九一八纪念馆。这座纪念馆是 1997 年 9 月在原残历碑和地下展厅的基础上扩建而成的，1999 年 9 月 18 日正式落成开馆，江泽民同志为纪念馆题写了馆名。整个纪念馆共设有 7 个展厅，展览照片 800 余幅，实物 300 余件，文献、档案资料近 100 件，大小型场景 19 组，雕塑 4 尊，油画、国画等 20 余幅。这是世界上全面反映九一八事变历史的博物馆，现为国家级爱国主义教育基地、国家一级博物馆。虽然对九一八事变，通过学习这一段历史有所了解，但并不深刻、全面。在参观过程中，最令我注目的是一份非常珍贵的史料——1931 年出版的《满洲事变写真帖》（以下简称《写真帖》）。这是由热心的沈阳市民无偿捐赠的，《写真帖》图像清晰，每张图片都较为完整，并附有注解。《写真帖》共收录了日本人拍摄的日本侵略者入侵中国东北实况照片六十张，从一个侧面可以看到日本帝国主义入侵中国东北

过程中残暴、狰狞的丑恶嘴脸，记录着侵略者的罪恶行径。关于九一八事变问题，这样的文物史料我是第一次见，印象深刻。

本次红色考察中，最令我震惊的当属位于哈尔滨市南郊的七三一部队遗址。这里是世界历史上规模最大的细菌武器研究、实验及制造基地，是日本军国主义违背国际公约，用活人进行冻伤、细菌感染、毒气实验的大本营，是发动细菌战争的策源地，称得上是一座“万恶的魔窟”。

走进侵华日军七三一部队罪证陈列馆，大量日本细菌战罪证文物、历史档案和口述史料映入眼前，全面揭露了日本细菌战部队反人类、反文明和反伦理的罪恶本质。一幅幅图片、一件件实物，让我们仿佛听到了历史的恸哭。1931年到1945年，日军在中国的20余个省区成规模地使用细菌武器至少36次以上，给中国人民造成了巨大的灾难。据《日本侵华细菌战罪行调研报告》一书统计，日本侵华期间在中国内地对20个以上省市实施了细菌攻击，疫情暴发蔓延约298个市、县、旗，造成传染疫患者约237万人，其中死亡者约65万人。日军细菌武器对中国人伤害的程度，不亚于南京大屠杀！

七三一部队罪证遗址是日本法西斯侵略中国的历史见证，是揭露侵华日军战争罪行和进行爱国主义教育的历史教材。我想，七三一部队的丑恶历史，深刻地警示着后人，让历史呼唤人类的和平、文明与进步，不再让反人类、反人性的历史悲剧重演；我们要铭记历史，珍惜当下的和平；更要铭记这一历史教训，谨记“落后就要挨打”箴言。一个国家，要想不被其他国所欺辱，自己必须要强大起来。

今天，正值改革开放四十周年。四十年来，中国共产党始终带领人民坚持以经济建设为中心，坚持改革开放，坚持四项基本原则，解放思想、实事求是，不断提高人民生活水平，不断增强我国的综合国力，成功地走出一条中国特色的社会主义现代之路。这条道路来之不易，我们必须要倍加珍惜；这条道路是一条人间正道、康庄大道，我们必须坚定不移地走下去，为实现两个一百年奋斗目标、实现中华民族伟大复兴的中国梦而努力奋斗。

二、震撼：新时代东北老工业基地旧貌换新颜

东北被誉为共和国的长子。我们知道，东北三省早在1948年11月就已全部解放，是全国最先获得解放的地区。其实，东北地区在20世纪30年代就已经建成了较完整的工业体系，一度成为当时东北亚最先进的工业基地。中华人民共和国成立后，在恢复国民经济的同时，我们强调大力发展工业，尤其是重工业。东北是我国重工业、基础工业和大中型国有企业最集中的地区，很多工业指标位居全国前列。比如，1958 年中央给全国下达的钢产量指标是 1070 万吨，分配给东北地区的就有 525 万吨，黑龙江、吉林和辽宁分别是 47 万吨、10 万吨和 480 万吨。可以说，在计划经济年代，东北为共和国工业发展立下汗马功劳。

改革开放以来，由于多种因素的影响与制约，东北经济发展明显地慢了下来，在全国经济中所占比重也逐步下降。1978 年，辽宁和黑龙江两省的人均 GDP 仅次于北京、天津、上海三个直辖市。到 2002 年时，辽宁、黑龙江两省 GDP 所占比重，就分别降到第 9 位、第 18 位。当然，导致东北经济地位下降的原因是多方面的。比如，产业结构不够合理、所有制结构比较单一、国有企业经济效益不高、市场机制作用较小等。此外，随着国有企业改革的不断推进，东北老工业基地的很多大的国企，纷纷转制或转产，导致了很多国有企业职工下岗。一时之间，东北地区的经济发展，遇到了很大的瓶颈。同时，经济的不景气，导致很多人才流失，纷纷南飞。

那么，振兴东北老工业基地，成为党中央平衡区域经济发展的重要战略部署。习近平总书记在东北考察调研时，就给开出了一剂“良方”。他明确指出，振兴东北老工业基地是国家的一个重大战略，东北地区要“抢抓机遇、奋发有为”，特别是要贯彻“新发展理念”，坚持“深化改革开放”，“激发创新活力”，在此基础上找到一条“发展新路”。[①] 具体来说，振兴东北老工业基地，就必须要大力优化产业结构，积极发展多种所有制经济，加快国有企业的改革步伐，激发区域经济活力，确立市场机制在资源配置中的基础地位。

这次东北考察，走在沈阳、哈尔滨等城市的大街上，感受到的是满眼苍翠、生机勃勃的景象，很长时间以来凝聚在心头的东北经济不景气的阴云一扫而光；深入东北地区的社会主义新农村，走进农户的家中，迈进农户的田地里，与农民亲切交谈，深切地感受到新时代新农村的新风貌。俗话说，百闻不如一见。通过这次实践考察，我对东北地区的风貌有了进一步的了解，也对近年来东北地区经济社会发展速度之快、变化之大感到非常震撼。这样，在以后的思政课教学中，当我再给学生讲授相关问题或内容时，就会更加生动、鲜活，更加自信、有底气了！

此外，本次社会考察，我们还走访了东北大学马克思主义学院和东北林业大学马克思主义学院。这两所院校都是部属重点院校，马克思主义理论学科建设与科学研究都走在了全国前列。所以，通过本次实际考察，进行面对面的交

---

① 习近平. 深化改革开放优化发展环境　闯出老工业基地振兴发展新路 [N]. 人民日报，2016-05-26 (1).

流，对比对方的优点与长处，找出自己的差距与不足。他们很多好的做法，比如开展专题化教学、丰富多彩的社会实践形式、灵活多样的考核模式等，对我都是很有启发的。在今后的思政课教学中，我一定会积极汲取他们的有益经验，不断提高课堂教学质量。

（任松峰：曲阜师范大学马克思主义学院副教授、硕士生导师）

罪与罚的强烈对比

——沈阳日本战犯审判法庭观感

孙玉凡

2018 年暑假，我院组织教工们赴东北地区进行社会实践研修，一路舟车劳顿，但也收获颇丰。先到沈阳市参观了旅顺战犯审判法庭，后与东北大学马克思主义学院的教师进行了座谈，了解他们的教学科研方面的情况。两天后抵达黑龙江省哈尔滨市，与东北林业大学马克思主义学院的教师们进行了座谈，之后前往抗日战争时期日军遗留下来的七三一部队遗址参观考察。此次行程中给笔者留下深刻印象的是参观七三一部队遗址和旅顺战犯审判法庭。前者展现了日军侵华罪行残暴到了无以复加的程度，后者则展现了中华人民共和国政府对日本战犯的宽大处理的政策，两相对比悬殊，令人深思，也引起笔者浓厚兴趣。时至今日，我们又该怎样看待那场战争带来的罪与罚？

中华人民共和国成立后，对关押在中国的日本战犯进行重新登记和侦讯工作，基本掌握了日本战犯侵华罪行，按照国际惯例，中华人民共和国政府筹建组成特别军事法庭，对日本战犯进行起诉和审判。在沈阳的旅顺战犯审判法庭，我们通过观看大量的图片、文字资料和影视资料，更为深入地了解了中华人民共和国成立后对待日本战犯的政策产生的来龙去脉及其后来产生的深远影响，更为深刻地学习了中华人民共和国第一代领导集体深谋远虑的战略思想和我国传统文化中“仁爱”“以德服人”的人道主义思想。

1950 年 6 月，抚顺战犯管理所成立，982 名日本战犯和 71 名伪满洲国战犯被送到这里关押，同时接受改造和教育，其中就有我国末代皇帝、伪满洲国的傀儡皇帝溥仪。经过一段时间的关押和教育之后，这些战犯陆续接受中华人民共和国成立的军事法庭的审判。抚顺战犯管理所关押的战犯被移送到沈阳进行审判，战犯审判法庭是由当时的北陵电影院改建成的。1956 年 6 月 19 日，审判战犯的特别军事法庭在沈阳开庭。这批战犯中罪行最为恶劣的就是铃木启久，曾制造 6 起屠杀惨案，每次屠杀都几乎全村灭门，这些惨案的幸存者作为证人出庭作证，铃木启久当庭跪地认罪。其他的战争罪犯在强大的证据面前也都纷纷低头认罪，并表示了深深的忏悔。该陈列馆所保存的图片和文字资料显示，日本战犯中较为顽固的岛村三郎在庭审接近尾声时跪地忏悔："在镇压抗日行动中，我命令警察严刑拷问，刑罚无所不用其极……我无动于衷地听着这些惨叫，甚至把这当成一种乐趣。我对他们视如猪狗。前些年听说自己的长子死了，收到妻子来信的那天，我跑到运动场的一个角落里失声痛哭。人心都是肉长的。然而我当年则是一个魔鬼，一个不通人性的魔鬼，我残杀了那么多善良人的儿女，却从未落过一滴眼泪……"在述说完自己的全部罪行后，当年最为顽固不化的战犯跪在地上泣不成声，请求法庭判处自己死刑。可以说经过六年的关押和改造，日本战犯已经深刻地认识到了他们昔日心中的所谓"圣战"实际上是彻彻底底的侵略战争，他们自己则不自觉地成了杀人机器。他们认罪伏法的态度充分说明了中华人民共和国战犯管理所对战犯所进行的长期的思想改造的成功。

从1956年6月9日起，沈阳战犯法庭先后4次开庭，对45名侵华日军战犯进行了公开审判，然而判决文书出乎了所有战犯的预料，也令今天的我们深感意外，罪行累累的日本战犯竟然没有一个人被判处死刑，铃木启久、武部六藏、斋藤美夫等罪行最重者也仅被判处20年有期徒刑，而且刑期从他们被苏联红军俘获时便开始计算。更令人意外的是，除此45人之外，另外罪行较轻的1017名战犯竟然全部被免予起诉，并先后分两批释放，遣送他们返回日本。

面对十恶不赦的日本战犯，中华人民共和国政府可以有很多处理办法，可以按照国际惯例，直接将其判处死刑。但中华人民共和国政府却花费了大量的人力和物力对其进行改造，查清他们的罪行，并促使他们认罪。从战犯入所到最后一批战犯被释放回国，经历了14年之久，而其中的投入更是难以估计。中华人民共和国改造战犯是从长远利益出发，从促进中日关系发展方面的长远考虑，具有全局性和战略性的特征。

以毛泽东同志为代表的中国共产党人始终认为侵华的罪魁祸首是日本帝国主义，而日本广大的劳动人民也是战争的受害者，明确区分了战争的罪责。所以，尽管中华人民共和国成立初期由于日本实行的是一边倒的外交策略，采取与中华人民共和国政权为敌的外交政策，但是中日之间的民间外交一直联络不断。

在这样的历史背景下，对于如何处置日本战犯，中华人民共和国的主要领导人十分审慎地进行了思考和讨论。经过党内党外的反复协商，处理战犯的政策逐渐成熟。1956年4月25日，一届人大常务委员会在第34次会议上通过了

《关于处理在押日本侵略中国战争犯罪分子的决定》（以下简称《决定》），明确规定："鉴于日本投降后10年来情况的变化和现在的处境，鉴于近年来中、日两国人民友好关系的发展，鉴于这些战争犯罪分子在关押期间绝大多数已有不同程度的悔罪表现，因此，决定对于这些战争犯罪分子按照宽大政策分别予以处理。"该《决定》是中华人民共和国政府处理日本战犯问题的第一个法律文件，也成为随后审判战犯的重要依据和原则。也正是按照这一法律文件，沈阳的日本战犯军事法庭对日本战犯进行了上述从轻的处罚。

相对于国际上对日本战犯的审判，中华人民共和国政府的审判无疑太过"仁慈"。第二次世界大战结束后，联合国按照罪行严重程度将战犯分为甲级、乙级和丙级三个等级。罪行最重的是甲级战犯，共有28人，除了中途死亡者以外，全部都被判为有罪，其中7人被执行死刑。此外，联合国在各地开设了军事法庭，对乙、丙级战犯也进行了审判，共审判日本战争罪2244件，起诉5700人，其中934人被执行死刑。例如，美国在马尼拉等地共审判1453人，其中绞刑140人。英国在新加坡等地共审判978人，其中223人绞刑。澳大利亚在拉包尔等地审判939人，其中153人死刑。荷兰在巴达维亚等地审判1038人，其中226人枪决。中国国民政府在上海等地审判883人，其中192人死刑。

而中华人民共和国政府只审判了45名日本战犯，最多也只是20年的有期徒刑，还将之前关押的天数算在其中，这种宽大处理在国际上简直是一件难以置信的事情。这样的判决结果了大大出乎了当时日本战犯的预料，以至于法庭宣判之后，他们自己都不敢相信。震惊之余，他们决心要用余生来赎罪。一千余名昔日在中国的土地上无恶不作的日本战犯，经过中华人民共和国政府的改造以后，全面地揭露和清算了日本军国主义发动侵华战争的滔天罪行，从内心深处向中国人民表示谢罪。他们返国后，成立了中国归还者联络会（简称"中归联"），为促进中日友好和平积极地奔走呼号，成为推进中日友好事业的中坚力量，创造"震撼世界的奇迹"。尽管在日本，"中归联"的力量不是很强大，声音也比较微弱，但是他们仍然尽最大努力，为促进中日友好和平日夜奔波，做出了重要的贡献。"中归联"通过开展一系列活动来促进中日友好和平。1972年以前，由于中日两国间尚未建立外交关系，且日本当局并不承认中华人民共和国，导致日本国内百姓并不了解中华人民共和国的真实情况，对中华人民共和国也持敌视的态度。为此，"中归联"开展了一系列宣传活动，以增加日本民众对中华人民共和国的了解。1963年4月，"中归联"开展了"恢复中日邦交"3000万人署名活动；1965年9月，在福山市开展了"中国物产展"活动；1970年12月，组织召开了"创建日中国交恢复国民会议"；1972年10月，组织了

“祝贺恢复日中邦交正常化”活动，等等。“中归联”还多次参加了欢迎中国红十字访日代表团活动，也曾多次组团访问中国。

从战争狂人到爱好和平的反战人士，日本战犯的根本性转变，成就了这个“震撼世界的奇迹”。就连溥仪也感慨：“日本战犯的变化，犹如我的家族的变化一样，给了我极大的震动。我从这些变化中看出了一个事实——共产党人是以理服人的。”① 这个震撼世界的奇迹，向全世界证明了正义战争和非正义战争之间的区别，展示了战争带来的伤痛以及和平的可贵，这对于反对法西斯主义和帝国主义、减少战争、维护亚洲乃至世界和平，有着重要意义。

“中归联”自1956年成立至2002年解散，存在的46年间，老兵们根据自己的认罪笔供和回忆先后出版了《三光》《侵略——从军士兵的证言》《侵略——在中国的日本战犯的自白》《我们在中国干了些什么?》等数十部著作。其中《三光》一书汇集了抚顺战犯管理所众多战犯的忏悔录，发售仅10天就印刷了6次，5万余册半个月内便售空，一度成为日本战后图书出版排名的第二位。时至今天，当年的战犯大多已不在人世，由这些战犯的后人及一些日本进步青年组成的“抚顺奇迹继承会”，继续着战犯们的“和平之路”。这个民间组织每年组织许多日本中小学生来到抚顺战犯管理所参观，了解这段他们的父辈在中国接受人道主义改造的历史。

中华人民共和国政府改造并从宽处理日本战犯，首先是基于促进中日两国友好和平的考虑。自中华人民共和国成立之日起，中华人民共和国政府便一直为缓和中日关系做着努力。国家领导人曾多次在公开场合表达愿意与日本和平友好往来的期盼，中日的民间交往也一直蓬勃发展。对日本战犯的改造和宽大处理，不仅彰显了中华人民共和国政府对与日本友好和平往来的决心，也在实质上促进了中日关系的逐步缓和。中华人民共和国政府改造日本战犯的策略，向日本展示了中华人民共和国爱好和平的愿望，在与日本的交往中取得了主动性，直接促进了中日邦交正常化。回顾这段历史，我们看到的是中国共产党的政治智慧和中华人民共和国伟大的形象。“不念旧恶”“与人为善”是中华民族的传统美德。我们对他们采取的不是狭隘的报复而是感化和改造。中国人一向是反对“以力服人”，而是主张“以德服人”。唯有“以德服人”才能收效长远。中华人民共和国政府对日本战犯的改造，最直接的目的就是实现和平。中华人民共和国政府化干戈为玉帛，成功地改造了日本战犯，而归国后的日本战犯为中日友好事业做出贡献，不少人直至生命的最后一刻还在为中日友好努力

① 溥仪. 我的前半生［M］. 北京：群众出版社，1984：520.

奔波。

然而在日本国内，归国的日本战犯在日本社会受到排斥甚至是打击，时至今日，这段历史也不被大多数的年轻人所熟知。日本政府一直以来秉持着表面上回避的态度，对中华人民共和国政府宽大政策不予承认，实际上却一直认为从中国回来的这批旧军人，被中国共产党“洗脑”了。而中华人民共和国政府对多数日本战犯判处无罪，对极少数主要日本战犯不判死刑，陆续释放回国的宽大处理行为，在日本主流意识形态中，也只是中国政府有着特殊目的的行为。这种说辞显然是违背了历史真相的，是日本右翼军国主义分子的一贯言论和作风，也成为中日对待历史问题不能达成一致共识的根源。

事实证明，日本对中国发起的侵略战争是非正义的战争，根据国际法，参与战争的日本军官及士兵显然犯有战争罪，理应受到惩罚。中华人民共和国政府没有在第二次世界大战结束后立即对日本战犯做出审判并对大多数处以极刑，而是将他们集中起来，以人道主义的方式对其进行思想改造，并最后做出宽大处理的决定。中华人民共和国政府对日本战犯用马克思主义的观点和方法进行耐心改造，无疑是科学和正确的改造方式。而对改造好的战犯实施宽大处理，并不是单纯地利用其为中华人民共和国政府进行宣传，而确确实实是出于促进中日之间实现持久和平的考虑。中日两国是一衣带水的邻邦，我们真诚地希望两国人民能够世世代代和平友好相处，再无战争灾难降临。然而战后的日本政界和社会中一直残存的军国主义势力和军国主义思想始终像幽灵一般盘绕在岛国的上空，也时时提醒着我们战争仍未远去。

2015 年 9 月 3 日，中华人民共和国在首都北京的天安门广场举行了盛大的抗战胜利 70 周年阅兵仪式，习近平总书记发表重要讲话，指出：“战争是一面镜子，能够让人更好认识和平的珍贵。今天，和平与发展已经成为时代主题，但世界仍很不太平，战争的达摩克利斯之剑依然悬在人类头上。我们要以史为鉴，坚定维护和平的决心。”① 中华民族一向爱好和平，孔孟的中庸之道自古以来一直是我们的处世理念和原则。但中华民族也绝不会为外来的压力和侵略所征服。随着中国经济的迅猛发展，随着中国在世界舞台上的活动不断增加，西方敌对势力不断鼓噪“中国威胁论”，企图“和平演变”，亡我之心不死，“树欲静而风不止”。面临复杂多变的国际形势，我们更要居安思危，要对非正义战争的威胁保持高度警惕，不可麻痹大意。前事不忘，后事之师。“不忘”，是对民族记忆的擦拭，是对历史进程的回望，是对世界和平前景的期盼。正如习近

---

① 习近平. 习近平谈治国理政（第 2 卷）[M]. 北京：外文出版社，2017：446.

平总书记所言："让我们共同铭记历史所启示的伟大真理：正义必胜！和平必胜！人民必胜！"① 高举人类和平的伟大旗帜，高举人类正义的伟大旗帜，团结世界上一切可以团结的力量，用和平的阳光照亮世界的每一个角落。这是我们的美好梦想，也是人类共同的奋斗目标。

（孙玉凡：曲阜师范大学马克思主义学院副教授、硕士生导师）

① 习近平. 习近平谈治国理政（第2卷）[M]. 北京：外文出版社，2017：447.

铭记历史，反思历史

——七三一部队遗址考察省悟

魏秀珍

2018年暑期，我们冒着酷暑，怀着沉重的心情来到侵华日军七三一部队遗址（亦是七三一部队罪证陈列馆）考察。虽然我对中华民族那段十四年之久的抗战历史有所了解，对日军七三一部队的残暴有所了解，对学生也多次讲述过日军在我国国土之上犯下的滔天罪行，但当到了七三一部队遗址现场参观时，面对眼前日军的罪证，我仍然感到震惊，内心受到了极大的冲击！为什么日本敢如此残忍地对待我们的同胞？当时的同胞遭受过多大的痛苦折磨啊！战争的罪恶让我们深深感受到和平的可贵。历史无法挽回，伤痛留给我们无尽的思考，让我们铭记这段惨不忍睹的历史，珍惜现在的和平，创造更美好的未来！

一、七三一部队遗址的诉说

我们参观的是在原遗址基础上新建的一所遗址型博物馆，建筑面积9997平方米，位于黑龙江省哈尔滨市平房区新疆大街47号。新建的七三一遗址博物馆结合了很多的设计元素，整个场馆，从外到内多是用黑色来表现，给人以悲痛感。仅从外观看，七三一部队遗址陈列馆的建筑十分有特点，像三座巨大的黑色盒子，上方突出了三个高耸的“烟囱”，建筑物形状就是座漆黑色的火化炉。陈列博物馆内，陈列着大量日军侵略者的供词、图片、影印文件及实物等，这些罪证在一一控诉七三一部队犯下的细菌战、人类活体实验等战争罪行。进入展馆，是一面“国际公约墙”，于2018年5月18日才与公众见面。每一层的展馆都有一个大标题“反人类暴行，非人道的残虐行为”。

有史料记载：早在1932年石井四郎就在中国东北地区哈尔滨市郊着手设立进行人体实验的部队，开始进行在日本国内无法进行的人体实验。为掩人耳目，也为防止泄密，该部队曾使用过多种名称——东乡部队、加茂部队和石井部队，后改称七三一部队，用以专门从事细菌武器生产和细菌研究，是当时世界上规模最大的细菌研究和生产的秘密军事机构。七三一部队全称是日本关东军驻满洲第七三一防疫给水部队，1940 年 8 月改组为关东军防疫给水部，同年 12 月 2 日创立关东军防疫给水部支队，平房地区设置成总部。1939 年，侵华日军就已经划定了哈尔滨平房区附近为特别军事区。这里在当年是禁区，飞机不准在上空飞行，即便火车经过这里也必须在前一站放下窗帘，如果有人误入这块禁区必将被杀头。因此，当时的人们把这块神秘的地方叫作“六十里地国境线”。

这支罪恶的部队总指挥官为石井四郎，医学博士，毕业于京都帝国大学医学部（现为日本京都大学），尔后担任军医。在担任七三一部队总指挥官期间，采用强迫、拐骗等手段捕捉大量中国人用于细菌实验。被抓捕的中国人没有一个能活着出去，被发现试图逃跑的，就会被立刻枪毙。七三一部队在战争期间秘密进行超过 10 万次的研究实验，全部采用活人实验，例如专门研究鼠疫、伤寒、霍乱、梅毒等烈性传染病，并将病毒注射入中国人体内观察病毒发作。七三一部队除研究病毒外还进行冻伤实验、烧伤实验、电击实验、枪击实验等，同样，全部采用活人试验。看着这些触目惊心的实验资料，怎能不叫人怒火中烧！已经不能用“人”来描述那些执行实验的刽子手了。七三一部队甚至在败逃时还不忘继续残害中国人民，他们将染有鼠疫菌的老鼠放出，致使 1946 年哈尔滨的平房地区发生了大规模鼠疫，成百上千的当地居民死于这场灾难。日军虽在 1945 年 8 月战败后，意图销毁证据，或炸毁或填埋，地上建筑设施多已损毁——唯一保存完整的是当年七三一部队总部大楼，但历史罪行是抹不掉的！

更可气的是，第二次世界大战后美国与石井四郎达成秘密协议——《镰仓协议》，石井将细菌战的资料只提供给美国，美国帮助其免除战争审判。在日本的美军也陆续收到了多种日军细菌部队的情报。在 20 世纪 50 年代初的朝鲜战场上，美日合作，将细菌炸弹投向中朝人民，造成巨大的人道灾难。正因为美国也进行了反人类的细菌战，所以积极配合日本掩盖细菌战的罪行。直到近些年，美国对这些资料解密，真相才得以大白于天下。

随着对这段历史的研究，日军侵略的真相越来越多地被揭露出来。2018 年 7 月 7 日，在全面抗战爆发纪念日，侵华日军七三一部队罪证陈列馆向社会公布了侵华日军细菌战部队——北支甲第一八五五部队（对外宣称“华北派遣军防疫给水部”）的成员名册，其中包含了 1242 名该部队成员的真实姓名和个人信息，这是中国首次大规模实名公布一八五五部队成员信息。这些都一再向后人警示，前事不忘，后事之师。

今天，七三一部队遗址同德国纳粹的奥斯维辛集中营并称为世界两大惨绝人寰的杀人魔窟。现存遗址有：七三一部队总部大楼、特设监狱、四方楼、冷冻实验室、焚尸炉、菌种地下储存室和兵器库等 11 处残迹，成为历史见证。如展馆的序言中所写："日本军国主义者为实现其独霸亚洲、称雄世界的政治野心，公然违背国际公法，秘密策划了生物战、化学战的战争阴谋，并在很短的时间内，将这些武器用于战场上，成为人类历史上最为凶残的法西斯战争罪人。"这里不只是展示日本侵略者的滔天罪行，更是警示中国人勿忘国耻。正如展馆序言中写到的："我们揭露七三一部队的这一丑恶的历史，就是要用事实警示后人，让历史呼唤人类的和平、文明与进步，不再让历史悲剧重演。"

二、铭记历史，避免悲剧重演

日本对于七三一部队的罪行，一直没有达成一致的认错态度。虽有小部分成员表示忏悔，七三一部队遗址陈列馆内可以听到忏悔者的原声，可以看到他们的交代材料；虽然在今天的七三一遗址大楼后面有座名为"谢罪与不战和平之碑"，以中日两种文字清晰表达了日本和平人士对这段历史的态度，但大部分参与执行任务的亲历者还在为自己辩解：这是战争，他们所做的是服从。而且不承认曾经的罪行恰是现在日本的主流思想，日本对第二次世界大战的认识仍停留在自己更多是受害者。加之日本传统的忠君、尚武、绝对地服从等武士道精神在日本社会各阶层的深层次影响，他们认为天皇至上，要绝对服从天皇。因此，我们要高度警惕日本军国主义的复活。从日本的修改教科书到"购岛行动"，再到前任日本领导人安倍晋三从未承认日本过去对中国的侵略，都在表明罪行必须被揭露、被惩罚！唯有如此，才能警醒人们不要再重犯。日本唯有真诚并彻底反省自己的侵略历史，才能得到中国人民的信任，才会不失信于整个国际社会。习近平总书记指出，"历史不会因时代变迁而改变，事实也不会因巧舌抵赖而消失"①，"一切罔顾侵略战争历史的态度，一切美化侵略战争性质的言论，不论说了多少遍，不论说得多么冠冕堂皇，都是对人类和平和正义的危害"②。

由于各种原因，我们从1982年才开始对七三一遗址加以开发和保护，1985年，经过专家和学者们论证，确定和保护了十九处罪证遗址。但这仅仅是地上部分，地下部分一直沉睡了五十多年。直到2000年8月，侵华日军七三一部队地下遗址的历史性挖掘工程才开始，一件件沉睡地下多年的杀人罪证才得以"出土"。历史是过去的现实，现实是未来的历史。随着经历那段历史的人们渐

---

① 习近平. 在南京大屠杀死难者国家公祭仪式上的讲话［N］. 人民日报，2014-12-14(2).

② 习近平. 在南京大屠杀死难者国家公祭仪式上的讲话［N］. 人民日报，2014-12-14(2).

渐老去，一些年轻人对历史的疏离，加之历史虚无主义沉渣泛起，利用新媒体玩起了花招，致使一些国人忘记了那段历史，甚至出现如厦门大学女研究生田佳良“精日”之流。习近平总书记强调指出：“忘记历史就意味着背叛，否认罪责就意味着重犯。”① 作为深受其害的中华儿女，更应该牢记这段悲惨的历史，牢记同胞曾经的悲惨遭遇，牢记中华儿女的奋起反抗。牢记这段历史不是延续仇恨，而是“昭昭前事，惕惕后人”。对于这段历史，习近平总书记讲道：“我们不应因一个民族中有少数军国主义分子发起侵略战争就仇视这个民族，战争的罪责在少数军国主义分子而不在人民，但人们任何时候都不应忘记侵略者所犯下的严重罪行。”② 周恩来总理曾经说过：“可以原谅，但不可以忘却。”

历史是一个民族安身立命的基础。今天中华民族要实现伟大复兴，我们就要清楚自己从哪里来、将要往哪里去。习近平总书记指出：“不了解中国历史和文化，尤其是不了解近代以来的中国历史和文化，就很难全面把握当代中国的社会状况，很难全面把握当代中国人民的抱负和梦想，很难全面把握中国人民选择的发展道路。”③ 认识当今中国，要从了解其历史开始；实现民族复兴的梦想，就要牢记那段屈辱悲惨的历史。“我们不是历史虚无主义者，也不是文化虚无主义者，不能数典忘祖、妄自菲薄。”④

历史的记忆和应用需要一代一代人的传承。如果人们不研读史书，不翻阅历史资料，不讲述历史故事，不宣传历史人物，不纪念历史事件，不参观历史文物，历史就会被埋没于故纸堆中，消失于原野，沉寂在馆藏，历史成为死的，就必然会被人们遗忘。习近平总书记指出：“历史是一面镜子，从历史中，我们能够更好看清世界、参透生活、认识自己；历史也是一位智者，同历史对话，我们能够更好认识过去、把握当下、面向未来。”⑤ 回望历史，我们才能懂得，中华民族走到今天是多么不容易，必须坚定不移追求中华民族伟大复兴的梦想。中华民族的伟大复兴，需要我们一代一代中华儿女不懈地接续奋斗才能实现，因为对历史的最好学习和借鉴就是成为历史大潮的一朵浪花。正如习近平总书

① 习近平. 在南京大屠杀死难者国家公祭仪式上的讲话［N］. 人民日报，2014－12－14（2）.

② 习近平. 在南京大屠杀死难者国家公祭仪式上的讲话［N］. 人民日报，2014－12－14（2）.

③ 习近平. 习近平致第二十二届国际历史科学大会的贺信［N］. 人民日报，2015－08－24（1）.

④ 中共中央党史和文献研究院编. 习近平关于总体国家安全观论述摘编［M］. 北京：中央文献出版社，2018：112.

⑤ 习近平. 坚定文化自信，建设社会主义文化强国［J］. 求是，2019，（12）.

记在庆祝中国共产党成立95周年大会上所言："历史总是要前进的，历史从不等待一切犹豫者、观望者、懈怠者、软弱者。只有与历史同步伐、与时代共命运的人，才能赢得光明的未来。"①

三、反思历史，开创未来

我们不仅要牢记落后挨打、贫穷受欺的历史教训，坚决反对侵略战争，警惕日本军国主义抬头，而且我们也需要反思。在2005年纪念抗日战争胜利60周年时，复旦大学葛剑雄教授撰写过《胜利者也应该反思》一文，文中认为，不仅战败者日本需要反思，作为胜利者的中国，也应该好好反思。

首先，我们要反思近代以来，弹丸之地的日本怎敢屡屡侵犯我煌煌中华，甚至还妄想吞并整个中国、称霸东亚并意图征服世界？这其中的原因是多方面的，其中最主要的就是当时的日本逐渐走向强盛，并走上了军国主义道路，而中国却正趋于衰弱，四分五裂。落后就要挨打，这是中华民族历史上一个血的教训。

其次，我们要反思，为什么当时拥有四亿多人口的中国，打败为数不多的日本侵略者竟然如此艰难？我们的抗日战争最终虽胜利了，但付出了巨大的代价。十四年的抗日战争历史告诉我们，经济发展水平、科技水平、武器装备落后于人不是最可怕的，落后挨打也不是最可怕的，最可怕的是国家的不团结，四分五裂，在面对侵略时不能团结起来奋起反抗。极端的个人主义思想使得许多国人认为抗日会失败，投机侥幸心理的存在，使得一些国人面对日军的威逼利诱，心甘情愿投敌叛国。

我们还应该反思的是，我们如何正确对待日军侵华的历史？前文中提到，对七三一部队遗址的发掘与确认可以看出，我们对自己的历史重视得还远远不够，以至于一些事实没有得到及时的记录。或许因为我们对待历史曾经过多考虑现实的需要，或许因为其他原因。对抗战历史的宣传，也存在片面性和随意性，甚至现在有些抗日神剧不断上演，扭曲历史，甚至把历史虚无化。历史、现实、未来是相通的。历史是过去的现实，现实是未来的历史。否认歪曲那段悲惨的历史，就意味着无视现实、背叛现实。

反思历史是为了能更好地正视现实，开创美好的未来。今天我们反思历史就是从前人的经验中汲取智慧，运用于"现在"，开创更美好的未来。习近平总

---

① 中共中央党史和文献研究院编. 十八大以来重要文献选编（下）[M]. 北京：中央文献出版社，2018：345.

书记强调："重视历史、研究历史、借鉴历史，可以给人类带来很多了解昨天、把握今天、开创明天的智慧。"① "只有正确认识历史，才能更好开创未来。"②在国家安全形势越来越复杂的今天，我们面临的国际形势仍是不容乐观，除了与邻国仍然存在临海和岛屿的争议，与美国的贸易战也已打响。我们要增强国家安全意识，对境内外敌对势力的渗透、颠覆、破坏活动保持高度警惕。众所周知，防止和制止战争离不开实力。我们希望和平，远离战争。而维护和平，抵抗侵略的最有力的方式就是提升国家实力。国家实力如何提升？我们需要继续深化改革开放夯实经济实力的这块基石，提高科技创新水平和创新能力，并建立一支听党指挥、能打胜仗、作风优良的现代化人民军队。

汲取历史教训，全国各族人民要团结一致，增强民族凝聚力，心往一处想，劲往一处使。在中华民族复兴的道路上，坚持用习近平新时代中国特色社会主义思想武装全党和全国各族人民，全社会积极弘扬和践行社会主义核心价值观，不断丰富人民的精神世界、增强人民的精神力量，汇聚起磅礴力量，增强整体实力和竞争力，朝着建设社会主义现代化强国和实现中华民族伟大复兴的中国梦的伟大目标迈进。

（魏秀珍：曲阜师范大学马克思主义学院讲师）

① 习近平. 习近平致第二十二届国际历史科学大会的贺信［N］. 人民日报，2015-08-24（1）.

② 习近平. 在纪念中国人民抗日战争暨世界反法西斯战争胜利 70 周年招待会上的讲话［N］. 人民日报，2015-09-04（3）.

边关处处牵我心

——赴东北社会实践研修有感

陈洪友

小时候听过歌曲《松花江上》，中学时读过《林海雪原》，长大后看过电视剧《闯关东》，脑海里对东北留下了一种既神秘又浩荡的印象：一望无垠的大平原黑土地，白雪皑皑的小山村农家屋，呼啸而来的林海阵阵涛声，热情好客的东北美丽大妞。2018 年暑假，我带着浓浓的东北情结，冒着炎炎烈日，踏上高铁，开始了浪漫的东北之旅。

在朋友们的高谈阔论和欢声笑语中，在复兴号高铁的快速推进下，经过不长不短的时间，我们到达了东北旅行的第一站——皇姑屯站。皇姑屯见证了近代中国历史的一幕。1928 年 6 月 24 日，中华民国陆海军大元帅、奉系军阀首领张作霖乘坐的军用专列就是在此被日本关东军高级参谋河本大作炸毁，张作霖伤重不治而亡。其子张学良控制东北政局后，改旗易帜，听从南京中央政府号令。离开高铁站，我们来到沈阳审判日本战犯法庭旧址陈列馆参观。1956 年 6 月，中国政府依照国际法对由苏联移交的日本战犯进行了审判，这是一次代表正义的审判。日本战犯受到应有的惩处。参观之时，令我感到遗憾的是，由于中华人民共和国初期周边国际环境的变化和联日抗美的统战需要，绝大多数日本战犯在宣判后被释放回国。离开陈列馆，我在脑海中深深反思，中国政府对沾满中国民众鲜血的日本战犯予以宽容是健忘，还是显示中国人的伟大胸怀？以德报怨，那何以报德？

第二天吃完早饭，我们乘车赶到大帅府参观。大帅府是张作霖和张学良父子办公和居住的地方，府前广场，矗立着一身戎装的少帅张学良的铜像，不少人驻足与其合影留念。因对张少帅兴趣寥寥，我很快走到检票口，进入帅府。大帅府的建筑可以说是中西合璧，第一任主人当然是大帅张作霖。张作霖出生于奉天海城县北小洼村，年轻时当过土匪，在清末东北乱局中，脱颖而出。清政府被推翻后，张作霖被任命为奉天督军兼省长。1918 年 9 月被任命为东三省巡阅使，成为奉系首领。1927年6月18日，张作霖在北京就任中华民国陆海军大元帅，成为国家最高统治者，1928年被炸身亡。张作霖在清末民初的动荡政局中，稳定东北边疆，并且趁势崛起，在熊（俄）狼（日）的窥伺下，在国内诸雄的角逐中，成功入主中央，成为最高领导人，可以说不愧为一世之枭雄！而少帅张学良继承父业，控制东北军政大权，改旗易帜，归顺中央，崭露头角。1929年中东路事件爆发，东北军被苏联红军击败，张学良被迫签约投降。中原大战僵局之时，张学良挥师入关援蒋，擢升为中华民国陆海军副总司令，权倾朝野，控制东北、华北广大区域，达到政治顶峰。1931年，东北发生九一八事变，当时张学良的军队有30余万，在关内有10余万，东三省有20余万，且军队有陆海空军，武器装备和现代化水平仅次于蒋介石的中央军。而当时进犯的日本关东军不足2万人，由于张学良下令不抵抗，部队撤往关内，东北三省相继沦陷。张学良把他老爹起家的大本营给弄丢了，其势力江河西下。后在防守华北时，张学良也一败再败，丧失国土，一时被指责为民族罪人。蒋介石最后将其调往西安，负责西北剿共事宜，但他围攻陕北红军也不成，丢盔弃甲。此后，蒋介石飞赴西安督战，受中共统战路线的影响，张学良与杨虎城在劝解无效的情况下，实行兵谏，西安事变爆发。由于各方势力的协调，西安事变和平解决，结束了国共内战，为第二次国共合作团结抗日打下基础。然而，张学良陪蒋介石到南京后，被蒋介石软禁。东北军被分割瓦解，张学良就此退出历史舞台。

离开帅府，我们来到沈阳故宫考察，东北是满族的龙兴之地，努尔哈赤以十三副铠甲起兵反明，建立后金，皇太极继位后改称大清。故宫占地颇广，我们先跟随解说员游览十王殿，努尔哈赤办公的宫殿正在修缮，未能入内。接着观看皇后王妃居住的地方，最后游览皇太极办公的大殿。满族人数较少，趁明末乱局，清军十余万进入关内，合纵连横，消灭明王朝，四处征伐，开疆扩土，建立大清帝国，历时260余年，可以说是非常了不起。鸦片战争后，丧权割地，使中华民族饱受耻辱，最终大清内忧外患，无力应对，在辛亥革命的风潮中被推翻。这也是历史的必然。

午后，我们驱车来到东北大学马克思主义学院，同院方进行短暂学术交流后，我们开始参观校史馆。东北大学由张作霖首创，此后张学良担任第三任校长，东北大学得到蓬勃发展。1931年九一八事变后，东北沦陷，东北大学走上漂泊动荡之路。从某种程度上说，东北大学是张氏父子留给世人的一份文化遗产。挥手告别东北大学同人，按照计划，我们应继续考察沈阳九一八纪念馆，但因此馆正在修整中，只好取消行程，但为了不留下遗憾，我们特意乘车绕行纪念馆一圈，眼底留下了九一八纪念馆的影像。九一八，是中国军人的耻辱，也是民族灾难的开端。

我们乘车北上，到达冰城哈尔滨。哈尔滨可以说是久闻其名，想当年王刚广播的《夜幕下的哈尔滨》给我留下深刻的印象，后来有同学在哈尔滨上学，说起过冰城冬景、太阳岛，可以说对哈尔滨向往已久。今日终于能长途跋涉，到此一观。因时间比较紧张，我们先是到东北林业大学马克思主义学院进行了学术交流，然后离开大学，去参观侵华日军七三一部队罪证陈列馆。刚进入展馆，就感受到一种非常压抑的感觉。随着解说员充满悲愤情感的解说，看到一张张日军的罪行照片，一件件有着血腥罪行的实物，我深深体悟到日本帝国主义给中国人民带来的地狱般的灾难。七三一部队遗址是名副其实的“食人魔窟”。1945 年 8 月，苏联红军攻入中国东北，沾满中国人民鲜血的日本七三一部队负责人石井四郎及其手下官兵在销毁许多罪证后，撤往日本国内。抗战胜利后，同盟国理应对罪大恶极的七三一部队相关人员进行审判，进行应有的惩处。但由于美国方面需要七三一部队的实验数据及细菌战武器，双方进行一番讨价还价后，美国决定给予石井四郎等人罪行赦免，进行政治庇护。杀人魔王逃脱了法律的审判。我不禁感叹，自诩为代表公平、正义、民主的美利坚合众国，也在某种程度上暴露了其伪善自私的真面目。

吃过晚饭后，我们到达哈尔滨火车站。晚清时期，俄罗斯帝国为控制中国东北，修建了中东铁路，该铁路从俄国赤塔经中国满洲里、哈尔滨、绥芬河到达俄国符拉迪沃斯托克（海参崴）。哈尔滨是重要的铁路交通枢纽。火车站旁边还有沙俄时期修建的东正教教堂，晚霞下的教堂美轮美奂，充满异国风情。乘坐火车，我们来到内蒙古呼伦贝尔市首府海拉尔，该城的建筑具有明显的蒙古族风格。吃过早饭后，乘坐大巴前往边境小城满洲里。道路两旁是一望无际的大草原，蓝蓝的天空之下，草儿青青，偶尔有几朵野花进入眼帘，牛和马散落在草原之上，或在低头吃草，或在相互嬉戏，一幅祥和的大自然美景。随着车轮的飞驰，不时看到路边有一个个圆圆的草捆，追问导游，这个季节正是牧民每年打草的时候。草原的草不高，也不深，古诗中所说的“风吹草低见牛羊”，我没有见到，略微有些失望。思索之下，这可能是古代水草丰美，现在草场退化所致。

车轮滚滚，我们来到边城满洲里，满洲里因俄语“满洲里亚”而得名，是一个有着百年历史的口岸城市，总人口 32 万，户籍人口 17 万。满洲里很多建筑具有浓厚的俄罗斯风格，比如色彩鲜艳的套娃景区，感觉具有异域美感。接着我们赶到代表中苏分界的中国国门，修建得很恢宏，而对面的俄罗斯显得较为寒酸。中国这边游人如潮，俄罗斯小城难以见到人流，这代表着21世中国的崛起和俄罗斯的衰落。而20世纪，沙俄及苏联咄咄逼人，凶焰滔天，满洲里见证了北极熊的罪恶。时光荏苒，曾经剑拔弩张的中俄两国已是战略伙伴关系，边界和平安宁，不时有火车穿越国门，驶入异国他乡，带去友谊和平。

满洲里是我们的最后一站，第二天我们踏上归途，一路风尘，回到关内，回到山东，回到曲阜，北疆之旅圆满结束。北疆之行，让我看到了东北大自然之美丽，体会了近代中国历史之艰辛，见到现代中国之强大富足，相信在以习近平同志为核心的党中央领导下，中华民族的伟大复兴一定会实现！

（陈洪友：曲阜师范大学马克思主义学院讲师、博士）

暑期赴东北社会实践研修记

吴雪玲

2018年8月19日—26日，我院组织进行了为期8天的暑期社会实践研修，纵跨东北三省和内蒙古自治区，行程数千千米。时而艳阳高照，时而细雨蒙蒙，时而乘坐高铁，时而乘坐大巴，一路上有辛苦疲惫，也有快乐和收获。

一、正视历史珍爱和平——记七三一遗址

七三一部队又称石井部队或加茂部队，全名为“日本关东军驻满洲第七三一防疫给水部队”，是以研究防治疾病与饮水净化为名，实则使用活体进行生物武器与化学武器效果实验，用以发动生物战、细菌战的秘密军事医疗部队。

1939年，侵华日军划定了哈尔滨平房区附近为特别军事区，1940年加茂部队入驻；1941年5月，改用秘密代号——满洲第七三一部队。设立本部及8个分部和一个特别班，军事、技术人员有2600余人。作为禁区，飞机不准在上空飞行，火车经过必须在前一站放下窗帘；如果误入，等待着的便是断头台，故被称为“六十里地国境线”。

七三一部队大量繁殖鼠疫、霍乱、伤寒等传染细菌，进行惨绝人寰的活体实验，是当时世界上规模最大的细菌研究和生产的秘密军事机构。仅1939年到1945年间，就有3000多人被用于活体实验。中国人、苏联人、蒙古人、朝鲜人，包括抗日英雄、爱国志士、无辜百姓，甚至手无缚鸡之力的妇女儿童都被用于实验。诺门罕战役是其第一次将细菌武器用于战场。侵华日军细菌战中，遭到残害的人数多达30万人，堪比南京大屠杀。

1945年8月，七三一部队败逃之际，杀掉最后一批没来得及试验的被关押者，细菌实验生产基地亦被炸毁，现仅存部分遗址，包括部队东部大楼、特设监狱、四方楼、冷冻实验室、焚尸炉、菌种地下储存室和兵器库等11处残迹。这是与德国纳粹奥斯维辛集中营并称的世界惨绝人寰的杀人魔窟，也是日本法西斯侵略者屠杀中国人民的历史见证。

战后，七三一部队部队长石井四郎将大量细菌研究资料提供给驻日美军作为交换条件，以此逃脱战争的审判。日本政府更是对自己曾犯下的罪行进行粉饰、掩盖甚至拒不承认。

然而，正义终将战胜邪恶。

1981年，日本作者森村诚一出版了纪实文学《恶魔的盛宴》，以大量的事实揭露日本侵略中国东北，以中国人为生物实验对象，试验细菌生化武器的史实。作品在日本共产党机关报《赤旗报》上连载，引起轰动，300万册一销而空。1997年，180名中国人，七三一部队的受害者及其家属对日本政府提出诉讼，要求全面披露七三一部队事实，道歉并予以赔偿。2000年，美国国会通过了日本政府解密法案，对大部分关于日本帝国在第二次世界大战中所犯罪行和战犯档案进行解密。2008年3月，纪实著作《恶魔的饱食——日本731细菌战部队揭秘》全三集，由学苑出版社出版。中国香港影片《黑太阳731》是第一部反映七三一部队的影片。俄罗斯黑白影片《刀的哲学》以纪实手法，描述了人体试验的恐怖场景。

抗日战争胜利68周年前夕，中国七三一问题研究专家向外界公布了七三一部队人体解剖报告书的主要内容。2015年3月13日至15日，揭露日军七三一部队罪行的"医学犯罪展"在日本京都立命馆大学国际和平博物馆展出，展览内容被翻译成英文、中文、韩文等多种语言。经过和平的洗礼，曾经受法西斯战争蒙蔽的七三一部队队员，也站出来坦白自己的罪行，这不仅是对七三一部队的历史批判，也是对日本右翼势力最有力的鞭挞。

2017年8月13日，日本NHK电视台在夜间黄金时段播放了一部长达48分钟的纪录片——《731部队的真相：精英医者与人体实验》，详细揭露了七三一部队在中国进行细菌武器研究和活人人体试验的种种滔天罪行，而且首次公布了原七三一部队成员长达20个小时的认罪录音。2018年4月，日本档案馆公开七三一部队3607名成员实名名簿。

正义会迟到，但永远不会缺席。

七三一的罪恶，一如它的制造者，已经被牢牢地钉在历史的柱基之上。

1982年，七三一部队罪证陈列馆在七三一部队本部大楼遗址上建立起来，基本保持原貌。遗址陈列馆的建筑，像三座巨大的黑色盒子，沉重压抑。陈列馆地上两层，地下一层，共有十多个展厅，陈列着大量供词、图片、影印文件及实物等，沉痛揭示了战争给人类带来的深重灾难。

冻伤实验、毒气实验、灭压实验、活体解剖，站在这里，看着一幅幅图片，一件件实物，仿佛听到了历史的恸哭。

十四年的被侵略历史，3800 万同胞的生命。山河破碎，民不聊生。所幸，民族的精神不灭。

陈列馆内，“日本友好之会”战后遗孤进献的花束庄严肃穆，陈列馆外日本民间友好团体设立的“谢罪与不战和平之碑”在阳光下熠熠生辉。

如今，七三一遗址作为爱国主义教育基地，已被确定为国家 12 个重点红色旅游项目景区景点之一，并被中宣部批准为第六批国家级文物保护单位。

愿我们牢记历史、珍爱和平。

二、呼伦贝尔草原印象

天苍苍，野茫茫，风吹草低见牛羊。《敕勒歌》里描写的草原游牧民族的生存与生活，一直以来都是那么令人心驰神往。

呼伦贝尔位于内蒙古最北端，北部靠近中国最北的村镇——漠河，西部与俄罗斯、蒙古接壤，有着中俄、中蒙异域风情。车窗外，白云皑皑，牛羊成群，蒙古包隐约可见。导游告知我们，今年雨水丰沛，水草丰美，是草原最美的时节。

但是，即便如此，所谓的“风吹草低”并没有出现。事实上，今天的内蒙古大草原已经大大退化，连片的草原已经不多见了，很多地方产生了沙漠化的迹象，甚至对华北平原的生态造成了影响。

是什么造成了草原的生态恶化，又可以通过什么手段加以挽回，以及是否能够挽回呢？

历史上，内蒙古所在的地区被称为漠南，是一片不折不扣的草原牧场。由于阴山的阻隔，草原上的游牧民族没有被汉化，保留了大量属于自己的文化和生活方式。少数民族不仅能够在辽阔的草场上放牧牛羊马匹，还能抓到大量野生小动物。游牧经济的土地单位产出并不高，还会因为气候和地理的影响具有很大的脆弱性，在贸易断绝的情况下靠游牧经济自给自足，足以证明当时草原的生物承载能力是很强的。

虽然沙进草退的事情是历史上的常态。但是从未像今天一样明显和难以逆转。

内蒙古沙漠化的三个罪魁祸首：集中放牧、土地开荒和矿业开采。

游牧民族一向逐水草而栖，如果人类对草原的承载力出现误判，圈养了过多动物或者始终在某一个地方集中放牧，最终会导致草场无法自行再生，沙漠就会乘虚而入，永久地把植物的生存空间挤占掉。

以内蒙古锡林郭勒盟辖区为例，中华人民共和国建立之后，人口翻了 3.5

倍，牲畜数量翻了11倍，早就超出了草原的承载力。从20世纪90年代开始，为了保护草原生态，国家出台了禁牧令，禁止牧民逐水草放牧。虽然保住了所剩不多的空余草原，但是那些可以用于放牧的草原却遭到了年复一年地啃食，甚至到了吃草除根的地步，加速了沙漠化的趋势。

20世纪末，人们在呼伦贝尔草原上开辟了大量耕地，试图通过农业种植的方式改善草原的生产力，改良当地经济结构。但是由于其地下土质主要是沙土，用来种粮食，很快就会被榨干养分和地下水，从第三年开始甚至连种子都收不回来。而且由于供应植物生长的营养物质不足，退耕之后再也长不出草，沙漠很快入侵。

矿业开发对草原的两个原罪分别是地表植被破坏和断水。开挖地下矿产的过程中，免不了要破坏土层和植被。根据统计，内蒙古霍林河露天煤业公司曾在锡林郭勒几十年时间挖掉了86平方千米的草原。如果矿坑只是简单回填而没有进行生态修复治理，指望草株自然生长到原来的水平，几乎是不可能的。另外，由于矿产开发需要大量的水，草原上的河流被无节制地用到断流。昔日滋养呼伦贝尔的七条大河，如今都已经时断时续。草的生命力再强，没有水也会快速枯竭，给沙地留下充足的扩张空间。

为此，人类必须主动出击，通过绿色种植的方式直接和沙漠宣战。

植树造林和模拟生态是第一步，随后才能逐渐吸引自然生物的到来，抢回被沙漠霸占的地盘。

在早期的抗争中，人们喜欢按固定间隔种植同一树种。树林整齐划一、养护方便，短期内确实有沙漠已经得到治理的错觉。但是，由于同一树种所需要的养分是一样的，枯枝败叶能分解出来的营养物质也一样，也会因为同一种疾病而死亡。只要这些微妙条件中的某一个发生变化，树林就会成片死去，治沙工程一夜打回解放前。

通过种植植物拯救沙漠化，关键在于设计得当的复合森林。

胡杨林是一种防沙的好树。耐寒、耐热、耐碱、耐涝、耐干旱，枝繁叶茂的还能抗御风沙。只要有一点点水，就能支撑生长。配合种植榆树、沙枣、花棒等本地树种，让种植地区的生态系统能够活起来。人工培育几年，稳固住局面，随着其他植物和动物的到来，就能永久地将沙漠化挡在门外。

敕勒川，阴山下，风吹草低见牛羊。希望有一天可以重现草原美景。

三、蒙古族礼仪小记

蒙古族自古就是一个豪放勇敢的民族，饮酒、歌舞体现了这个民族粗犷豪爽的性格。其风俗习惯，富有浓厚的民族特色和乡土气息，保持着淳朴的古风，体现了蒙古民族优良的传统和文化素养。

待客礼仪。蒙古族有客来必热情款待，欢迎、欢送、献歌、献全羊等都按礼仪程序进行，宴饮必备各种酒。来客后，不分主客，谁的辈分最高，谁坐在上席位置。身着整洁民族服装的蒙古族姑娘，手捧洁白的哈达和银碗，双手齐额，把圣洁的美酒和甜蜜的歌声同时献给每一位客人。客人双手接到敬酒时，要用左手端着酒杯，用右手无名指先到酒盅里蘸一点酒，向天弹一下；再蘸一点酒，向地弹一下；最后蘸一点酒涂在自己的脑门上，表示敬天、敬地、敬人和对佛、法、僧三宝的祈祷。饮酒时，蒙古族人最喜欢客人一饮而尽。“客醉，则与我一心无异也。”宾主双方开怀畅饮，耳热心酣，那种气氛，那种热情，会让人不饮而醉。

酒文化。“无酒不成席”“无酒不成礼”“无酒不成俗”，酒给宾、主带来了隆重的气氛，带来了欢乐，深深表达着蒙古族人对宾客的尊敬和深情厚谊。因此，蒙古族人向客人敬献醇香的马奶酒或白酒，被当作是一种增进友谊的方式。

蒙古族在十二三世纪，开始盛行酿制马奶酒。据说是牧民在远行或迁徙时，为防饥渴，把鲜奶装在皮囊中，骑马奔驰颠簸，皮囊中的奶颤动撞击，变热发酵，成为甜、酸、辣兼具，并有催眠作用的马奶酒。西方旅行家马可·波罗、鲁布鲁克等均在他们的旅行记中对此有所记录。马奶酒的酿制和饮用，主要是在夏秋水草丰美、牛肥马壮的季节。马奶酒清凉爽口，沁人心脾，口感圆润、滑腻、酸甜，奶味芬芳，而且性温，具有驱寒、活血、舒筋、健胃等功效，是日常生活及年节吉日款待宾朋的重要饮料。

载歌又载舞。蒙古族人生活中不能没有酒，也不能没有歌。他们用一边唱歌一边敬酒和即兴表演的方式，表达对尊贵客人的诚挚、淳朴的盛情。接风时，蒙古族姑娘和歌手恭恭敬敬地唱起优美动听的民歌。一曲唱罢，把手上放着酒杯的托盘，高高地举过头顶，半屈膝地献给客人满杯的美酒，然后又不停地唱着歌儿，直到客人把酒喝干。歌声甜润、嘹亮，充满了吉祥的祝福。

蒙古族人这种以歌敬酒的方式，无处不有。迎接贵客时要唱歌劝饮“下马酒”，送客人时要唱歌劝饮“上马酒”。在歌中碰杯，在酒中赛歌。蒙古族的敬酒歌在蒙古族人中经久传唱，妇孺皆知。蒙古族人认为歌声和骏马是他们的两只翅膀，把引吭高歌和开怀畅饮当成幸福生活的象征。

无论是狩猎回来，还是放牧休息，牧民们都要燃起篝火，烧烤食物，和着悠扬的马头琴，举杯饮酒，豪歌劲舞。蒙古族的舞蹈节奏明快、舞步轻盈，舞蹈者用丰富的舞蹈语言，表达出蒙古族人民热情奔放、勤劳勇敢的性格。

宽阔的草原，宁静的夜晚，洁白的蒙古包，清新的空气，姑娘小伙的歌舞，马头琴婉转、醇厚的旋律与银碗、哈达交相辉映。大家都醉了。

蒙古包与敖包。蒙古包已有一千多年的历史了，是蒙古族人民的传统住房。蒙古包之所以成为蒙古族人民的传统住房，是由其所在区域的自然条件及其生活方式决定的。内蒙古地区一般多风、多雪，蒙古包由于是圆顶，所以阻风力小，包顶积雪少。蒙古族牧民是以畜牧为主，移动放牧，需要经常搬家，而蒙古包制作简单、拆装方便，非常适合这种生活方式。

敖包，多用石头或沙土堆成，也有用树枝垒成的。原来是在辽阔的草原上的道路和境界的标志，后来逐步演变成祭山神、路神和祈祷丰收、家人幸福平安的象征。旧时遍布蒙古各地。有一个的，也有中间一个大的，左右各有六个小的，多筑在山顶或者高地之上，呈圆形，大的有数丈高，顶端植有柳条，系有哈达和绸带等，远远就能望见。

敖包在蒙古人心目中象征天与神，源于草原游牧民族敬奉长生天的信仰，崇高至尊。蒙古人每逢外出远行，凡见到敖包，都要下车或下马，拾几块石头或捧几捧土，添到上面，向其合十参拜行礼，祈祷平安，祈祷上苍保佑风调雨顺，草木丰盛，畜牧繁衍，部民健康。

《敖包相会》听过很多年，原来是个误会。

四、少数民族文化风俗考察

为了解少数民族的生活方式、民风和文化，我们一行实地走访了朝鲜族民族村和蒙古族游牧部落，实地调研他们的文化风俗及生活状况。

延吉朝鲜族民族村。村里现有几十户朝鲜族的原住民。无论从服饰上，饮食上，还是日常生活起居，以及生产和生活上一切习惯和现象，都完整地保留着传统的朝鲜族民俗。他们依托自然的生态环境和得天独厚的地理位置，以及丰富多彩的民俗旅游资源，还有能歌善舞的特长，搞起了原生态民俗、原住民族的旅游事业，通过不断提高旅游观光水平，使全村的经济和群众的生活水平都得到了长足的发展，成为名副其实的朝鲜族民俗风情村。

下车之后，一个身着色彩鲜艳民族服装的小姑娘热情接待了我们，小姑娘熟练地向我们介绍村子里的情况，回答我们提出的问题。据说，为了方便让游客们能实际深入朝鲜族居民的家中，村里有个规定：他们每家每户都要承担接待游客的任务，而且是按顺序排号轮流接待来村里的所有游客。今天我们到的这家村民，男主人出门干活去了，女主人在家接待我们。客人首先要在门口将鞋子脱掉，穿着袜子或光着脚，进入家中。家里基本上是一个大间和两个小间。

大间的通铺连着灶台，灶台贴着白瓷砖，擦得干净透亮，既可烧火做饭，也可冬天取暖，三口铁锅应该是做饭、做菜和烧水用的。通铺占据了房间的绝大面积。大家依次上炕，盘腿而坐，朝鲜族家中的家具不太多，吃住都在炕上，简单、朴素、整洁。

女主人向我们介绍了朝鲜族的一些婚嫁风俗和生活习惯。朝鲜族青年男女择偶大都是从本民族中选择，少数与外族通婚。有重男轻女倾向。一般是由长子赡养老人。年轻男女大都外出打工。她家公公数年前承包了山林，现在年纪大了，她老公是长子，所以现在由他们帮着干活。家里的地也不多，收入主要依靠种植林下参。林下参，指的是在原始森林人工撒种，在没有任何人工干预的情况下自然生长的参。据说其品相好、根须长、营养价值高，富含野生人参的珍贵营养成分，大补元气、回阳散逆、滋阴、益血、生津、强心，是世间不可多得的养生珍品。

蒙古族部落。铁木真大汗行营是呼伦贝尔境内最大的蒙古族部落，占地面积 10 万平方米。传说一代天骄成吉思汗铁木真经历了一生唯一的一次败仗“十三翼之战”后，回到这里秣马厉兵，最终成就了霸业，而且在这片草原上诞生了铁木真一生最重要的三个女人——母亲、妻子和情人。这里是一代天骄成吉思汗铁木真的福地，同样也是蒙古国名扬天下的开始，至今还保留着当时铁木真部队从中原各地招募、掳掠而来的中原能工巧匠以及成吉思汗禁卫军的后裔。

铁木真大汗行营蒙源文化基地，是当年一代天骄行帐的缩影和再现，我们慕名前来参观当年威震天下的蒙古大军设立在勒勒战车上的主营，了解英雄成吉思汗的故事，参观源远流长的蒙古族手工艺制品以及最正宗的蒙古族文化。

铁木真大汗行营由一个主战车及 80 个小营组成，四周不同颜色的元代战旗迎风飘动。主营设在一辆威震天下的勒勒战车上，直径 16 米，高 5 米，实用面积 200 平方米，是小营的 7 倍。正对厅门处是一代天骄成吉思汗的塑像，旁边是一张完整的牛皮，上面刻有史学家翻译的“成吉思汗远征图”，详尽记载了其征战史迹。从周边有关成吉思汗战事的浮雕壁画中，游人可以看到成吉思汗勇敢剽悍、所向披靡的军队，金戈铁马的厮杀场面似乎就在眼前。

另外 80 个具有民族特色的蒙古包，是按照传说中的铁木真行营布局设计的，整个战营，由一个主营和四个副营构成，分别代表着成吉思汗和他的四个儿子。当年，成吉思汗的军队在围猎生活中得到充分的训练，即使安营扎寨时，也布以战斗阵形。如今，蒙古包依旧沿循当年大汗的布局思路。主营蒙古包内，色彩艳丽、金碧辉煌、宽敞明亮。壁画制作精良，图案古朴、色彩明快。小营内的装饰设计大致相同。

一位蒙古族姑娘热情地把我们迎接到了她家的蒙古包里。蒙古包里供奉着铁木真的图像。她先是介绍了蒙古族的婚姻风俗，以及蒙汉通婚的相关情况。然后让我们品尝了奶制品，如奶球、奶酪。还给我们介绍了草原上众多可以治愈疑难杂症的神奇草药。还特别邀请有颈椎疾病的同事，现场刮痧。之后，就开始介绍蒙古族神奇的银制品，比如用以刮痧的银梳子，可以消解酒精的银碗，引发了同事们极大的兴趣。其间，她不断嘱咐我们不能对着铁木真的图片拍照。

最后，她把我们送进了行营大帐。我很惊奇地发现，原来大帐里面已经变成了一个规模不大、人头攒动、热闹非凡的银制品市场。银梳子、筷子、吊坠诸如此类应有尽有。只是无人顾及毡包墙面上铁木真的画像及其英雄业绩。不禁让人感慨，这位英雄看到子孙后代把他的军事行营改造成了这般模样，不知会不会有些其他想法。

五、东北大学与东北林业大学交流

利用暑期，与兄弟院校马克思主义学院的同人交流取经，也是本期社会实践研修的重要内容之一。

东北大学是中华人民共和国教育部直属的理工类研究型大学，坐落于东北中心城市沈阳，由教育部、辽宁省、沈阳市三方重点共建，位列国家“211工程”“985工程”“世界一流大学建设高校”，入选“2011计划”“111计划”“卓越工程师教育培养计划”“国家建设高水平大学公派研究生项目”等，为“21世纪学术联盟”“中俄综合性大学联盟”成员高校，是我国在20世纪80年代最早设立研究生院的三十二所高校之一、研究生招生三十四所自主划线高校之一，是中共中央1960年、1978年确定的全国重点大学，也是国务院在1981年首批批准的具有博士学位授予权的高校。建有中国第一个大学软件园，第一台模拟电子计算机，第一家上市的校办企业。

2017年9月，东北大学入选国家首批“双一流”建设高校。设有68个本科专业，有179个学科有权招收和培养硕士研究生，109个学科有权招收和培养博士研究生，有17个博士后流动站。有教职工4538人，全日制在校生45000余人，其中本科生29872人，硕士研究生11364人，博士研究生3850人。

其中，哲学、马克思主义理论是博士点一级学科。东北大学马克思主义学院院领导热情接待了我们，双方就学科建设、思想政治专业的教学情况做了交流。之后，我们参观了校史馆。

东北大学始建于1923年4月。1928年至1937年，张学良任校长。他提出了“研究高深学术，培养专门人才，应社会之需要，谋求文化之发展”的办学宗旨，先后捐出其父遗产约180万银圆办学。他极力倡导男女同校，此一时期，各科共50名女生进入东北大学。各系毕业成绩第一的学生还被选送前往英、美、德等国留学深造。英、法、美等国家的学者、专家也纷至沓来，进驻东北大学讲学与交流。

张学良重金礼聘，广招良师。梁思成、林徽因在此创建了中国第一个建筑系。章士钊、梁漱溟、罗文干、刘仙洲、黄侃、刘半农等一批名师执教东北大学。

九一八事变后，东北大学被迫迁徙。作为一个抗战爱国的大学，抗战胜利后，有六十位师生被授予烈士称号。1950年合组为东北工学院。1993年复名为东北大学。

东北大学校徽的原设计是中华人民共和国国徽的设计者、著名建筑学家林徽因1929年的作品。在此基础上加入了张学良1992年为东北大学题写的校名。主体图案白山黑水，意为长白山和黑龙江，泛指东北地区。水的线条形为易经中的艮卦，艮卦代表东北方位。采用蓝色作为标准色，代表理智和科技感。其校训“自强不息，知行合一”，体现君子爱国、务实的信念和理想。校歌词曲作者为刘半农、赵元任，“沐春风时雨之德化，仰光天化日之昭昭。惟知行合一方为贵，惟自强不息方登高”，极好地诠释了校训的内涵。

“所谓大学者，非所谓大楼之谓也，有大师之谓也。”东北大学有这样深厚的历史文化底蕴以及如此之多的名家良师，堪称“大学”。

东北林业大学创建于1952年，1985年更名为东北林业大学。地处哈尔滨市，是黑龙江省唯一一所教育部直属高校，以林业工程为特色，农、理、工、经、管、文、法、医、艺相结合的多科性全国重点大学，是国家“211工程”“985工程优势学科创新平台”重点建设院校，国家“双一流”世界一流学科建设高校，高水平行业特色大学优质资源共享联盟成员高校；入选“2011计划”“卓越工程师教育培养计划”“111计划”“卓越农林人才教育培养计划”，由教育部、国家林业局、黑龙江省人民政府三方共建高校，设有研究生院。

学校有国家重点实验室1个，国家地方联合工程实验室2个，教育部重点实验室3个，国家林业局重点实验室4个，黑龙江省重点实验室5个，黑龙江省人文社科重点研究基地1个。设有9个博士后科研流动站，8个一级学科博士点，44个二级学科博士点，19个一级学科硕士点，136个二级学科硕士点，10个种类33个领域的专业学位硕士点；拥有2个一级学科国家重点学科，12个二级学科国家重点学科（含覆盖），6个国家林业局重点学科，1个黑龙江省重点学科群，7个黑龙江省重点一级学科。

其中，马克思主义理论是一级学科硕士学位授权点。

东北林业大学改革本科生考试办法，打破以往只在期末组织一次考试的做法，改为增加平时考试次数，多次考试成绩累计成为最终的考试结果。规定除期末考试和平时成绩外，48 学时以下的科目，要增加一次期中考试；48 学时至 80 学时的科目，要增加两次正式考试；80 学时以上的科目则要增加三次正式考试。

这一教学改革走在了全国高校的前列。可否借鉴，值得探讨。

（吴雪玲：曲阜师范大学马克思主义学院副教授、硕士生导师）

后　记

2018年暑假伊始，院领导组织班子成员、教研室主任、教授委员会成员等赴沂水闭门举行“全省重点马克思主义学院建设中期自查及工作推进会”，会议议题之一，即为进一步推进马克思主义学院建设和思想政治理论课建设，决定对近年来我院教师的教学改革探索、理论研究成果进行统一汇总，集结成丛书出版。为加强组织领导，确保质量，确保落实，会议决定丛书由李安增院长、张立兴教授、孙迪亮教授任总主编，成立丛书编委会，遴选了丛书各分册的主编。

三年多来，在总主编的指导和多次督促下，在编委会同人的大力帮助下，经过全体撰稿老师的共同努力，高校思想政治理论课建设与改革研究丛书之一——《高校思想政治理论课教学研究》终于定稿了。文集里的文章和论文，虽然不是“学术上”那么规范，且多未公开发表，文稿长短不一，但皆为我院同人教学中的所思所想、所感所悟、所作所为，发自肺腑，可谓言之有理，言之有味，言为心声，映照出教师们强烈的责任感和使命感。

在文集撰写、征集过程中，教师们按照要求紧紧围绕思政课教学中存在的问题、问题的成因、破解的对策等展开探究，力求来自一线的真实，力求更接地气。从框架看，本文集主要包括三大篇：理想篇、问题篇、对策篇。理想篇以“师生心目中的思政课”为题进行征文，收集学校领导、学院领导、思政课教师、毕业校友、在校学生等对理想中思政课的感知和设想，这些来自非专业领域的设想和中宣部、教育部的思政课建设标准结合起来，就是思政课教育教学顶天立地的奋斗目标。

问题篇涉及高校思想政治理论课教学存在的问题及其破解等一般理论的探讨，也涉及基于学生视角的高校思政课教学存在的问题及对策分析的具体案例的探讨。

对策篇分别从思政课教学理论研讨、教学优化设计、教学改革探究、思政本科专业教学探讨、思政课教学校本特色、思政课教师社会实践研修六个方面入手，探讨解决思政课教育教学存在问题的具体路径和具体做法，并对其改革和实践进行理论思考，加深对思政课教学规律的认识和把握。

思政课教学理论探讨，其中涉及：自媒体时代大学生理想信念教育的范式危机及转向，思政课教学的优化与整合，思政课教学视界的融合，思政课教学集体备课效能的思考，“基础”课对大学新生思想引导的作用，新时代社会主要矛盾转化的三重纬度，提升“形势与政策”课教学实效性的思考。

思政课教学优化设计，其中涉及：如何上好新学期第一堂课，一以贯之——“纲要”最后一课教学设计与反思，“弘扬中国精神”一章的教学设计，红歌融入“纲要”教学的探索，“新民主主义革命道路理论”教学设计，如何讲透“中国共产党是抗日战争的中流砥柱”“四个全面”战略思想融入思政治课教学探析，等等。

思政课教学改革探索，其中涉及：“专题化+问题链”式教学改革初探——以“概论”课为例，思政课学业成绩考核方式改革探索与思考，思政课教学改革路径研究，提高马克思主义理论专业硕士生马克思主义理论素养的价值分析，等等。

思政本科专业教学探讨，跳出思政课视域，从课程建设和师资培养源头探讨思政课教学实效提升路径。其中涉及：如今时代，教师何为？——以“西方政治思想史”教学为例，启发式教学在“国史”课教学中的探索与思考，思政专业“纲要”课专题化教学之我见，思政专业实践教学体系改革探究，等等。

思政课教学校本特色——传统文化融入，这部分充分发挥我校地域文化优势的校本特色和优势，其中涉及：儒家优秀文化融入思政课教学的路径选择、中华优秀传统文化是中国特色社会主义植根的文化沃土、传统文化融入思政课教学的表述问题思考，等等。

回顾三年多来文集的征稿、组稿、审稿、定稿过程，几多艰辛，几多付出，几多感慨，几多欣慰。感谢作为总主编的李安增院长和张立兴教授、孙迪亮教授，三位教授不仅精心策划，更多的是过问督促，力推此事；感谢撰稿的老师们，在日常繁重的教学、科研之余，他们静下心来反思教学，思考教学，思之再三，再三思之，将所悟撰写成教学方面的论文，并根据编委会意见进行反复耐心的修改，保证了论文质量，其精神可嘉，其进步可贺。感谢张立兴教授、孙迪亮教授，他们利用一周多的时间，日夜加班，对全书25万余字进行了精心的通稿、审稿、定稿，对每一篇文章或论文的题目、框架、内容、格式、文字都进行了严谨的斟酌和推敲；感谢李安增院长对全书的审阅，最终定稿。需要说明的是，文章或论文中可能尚存不足、缺点和疏漏，但存在的问题通由本文集的主编辛宝海和卢忠帅负责。

本书既是全省重点马克思主义学院建设阶段性理论成果，也是思政课教学改革与创新的有益探索，为高校思政课教师教学理论研究和教学实践提供了一定的借鉴，也为高校思政专业本科生和研究生的科研、大学生思政课的深度学习提供了有益的参考。

编 者

2021 年 3 月 20 日